Der Wildpflanzengarten
Seite 44 und 45

Der Spielgarten
Seite 46 und 47

Das Gartenfest
Seite 47 bis 49

Pflanzen und Tiere von A bis Z
Seite 50 und 51

Der Zimmerpflanzengarten
Seite 36 bis 39

Tiere im Garten
Seite 40 und 41

Der Wassergarten
Seite 42 und 43

Unter diesem Zeichen findest du Anregungen zur Beschäftigung mit Pflanzen, auch wenn deine Familie keinen Garten hat.

Regine Süßkow

Im Garten

Illustrationen von Christiane Gottschlich

Der Kinderbuchverlag Berlin

DER GEMÜSEGARTEN

Schon die Jäger und Sammler der Steinzeit hatten unter den vielen Kräutern der Steppen und Wälder wohlschmeckende Wildgemüse gefunden. Doch die Suche danach war recht mühevoll. Daher lernten es die Menschen bald, geeignete Pflanzen auszugraben, sie neben ihren Hütten auf ein Stück Land zu pflanzen und zu pflegen.

Die Anzahl der Gemüsesorten war zunächst gering. Noch im Mittelalter wurden nur Kohl, Lattich (ein Vorläufer unseres heutigen Salates), Möhren und Rettich angebaut. Heute sind etwa 50 Gemüsearten bekannt. Wer sein Gartenland gut einteilt und bearbeitet, kann vom Frühjahr bis zum Winter frisches Gemüse essen. Aber auch ein Blumentopf am Fenster, ein Kasten auf dem Balkon, ein Randstreifen am Neubaublock oder ein Beet auf dem Hinterhof eignen sich zur Gemüseanzucht.

Auf diese Weise erntet man jedoch nur kleine Mengen. Den größten Teil des Gemüses erzeugen Gärtnereien und landwirtschaftliche Betriebe auf Feldern, in Frühbeeten, Folienzelten und Gewächshäusern.

Vor dem Säen und Pflanzen muß der Boden gut bearbeitet werden. Im Herbst graben wir ihn um, große Flächen pflügt man. Über Winter bleibt der grobschollig gelockerte Boden liegen, damit Wasser und Luft auf ihn einwirken können. Sobald das Erdreich im

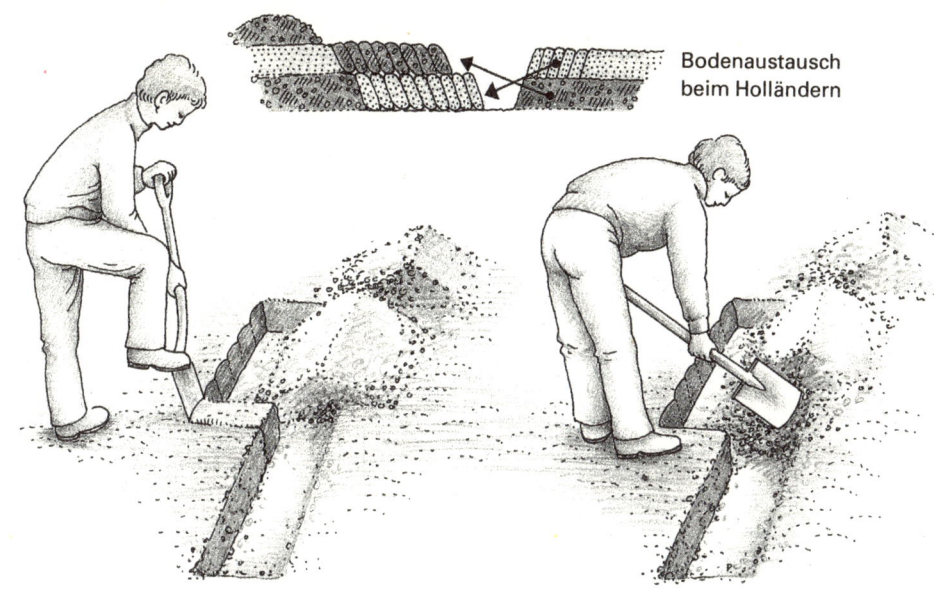

Bodenaustausch beim Holländern

Im Herbst hast du Zeit zum Graben
Beim Umgraben deines abgeernteten Gartenbeetes sammelst du gleich Steine und Wurzelunkräuter aus. Nach dem Graben wird nicht geharkt, bei Frost verteilst du Komposterde über das Beet.

Wir „holländern"
Willst du bisher nicht genutztes Land bestellen, gräbst du den Boden zwei Spatenstich tief um. Das nennt man Holländern, dabei wird der obere mit dem unteren Boden ausgetauscht.

Im Frühjahr muß es schnell gehen
Sobald der Boden nicht mehr gefroren ist, wird glattgeharkt. Wer jetzt erst gräbt, muß sofort harken, damit die Feuchtigkeit im Boden bleibt.

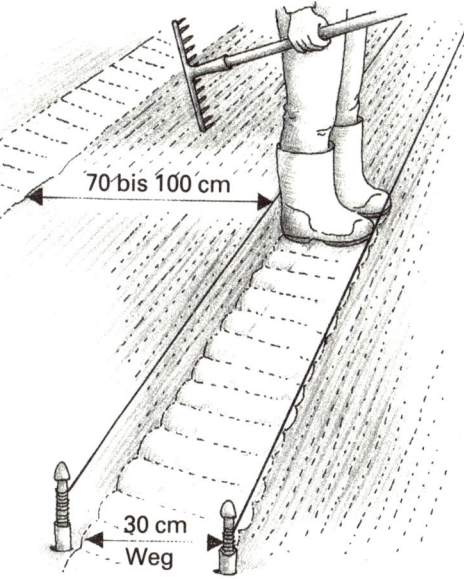

Kurze Arme – schmale Beete
Mit einem Gliedermaßstab teilst du das Land ein. 70 bis 100 cm breit legst du die Beete an, damit du beim Säen und Jäten gut vom Wegrand bis zur Mitte reichst.

Strenge Ordnung vor dem Säen
Im Abstand von 20 cm drückst du mit dem Harkenstiel Rillen in die lockere Erde. Den Samen streust du möglichst dünn gleich aus der Tüte. Mit dem Harkenrücken schiebst du die Reihen zu und drückst die Erde fest.

Im Garten liegt Schnee, im Zimmer keimen Tomaten
Stecke im Februar jeweils 3 Tomatensamen in einen kleinen Blumentopf. Nach 3 bis 4 Wochen erhält jeder Keimling ein eigenes Töpfchen. Stelle sie ans Fenster und halte den Boden feucht.

hier ausgeizen

Tomatenpflanzen

Richtige Pflanzzeit für Tomaten
Erst Ende Mai pflanzt du Tomaten ins Freie. Mit einer kleinen Handschaufel hebst du ein Loch aus, setzt ein Pflänzchen mit gut durchfeuchtetem Wurzelballen hinein und drückst die Erde fest. Jede Pflanze erhält einen Stab zum Hochbinden. Die Seitentriebe in den Blattachseln brichst du aus. Nach 5 bis 6 Blütenansätzen schneidest du die Spitze ab.

Frühjahr nicht mehr gefroren ist, glättet es der Gärtner. Dann können bereits im März gegen Kälte unempfindliche Gemüsearten, wie Spinat, Möhren, Radieschen, Petersilie und Schnittsalat, gesät werden. Gurken und Tomaten stammen aus wärmeren Ländern und sind deshalb frostempfindlich. Schon bei Temperaturen unter 5 Grad Celsius treten Wachstumsstörungen auf. Solche Pflanzen dürfen daher erst im Mai, wenn die Spätfrostgefahr vorbei ist, ins Freiland. Würde man aber jetzt erst aussäen, so reichte die Zeit bis zu den ersten Herbstfrösten nicht aus, reife Früchte zu ernten. Deshalb beginnt man in Gartenbaubetrieben schon Anfang Februar im Gewächshaus mit der Aussaat. Stehen die Sämlinge zu dicht, „pikiert" der Gärtner, damit jedes Pflänzchen mehr Platz erhält, um sich kräftig zu entwickeln. Einige Gärtnereien ziehen die Pflanzen in kleinen Plast- oder Torfpreßtöpfen heran, bis sie ins Freie gepflanzt werden können. Im Gewächshaus reifen sogar im zeitigen Frühjahr Gurken, Tomaten und Salat. Allerdings ist dazu viel Wärme und zusätzliches Licht nötig. An einem kalten Wintertag kann der Temperaturunterschied zwischen Gewächshaus und Freiland bis zu 50 Grad Celsius betragen.
Kopfsalat, Radieschen und Kohl reifen früher, wenn sie unter einem Folienzelt stehen, das vor kaltem Wind schützt und die Wärme speichert.

Erbsen, Bohnen, Kartoffeln und Mais sind zwar auch frostempfindlich, ihre Früchte entwickeln sich aber so schnell, daß die Aussaat erst Ende April direkt ins Freiland erfolgen kann.

Um noch im späten Herbst Gemüse ernten zu können, wurden von Kohl, Salat und Spinat Sorten gezüchtet, die auch mal einen Nachtfrost vertragen.

Während die Gärtner das Gemüse nach der Art der Anzucht als Früh- oder Spätgemüse bezeichnen, unterscheidet der Verbraucher die Pflanzen nach den eßbaren Teilen. So werden bei Tomaten, Bohnen und Erbsen die Früchte geerntet. Man nennt sie deshalb Fruchtgemüse. Kopfsalat, Spinat und Petersilie sind Blattgemüse. Die Blätter haben einen hohen Vitamin-C-Gehalt, der sich beim Lagern aber schnell verringert. Deshalb sollen Blattgemüse möglichst gleich nach der Ernte verbraucht werden. Kohlgemüse bilden die größte Gruppe. Aus dem Wildkohl entstanden, wie bei keinem anderen Gemüse, sehr unterschiedliche Formen: Kohlrabi, Rosenkohl, Rot-, Weiß-, Blumen-, Grün- und Pekingkohl (Chinakohl). Zum Zwiebelgemüse zählt man Porree, Zwiebel, Schnittlauch und Knoblauch.

Bei Möhren, Rettich und Kohlrübe sind Wurzeln die eßbaren Teile. Diese Wurzelgemüse lassen sich gut lagern. Während die bisher genannten Gemüsearten in einem Jahr heranwachsen, dauert es bei Spargel und Rhabarber – dem

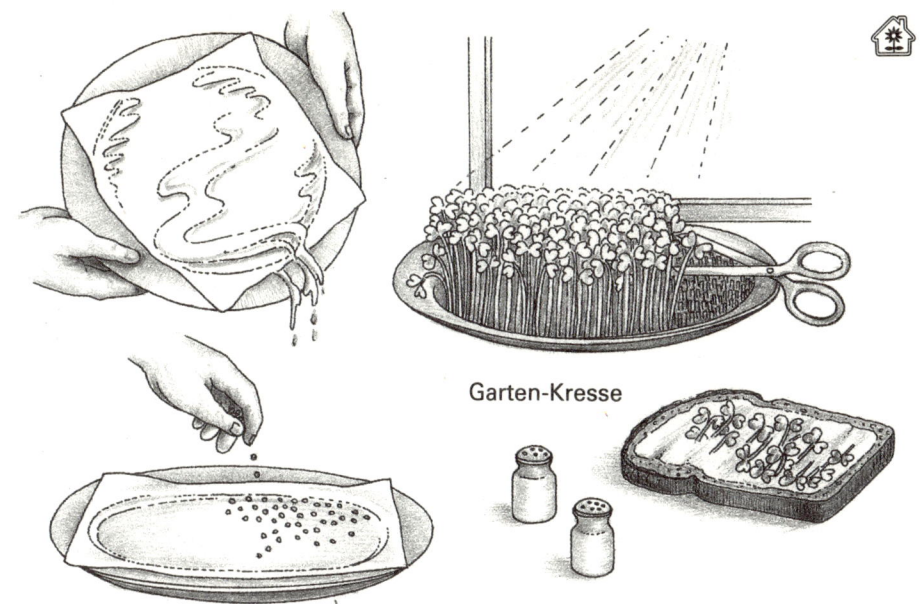

Butterbrot mit Garten-Kresse
Lege auf eine flache Schale Zellstoff oder Watte und streue Garten-Kressesamen darauf. Halte alles feucht. Nach etwa 5 Tagen kannst du die scharf schmeckenden Stengelchen abschneiden, kleinhacken und auf Butterbrot streuen.

Im Winter frische Petersilie
Pflanze im Herbst Petersilienwurzeln aus dem Garten dicht nebeneinander in hohe Töpfe und stelle sie in den Keller. Hole jeweils einen Topf zum Treiben ins warme Zimmer, bald treiben die ersten Blätter.

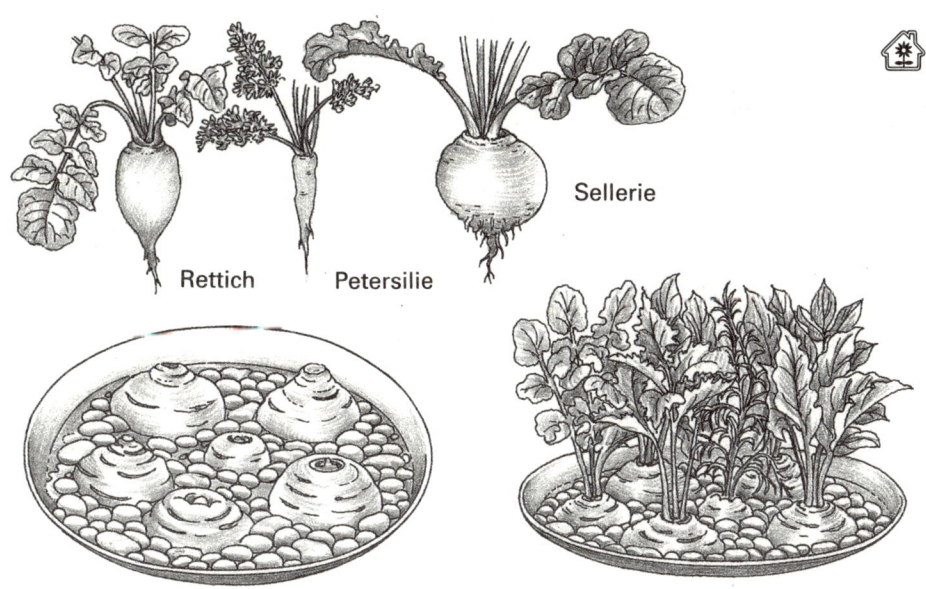

Der Kräutergarten auf einem Teller
Nimm die „Köpfe" von Petersilie, Sellerie oder Rettich, lege sie auf einen Teller und gib ihnen mit Kieselsteinen Halt.

Nun fülle etwas Wasser auf, bei Bedarf gießt du nach. Bald erscheinen grüne Triebe, die du zum Würzen einer Suppe verwenden kannst.

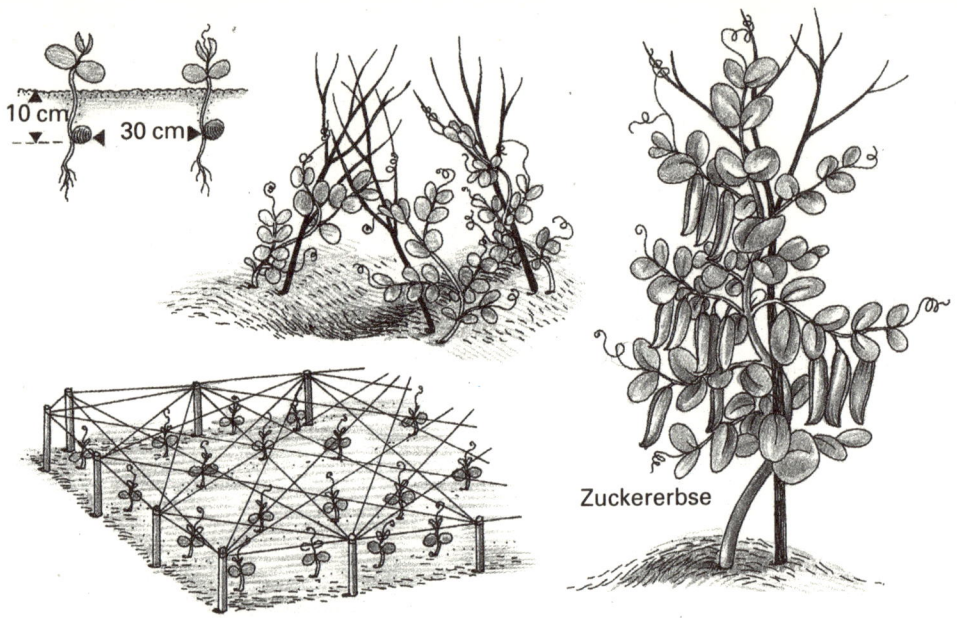

Zuckererbse

Zuckererbsen sind wirklich süß
5 bis 10 cm tief steckst du Zuckererbsen in den Boden. Kreuz und quer gespannte Fäden schützen Samen und junge Triebe vor gefräßigen Vögeln. Sind die Pflanzen 20 cm hoch, häufelst du sie an und steckst Reisigzweige zum Hochklettern in ihre Nähe. Bleiben die Triebe auf dem Boden liegen, beginnen sie zu faulen, und du kannst keine zarten, süßen Schoten ernten. Sie schmecken roh und gekocht.

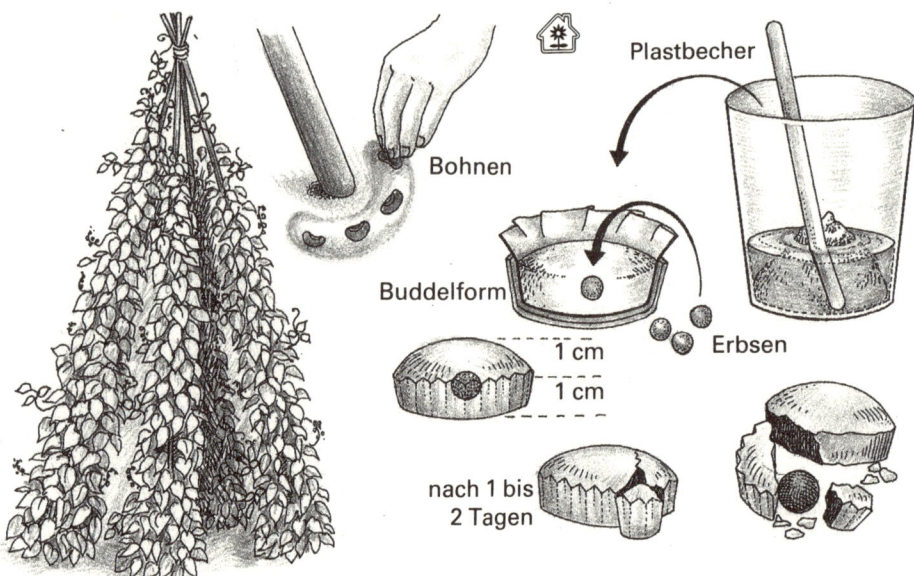

Ein Indianerzelt aus Stangenbohnen
Mehrere 2 m lange Stangen steckst du im Kreis schräg in den Boden und bindest die Enden mit Schnur fest zusammen. Um den Fuß der Stangen legst du den Samen.

Sprengen ohne Sprengstoff
Fülle einen Brei aus Wasser und Gips in ein kleines Sand-Kuchenförmchen und stecke in die Mitte eine getrocknete Erbse. Ist der Gipsbrei fest, stülpst du die Form um. Beobachte, was geschieht!

Stielgemüse – mehrere Jahre bis zur ersten Ernte.

Neben diesen allbekannten Gemüsesorten bereichern in den letzten Jahrzehnten einige andere Gemüse unsere Speisezettel. Sie stammen meist aus südlicheren Ländern.

So kann man sich heute gar nicht mehr vorstellen, ohne Paprikaschoten auszukommen. Sie werden vorwiegend aus Ungarn und Bulgarien eingeführt, weil die Anzucht dort recht einfach ist. Doch auch bei uns läßt sich die Frucht im Garten bei warmem Sommerwetter heranziehen. Ähnlich verhält es sich mit der Wassermelone. Sie ist eine wohlschmeckende Kürbisart, die in Südeuropa angebaut wird. Bei uns lohnt der Anbau nicht, weil es im Freiland auch im Sommer nicht warm genug wird. Statt dessen gedeiht aber die Zuckermelone im Garten. Auch die violette Aubergine (Eierfrucht) wächst in den Balkanländern und wird von dort eingeführt. Wer einen sonnigen, geschützten Platz hat oder sogar ein Frühbeet, kann sie heranziehen. Die Zucchini ähnelt nicht nur im Aussehen der Gurke, sondern auch im Anbau. Eine einzige Pflanze bringt bei richtiger Pflege soviel Früchte hervor, daß der Bedarf für die ganze Familie gedeckt werden kann.

Bei den Kohlgemüsen sind auch neue Geschmacksrichtungen hinzugekommen. Der Brokkoli ähnelt dem Blumenkohl, er wird wie dieser herangezogen, ist aber viel ertragreicher, weil man immer wieder aus den Seitentrieben frische Blütensprosse ernten kann.

Ziel jeder Gärtnerei ist es, möglichst viel Gemüse in guter Qualität heranzuziehen. Dabei muß man einiges beachten. Einmal soll auf einer Fläche mehrmals im Jahr geerntet werden. Das erreicht der Gärtner entweder durch Anbau von Vor-, Haupt- und Nachkulturen oder durch das Nebeneinandersetzen von schnell und langsam reifendem Gemüse. Zum anderen muß dem unterschiedlichen Nährstoffbedarf der einzelnen Gemüsearten durch einen Wechsel im Anbau entsprochen werden. Deshalb stellen die Gärtner über viele Jahre geltende Fruchtfolgepläne auf. Der Ertrag an Gemüse erhöht sich aber auch, wenn man Pflanzenarten anbaut, die sich gegenseitig fördern. So passen Gurken als Flachwurzler zusammen mit tief wurzelndem Knollensellerie, Zwiebeln zu Möhren und Blumenkohl zu Schnittsellerie.

Diese Erkenntnisse gelten ebenso für das Gemüsebeet im Garten. Im Februar kommt zum Beispiel als Vorkultur eine schnell reifende Gemüseart, wie Spinat oder Radieschen, zur Aussaat. Nach der Ernte folgen im Mai die frostempfindlichen Buschbohnen oder Erbsen als Hauptkultur und schließlich im Herbst der Feldsalat als Nachfrucht.

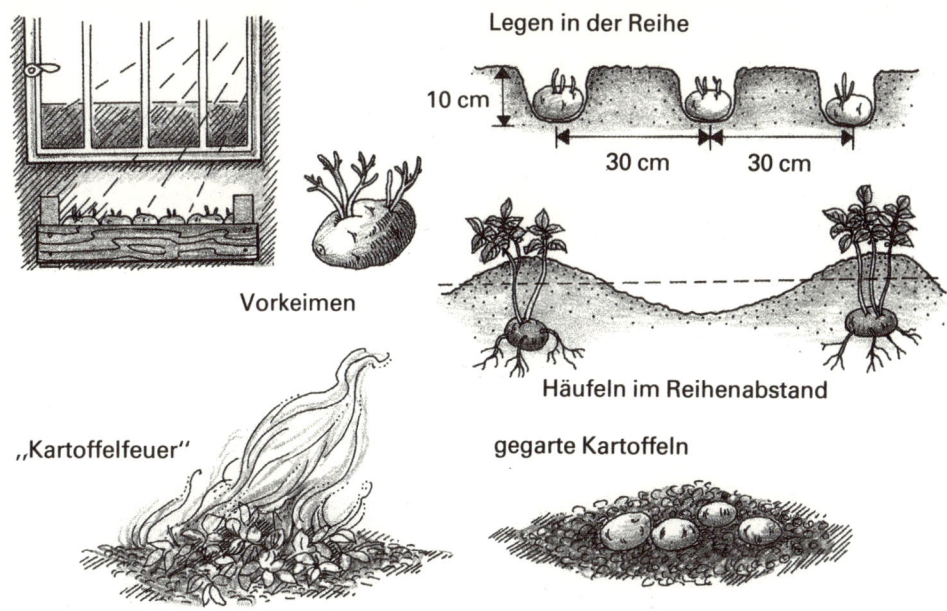

Neue Kartoffeln – frisch geröstet
Im Februar stellst du Frühkartoffeln zum Keimen an ein helles Kellerfenster. Ende April steckst du die keimenden Knollen in den Boden. Schauen Blätter heraus, häufelst du die Pflanzen an. Die Kartoffeln in der Erde sind reif, wenn das Kraut gelb wird. Nach der Ernte verbrennst du das Kraut und legst ein paar Kartoffeln in die Glut.

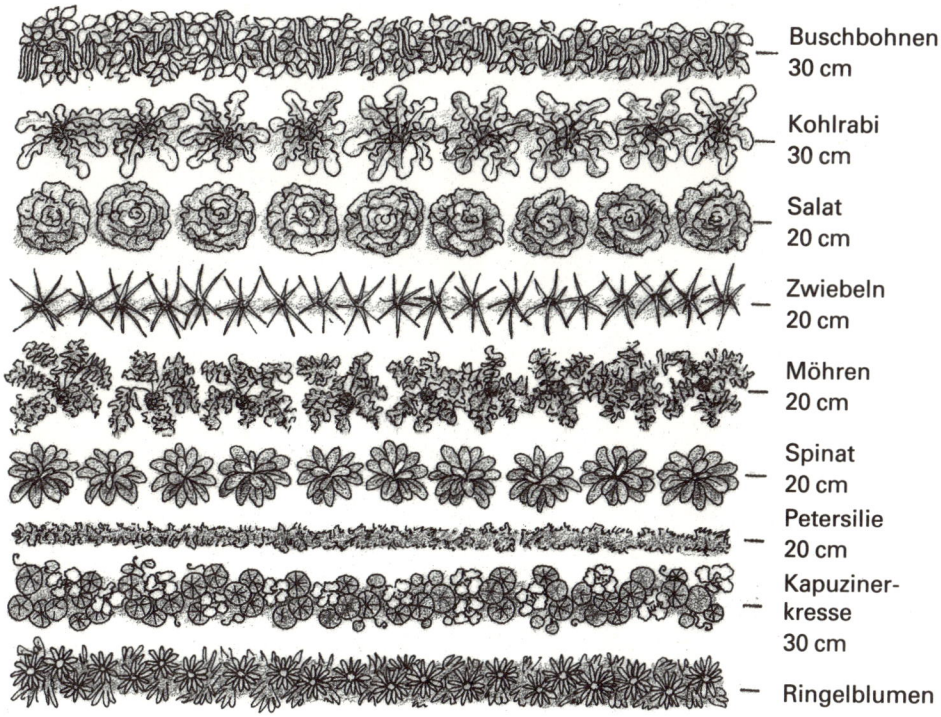

Jeder Zentimeter Gartenland wird genutzt

DER OBSTGARTEN

Bei dem Begriff Obst fällt wohl jedem zuerst der Apfelbaum ein. In einen saftigen Apfel zu beißen ist ja auch etwas Köstliches. So müssen es die Menschen schon früher empfunden haben, denn in Märchen und Sagen spielt der Apfel oft eine Rolle. Schneewittchen verschluckte sich an einem Apfelstück. In der griechischen und germanischen Sagenwelt hatte der Apfel die Kraft, den Göttern ewige Jugend zu verleihen. Äpfel waren so begehrt, daß sie zum „Zankapfel" wurden.

Aber Äpfel schmecken nicht nur gut, sie sind wie jedes andere Obst für die menschliche Ernährung wichtig, weil sie Ballaststoffe (Zellulose), Fruchtsäure und -zukker, Vitamine und Mineralstoffe enthalten. Geschmackliche Unterschiede haben die Menschen sicher schon vor vielen tausend Jahren herausgefunden. Bäume mit süßen, saftigen Früchten wurden Jahr für Jahr zur Ernte aufgesucht. Später pflanzten die Menschen Obstbäume mit wohlschmeckenden Früchten in ihre Gärten. Sie lernten, die Arten nicht nur nach ihrem Aroma, sondern auch nach Größe und Ertragsreichtum voneinander zu unterscheiden. Nur die besten wurden weitervermehrt. Schon etwa 800 Jahre vor unserer Zeitrechnung erwähnt der Dichter Homer in der „Odyssee" Sortennamen.

Der Apfelbaum
Ein Apfelbaum mit seiner großen, runden Krone braucht viel Platz und möglichst nährstoffreichen Boden. Apfelblüten sind zartrosa.

Der Birnbaum
Weiß blüht der Birnbaum. Seine Krone wächst hoch und schmal. Bekannte Sorten sind Gute Luise und Konferenzbirne.

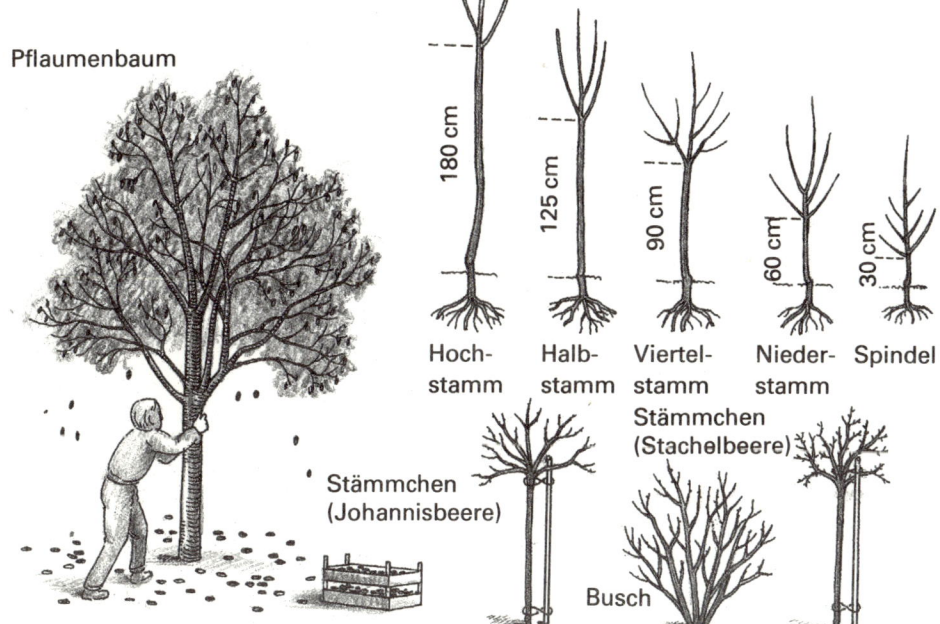

Der Pflaumenbaum
Die Bauernpflaume ist wohl die bekannteste Pflaumensorte. Sie schmeckt zuckersüß und eignet sich gut zum Kuchenbacken und Muskochen.

Die Johannis- und Stachelbeere
Stachelbeeren gibt es in grünen und roten Sorten, und von Johannisbeeren kennen wir weiße, rote und die herb schmeckenden schwarzen Sorten.

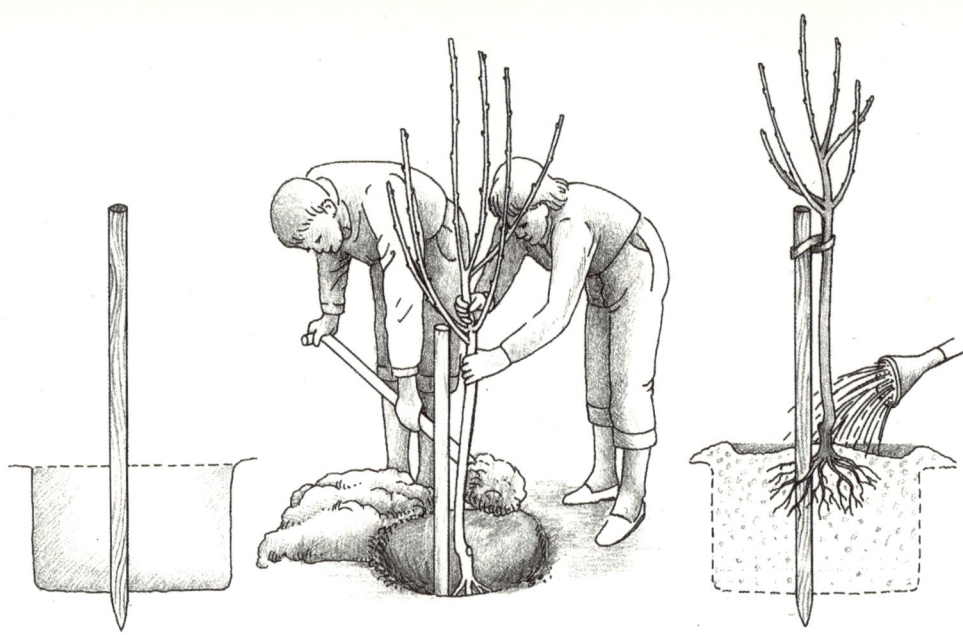

Zum Obstbaumpflanzen brauchst du Hilfe
Die beste Pflanzzeit ist der Herbst. Zuerst hebst du ein Pflanzloch aus, dorthinein hält dein Freund den Baum so, daß keine Wurzel herausschaut. Nun füllst du den Boden wieder ein, trittst ihn fest und legst eine Mulde zum Gießen an. Den Stamm bindest du an einem Pfahl fest. Anschließend kräftig wässern.

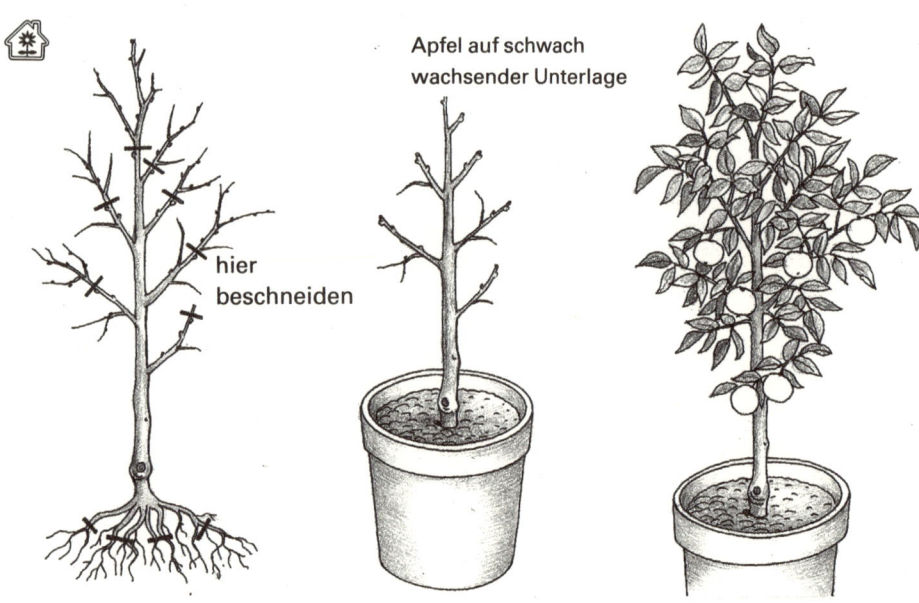

Ein Obstbaum im Blumentopf
Schneide Wurzeln und Krone eines jungen und sehr kleinen Bäumchens zurück, dann pflanzt du es in einen großen Blumentopf. Im Sommer stellst du den Topf ins Freie. Wächst das Bäumchen zu stark, kürzt du die Triebe. Über Winter stellst du den Topf an einen frostfreien, aber hellen Ort. Alle 2 bis 3 Jahre kürzt du die Wurzeln und erneuerst die Erde.

Auch unsere germanischen Vorfahren waren mit dem Obstbau vertraut. Sie kannten Apfel, Birne und Süßkirsche und vermehrten die begehrten Sorten durch Veredeln. Die Römer brachten neue Obstsorten, wie Sauerkirsche, Zwetsche, Aprikose, Pfirsich und Mandel, in unser Gebiet.

Der Apfel ist heute die am häufigsten angebaute Obstart Europas. Von rund 18 Millionen Bäumen werden bei uns etwa 260 000 Tonnen Äpfel gepflückt. In ganz Europa sind es etwa 20 Millionen Tonnen – eine beinahe unvorstellbare Menge. Äpfel bleiben, kühl aufbewahrt, viele Monate frisch, und sie lassen sich vielseitig verarbeiten: zu Saft, Kompott, Mus, Wein, Gelee und Marmelade. Früher zog man Apfelbäume meist zu einem Hochstamm heran. In einer Höhe von etwa 1,80 m begann die Krone. Viele Jahre vergingen, bis eine reiche Ernte einsetzte, und dann war an den weit ausladenden Ästen das Pflücken schwierig. Heute werden in den Obstplantagen Niederstämme gepflanzt, die nach 2 bis 3 Jahren Früchte tragen. Der Kronenansatz beginnt etwa bei 60 cm über dem Boden. Den Apfelbaum erkennt man an der rundlichen Krone. Hoch und schmal wächst dagegen ein Birnenbaum. Seine Früchte eignen sich nicht zum Lagern. Nach dem Pflücken müssen Birnen bald gegessen oder verarbeitet sein. Deshalb ist die Anzahl von Birnbäumen in Plantagen wesentlich geringer als die von Apfelbäumen.

Anspruchslos und trotzdem reichtragend ist der Pflaumenbaum. Er bleibt im Wuchs kleiner als Apfel und Birne. Seine Früchte ernten sich leicht. Man braucht bei den weniger saftigen Sorten nur kräftig an den Zweigen zu schütteln.

Bereits Ende März blühen die ersten Süßkirschen. Die Bäume sind manchmal mit so vielen Blüten besetzt, daß sie wie mit Schnee überzogen aussehen. Die Süßkirschen reifen zuerst. Schon Ende Mai sind die Früchte früher Sorten eßbar.

Die Sauerkirsche bildet eine kleinere Krone als die Süßkirsche. Sie gedeiht auch auf sandigem Boden gut und trägt regelmäßig Früchte. Wie der Name schon sagt, sind ihre Früchte säuerlich. Läßt man sie ganz dunkel werden, so schmecken sie sehr viel herzhafter als Süßkirschen. Zum Einwecken, Kuchenbacken und Marmeladekochen sind Sauerkirschen vorzüglich geeignet.

Pfirsich- und Aprikosenbäume stammen aus wärmeren Ländern. Sie brauchen einen sonnigen und geschützten Platz, sonst bleiben die Früchte klein und sauer.

Der Walnußbaum liefert nicht nur Früchte; unter seiner großen Krone findet man an heißen Sommertagen einen angenehmen, kühlen Schattenplatz. Ist die Walnuß reif, fällt sie aus der geplatzten grünen, später braunen Fruchtschale, mit der man sogar Stoffe färben kann.

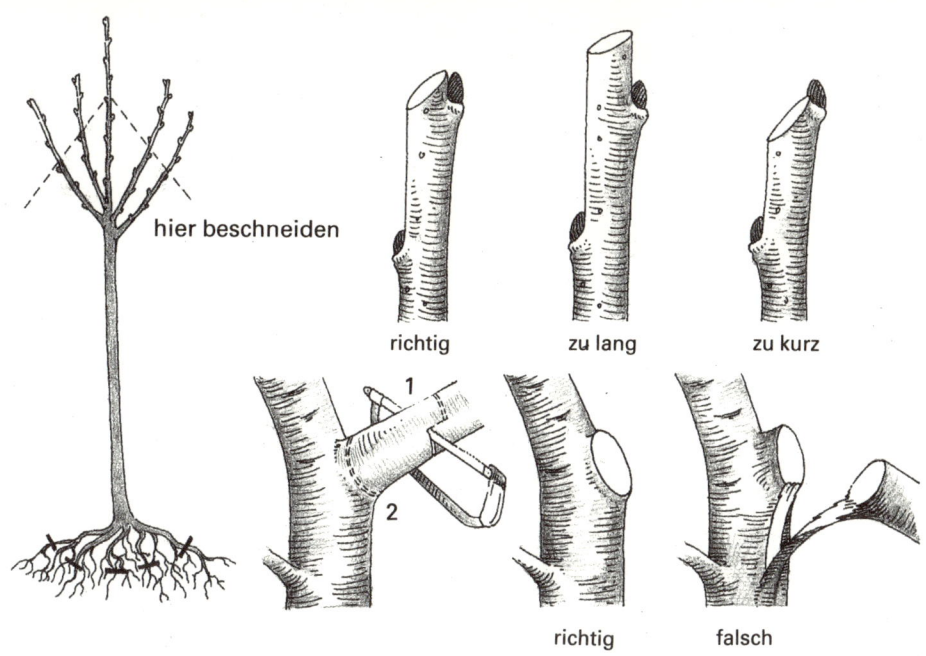

Weniger Zweige, aber größere Früchte
Ein Mitteltrieb und 4 Seitentriebe sollen die Krone eines Obstbaumes bilden. Du kürzt sie alle um ein Drittel. Schneide direkt über einem „Auge", das nach außen zeigt. Alle krummen, schwachen und nach innen wachsenden Triebe schneidest du heraus. Damit die Rinde bei starken Ästen nicht abreißt, sägst du erst von unten einen Spalt ein.

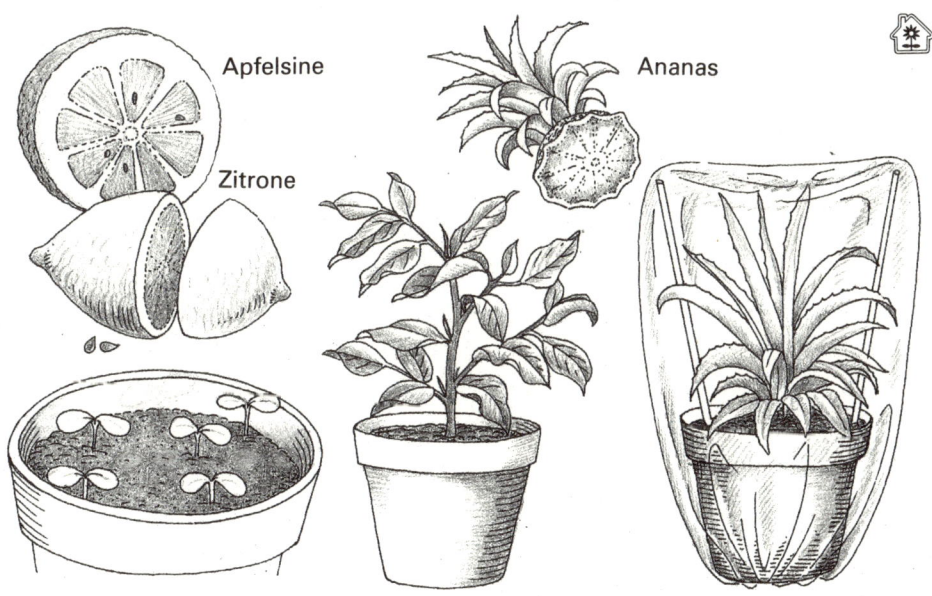

Südfrüchte gedeihen im Zimmer
3 bis 5 Kerne von Apfelsinen, Zitronen, Mandarinen oder Datteln steckst du in einen Topf mit feuchter Erde. Sind 2 Blattpaare gebildet, erhält jedes Pflänzchen ein eigenes Gefäß.
Schneide einer frischen Ananas den grünen Schopf ab und laß ihn 2 bis 3 Tage abtrocknen. Dann pflanze ihn in einen Topf mit feuchtem Sand.

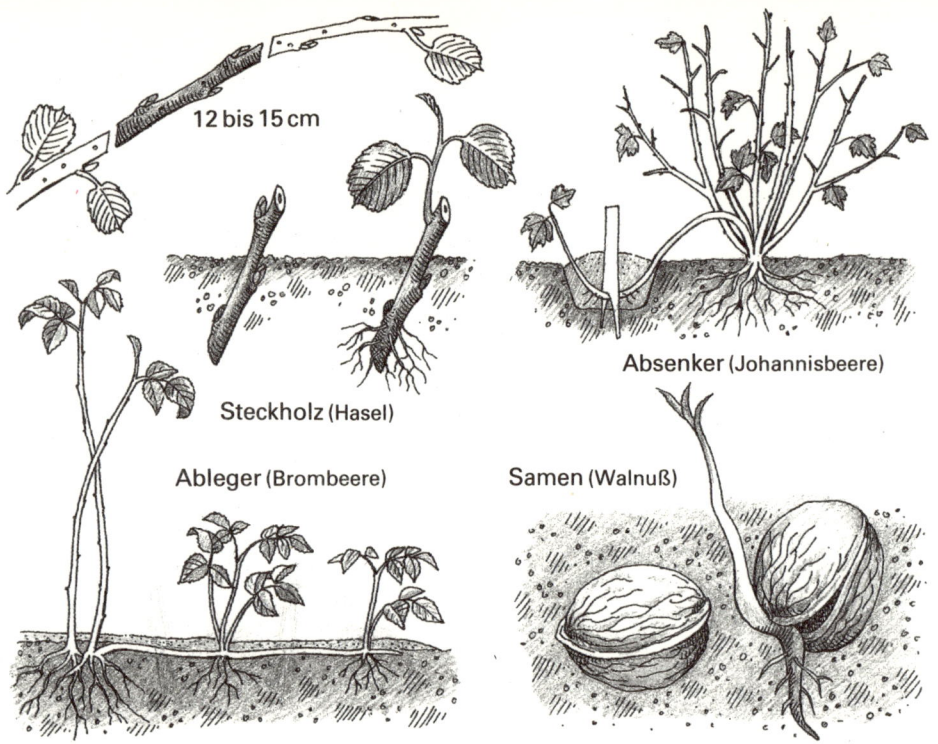

Die eigene Baumschule im Garten
Obstgehölze kann man kaufen. Viel mehr Spaß macht es aber, die Pflanzen selber heranzuziehen.

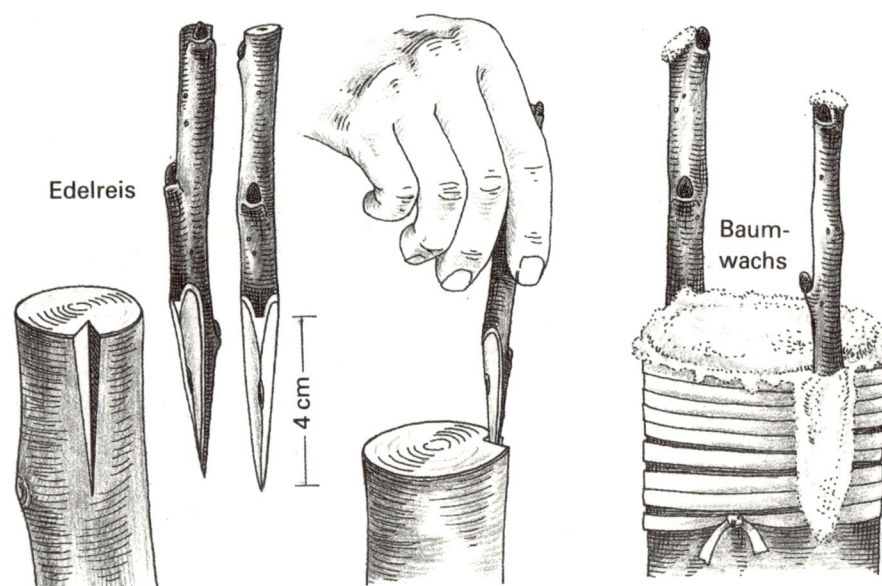

Veredeln eines Apfelbaumes
Einen Apfelbaum, dessen Früchte nicht schmecken, kannst du mit einer besseren Sorte veredeln. Die alten Äste sägst du kurz vor dem Stamm ab. In die Rinde der Aststümpfe schneidest du 4 cm lange Keile und pfropfst dorthinein das ebenso zugespitzte Edelreis. Bast und Baumwachs schützen die Veredlungsstelle.

Weniger Platz braucht ein Haselstrauch. Er eignet sich gut als Deckstrauch am Komposthaufen oder als Windschutz für den Sitzplatz. Am Haselstrauch wachsen schon etwa 3 Jahre nach dem Pflanzen Früchte, während man auf die Nüsse beim Walnußbaum viele Jahre warten muß.

Alle Obstbäume haben einen Stamm, der, botanisch gesehen, ein dicker verholzter Sproß ist, von dem sich Triebe ausbreiten und die Krone bilden. Wachsen aus der Wurzel mehrere verholzte Triebe, die sich weiterverzweigen, so spricht man von einem Strauch. Johannis- und Stachelbeersträucher finden wir in fast jedem Obstgarten. Baumschulen ziehen aber auch Johannis- und Stachelbeeren als kleine Stämmchen heran. Die Früchte lassen sich viel leichter ernten als von einem Busch. Setzt man Johannisbeersträucher und Stachelbeerstämmchen im Wechsel nebeneinander, haben mehr Pflanzen Platz. Beide Arten benötigen wenig Pflege. Die Sträucher tragen aber reichlicher Beeren, wenn die Triebe regelmäßig ausgelichtet werden. Stachelbeeren eignen sich schon unreif zum Einwecken und zum Kochen von Marmelade. Sind die Früchte reif, müssen sie schnell geerntet werden, sonst fallen sie ab. Johannisbeeren dagegen halten einige Wochen reif am Strauch.

Himbeeren und Brombeeren treiben einen verholzten Sproß, der sich wenig verzweigt. Sie werden in Reihen dicht nebeneinandergepflanzt. Es gibt aufrecht wachsende Sorten und solche, die eine Stütze benötigen. Die Früchte der Himbeeren bilden sich an den zweijährigen Trieben, die nach der Ernte eintrocknen. Dadurch kann man sie gut von den frischen grünen Ruten unterscheiden. Das alte Holz wird im Herbst kurz über der Erde abgeschnitten. Im Gegensatz zur klein bleibenden Himbeere entwickelt sich die Brombeere im Laufe einiger Jahre zu einem Busch mit meterlangen Ranken. Es ist deshalb nötig, ihn im Winter auszulichten. Wie bei den Himbeeren können Triebe, die im Sommer Früchte trugen, herausgeschnitten werden. Läßt man die Ranken über ein Gerüst klettern, so reifen die Früchte besser und sind einfacher zu ernten.

Erdbeeren gehören zu den Stauden. Sie haben einen unverholzten Sproß. Pflanzt man Erdbeeren im August, so setzen sie schon im nächsten Jahr die ersten Früchte an. Frühe Sorten tragen Anfang Juni rote Beeren, späte Sorten noch im Juli. Erdbeerbüsche bilden Ausläufer, an deren Ende neue Pflanzen wurzeln. Sie müssen entfernt werden, damit sich die Mutterpflanze kräftig entwickeln kann. Die Ableger sind als Jungpflanzen geeignet. Frische Erdbeeren kann man nicht lange aufbewahren. Zu Kompott, Marmelade oder Saft lassen sich die Früchte aber gut verarbeiten.

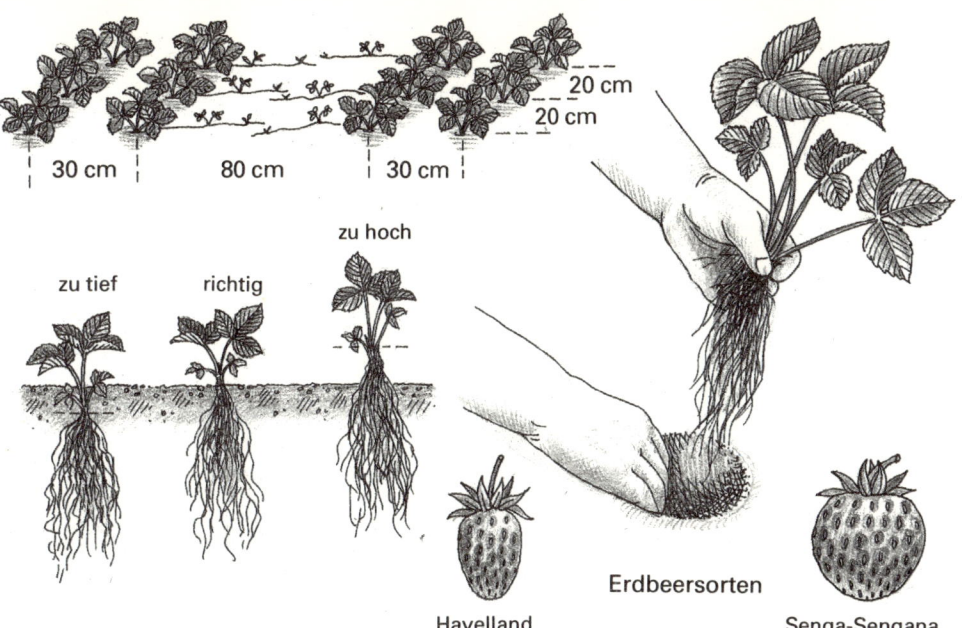

Keiner schafft es früher als die Erdbeeren
Vielleicht hast du Glück, und ein Nachbar schenkt dir Ableger von Erdbeeren.

Sie brauchen stets einen gelockerten und unkrautfreien Boden, wenn du eine reiche Ernte haben willst. Zur Reifezeit vertragen Erdbeeren keine Nässe.

Obsttorte im Winter
Koche Früchte in Zuckerwasser, fülle sie noch kochendheiß in Gläser und verschließe sie luftdicht mit „Blitztropfen". In der obstarmen Winterzeit hast du dann Vorrat für eine Torte oder Kompott.

Äpfel müssen nicht verderben
Das Trocknen ist eine uralte Methode, Früchte haltbar zu machen. Dazu werden Äpfel geschält (Birnen behalten die Schale), in Ringe geschnitten und auf Schnüre gefädelt.

DER ZIERGEHÖLZGARTEN

Während im Nutzgarten Gemüse und Obst zur Bereicherung unseres Speisezettels herangezogen werden, wachsen im Ziergehölzgarten Bäume und Sträucher, die sich durch ihre besondere Gestalt auszeichnen. Sicher stand zuerst beim Anpflanzen von Bäumen und Sträuchern der Wunsch nach Früchten im Vordergrund. Aber sehr alt ist auch die Freude an großen, stattlichen Bäumen. So gibt es Berichte über Baumpflanzungen, die schon vor 3000 Jahren in Vorderasien angelegt wurden. Von einer Mauer umgeben, wuchsen die Bäume, regelmäßig aneinandergereiht, zum Stolz ihrer Besitzer. Die größte Rache eines Feindes bestand darin, Bäume seines Gegners zu fällen und den Park zu verwüsten. Bekannt sind auch über 2000 Jahre alte Aufzeichnungen eines griechischen Persienreisenden, der in überschwenglichen Worten die Schönheit der Parke schildert. Dabei benutzte er das Wort „paradeios", das aus dem Persischen stammt und eigentlich nur soviel wie Einzäunung bedeutet. Er ahnte sicher nicht, daß daraus das Wort Paradiesgarten entstehen würde. Als Paradiesgarten wird bis heute ein Ort voller Naturschönheiten bezeichnet.

Den Plan zur Gestaltung von Parken, Gärten und Grünanlagen fertigt der Landschaftsarchitekt an. Nach seinen Angaben bearbeiten

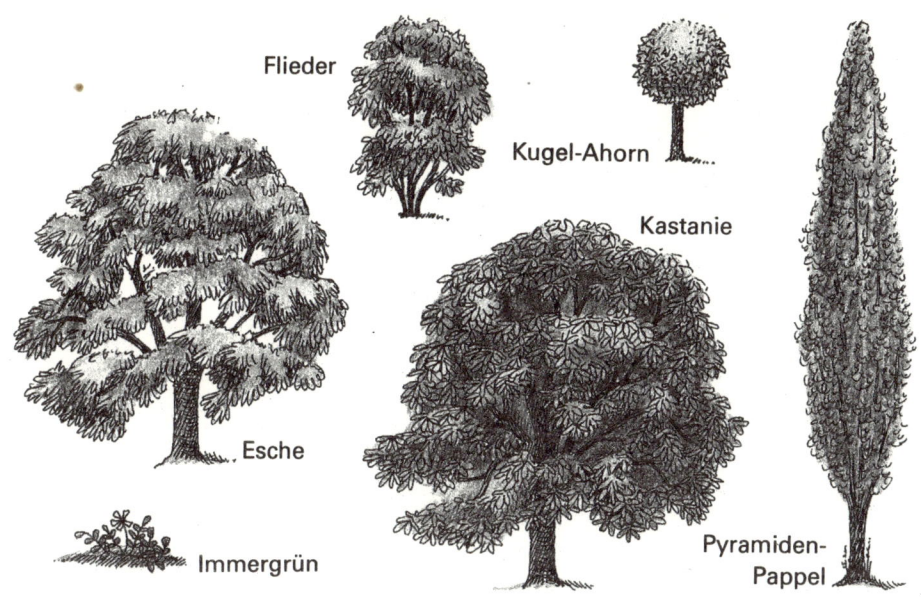

Was wächst denn da?
Baumarten kannst du schon von weitem an ihren Kronen unterscheiden. Kastanie und Esche bilden große Kronen; eine schmale, hohe Gestalt hat die Pyramiden-Pappel; kleine, runde Formen findest du beim Kugel-Ahorn. Zu den Sträuchern gehören sowohl das auf der Erde entlangkriechende Immergrün als auch der bis zu 8 m hohe Flieder.

Überall Blätter
Blätter von Bäumen und Sträuchern sind sehr unterschiedlich: klein beim Fingerkraut, groß beim Ahorn, glänzend bei der Mahonie, rauh beim Wolligen Schneeball, hellgrün bei der Pappel, dunkelgrün bei der Eiche oder sogar zweifarbig beim Eschenblättrigen Ahorn. „Immergrüne", wie der Rhododendron, behalten die Blätter auch im Winter.

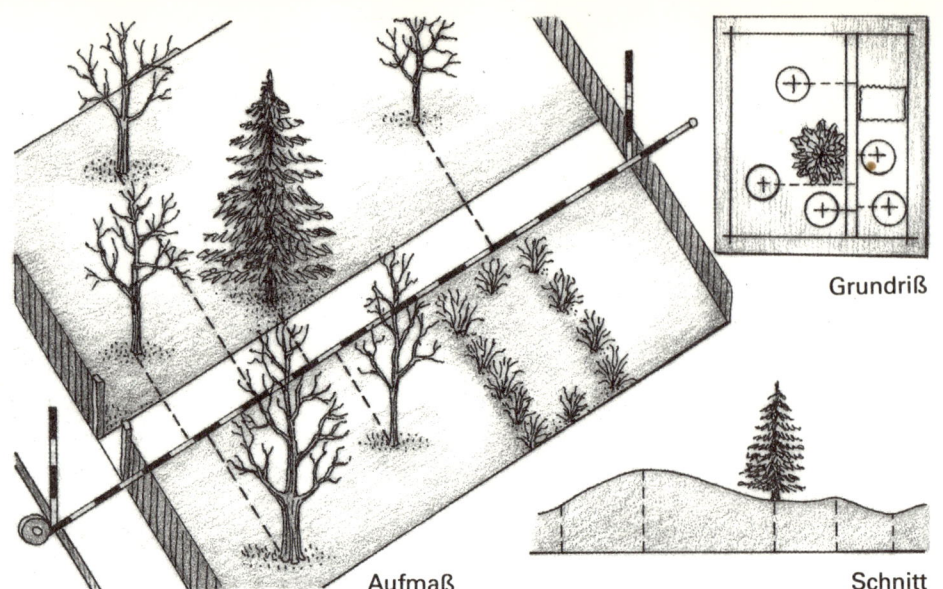

Aufmaß · Grundriß · Schnitt

Zuerst wird der Gartenplan gezeichnet
Miß zusammen mit einem Freund Länge und Breite deines Gartens aus und den Standort aller Pflanzen, die erhalten bleiben sollen. Notiere die Maße. Im Zimmer überträgst du die Angaben maßstabsgerecht auf ein Zeichenblatt. Nun kannst du den Gartenplan entwerfen. Willst du einen Höhenunterschied darstellen, mußt du einen Schnitt zeichnen.

Gerade oder auf Umwegen durch den Garten
Auch wenn Wege, Beete und Pflanzen regelmäßig angeordnet sind, muß die Anlage nicht langweilig wirken. Entscheidest du dich für einen locker gegliederten Garten, dann achte darauf, daß du ihn nicht in zu kleine Flächen aufteilst. Sonst hast du zuviel Arbeit bei der Pflege.

dann die Landschaftsgärtner den Boden, pflanzen, säen Rasen, legen Wege an und bauen Spiel- und Sitzplätze. Die Arbeit beginnt damit, Bodenverhältnisse und Lage zu ergründen. Für die Pflanzenwahl ist entscheidend, ob der Boden trocken oder naß, lehmig oder sandig ist und ob es sich um einen sonnigen oder schattigen Platz handelt. Mit Bandmaß und Gliedermaßstab wird das Gelände vermessen, Höhenunterschiede werden festgestellt und bereits vorhandene, erhaltenswerte Gehölze aufgenommen. Beim Entwerfen des Planes muß sich der Landschaftsarchitekt entscheiden, ob er eine regelmäßig oder unregelmäßig aufgeteilte Anlage gestalten will. Für beide Formen gibt es berühmte Vorbilder. Zu den bedeutendsten regelmäßig gegliederten Parken zählt der um das Schloß Sanssouci in Potsdam. Er entstand in der Mitte des 18. Jahrhunderts und ist einer der letzten Barockgärten. Schon mit Beginn des 19. Jahrhunderts setzte sich eine andere Gestaltungsweise durch. Die natürlich gewachsene Landschaft bildete das Vorbild. Zwei in geradezu vollendeter Form gestaltete Landschaftsparke unserer Heimat umgeben die Schlösser von Muskau und Branitz.
Heute hat sich im allgemeinen durchgesetzt, daß Wegeführung, Terrasse, Sitzplatz und Nutzgarten regelmäßig angelegt werden, während Ziergehölze und

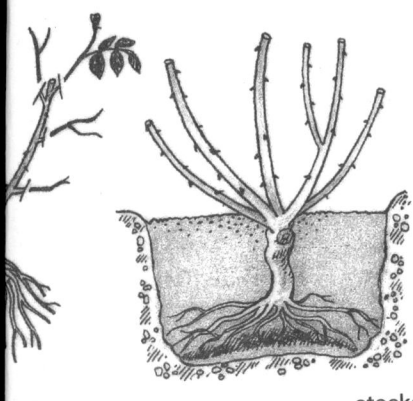
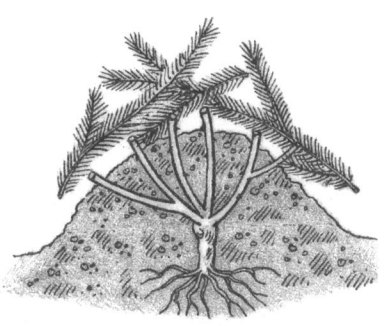

pflanzen

ch für eine Rose soll so groß Wurzeln gut ausgebreitet außerdem muß die Ver- e etwa 5 cm tief im Boden stecken. Im Herbst häufelst du die Rosen mit Erde an, ihre Zweige kannst du zusätzlich mit Reisig schützen. Damit die Pflanzen im Frühling wieder kräftig wachsen, schneidest du alle Triebe zurück.

Rosenstrauß wird ein Rosen-

abgeblühten Zweige eines ußes, knipse den Blütenkopf neide die Stengel unten glatt. Setze die Triebe im Garten in die Erde und stülpe über jeden ein Weckglas. Auch im Blumentopf am Fenster können Rosenpflanzen auf diese Weise herangezogen werden.

enfläche zum Spielen

ußt du umgraben, harken und en festtreten. Streue Grassamen äßig und dünn aus. Nun harkst aatgut ein und trittst die Ober- fläche noch einmal fest, dazu bindest du dir Bretter unter die Schuhe. Vorsicht, beim Sprengen nicht die Samen ausspülen! Sind die Halme 10 cm hoch, kannst du das erste Mal mähen.

Schnitt wachsen die Sträucher allmählich so dicht, daß sie sogar einen Zaun ersetzen können. Gut schneiden lassen sich Hainbuche, Liguster, Lebensbaum und Eibe. Bei der Auswahl der Ziergehölze müssen auch die Lichtverhältnisse beachtet werden. Ein schattiger Standort eignet sich für Rhododendron oder für immergrüne Laub- und Nadelgehölze, während sonnige Plätze sich für einen Heidegarten anbieten. Man kann hier aber auch einen Rosengarten anlegen. Durch ihren besonderen Duft, die Vielfalt der Farben und Wuchsformen sowie ihre lange Blütezeit ist die Rose eine der beliebtesten Pflanzen geworden. Schon vor Jahrtausenden hatten die Menschen Freude an Rosen. In vielen Liedern, Märchen und Sagen spielt die Rose eine Rolle, und sogar als Teil von Städtenamen, wie Rosental oder Rosenwinkel, findet man sie. Statt der Wildrosen um Dornröschens Schloß wachsen heute gezüchtete Rosen in Gärten und Grünanlagen. Hunderte von Sorten werden in Baumschulen auf der ganzen Welt herangezogen. Bei Edelrosen sitzt am langen Stiel eine große Blüte. Damit ihre Schönheit zum Ausdruck kommt, sollte solch ein Strauch möglichst einzeln stehen. Beetrosen dagegen tragen an einem Stiel mehrere kleine Blüten. Setzt man einige Büsche zusammen, entsteht ein dichter Blütenteppich. Am Zaun, an einem Spalier oder über einem Bogen wachsen Kletterrosen. Die alten

Blumen in lockeren Gruppen angeordnet sind.

In Baumschulen werden zahlreiche Gehölzarten herangezogen. Der Landschaftsarchitekt muß sie genau kennen, denn sie wachsen je nach Art unterschiedlich. Einige kriechen auf dem Boden entlang, andere entwickeln hohe, breit ausladende Kronen. Wenn ein kleiner Park entstehen soll, bilden Bäume und Sträucher den äußeren Rahmen, im Inneren bleibt der Raum für eine Rasenfläche frei. Wird die Grenze zwischen Gehölzen und Rasen durch Vor- und Zurücksetzen aufgelockert, spricht man von einer frei wachsenden Gehölzpflanzung. Hierzu eignen sich besonders gut Blütengehölze, die so ausgesucht werden, daß vom Frühjahr bis zum Herbst immer wieder Farbtupfer erscheinen. Als erste blühen Forsythie und Spierstrauch; Flieder und Falscher Jasmin schließen sich an. Im Sommer zieren Kolkwitzie und Deutzie den Garten, und den Herbst künden Bartblume und Schönfrucht an. Beim Zusammenstellen der Gehölze kann man aber auch nach anderen Gesichtspunkten vorgehen: Als Nistplatz für Vögel wird zum Beispiel dorniges Gesträuch ausgewählt, als Bienenweide pflanzen wir pollen- und nektarspendende Gewächse.

Ist der Garten klein, eignet sich eine schmale, straffe Bepflanzung besser. Hierzu werden Gehölze einer Art zu einer Hecke zusammengesetzt. Bei regelmäßigem

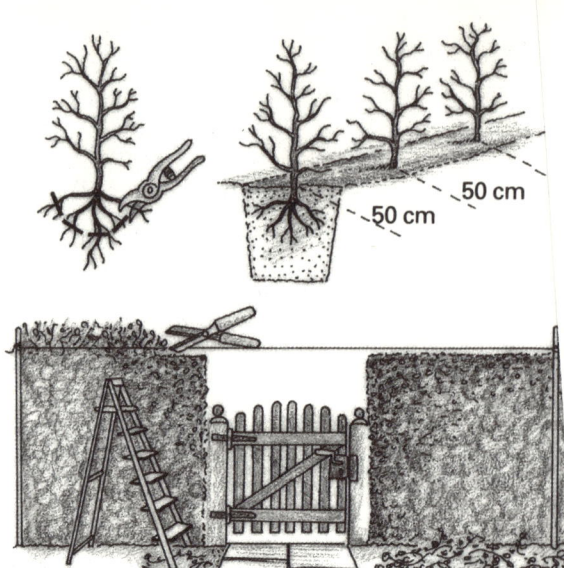

Gut geschützt hinter dichter Hecke
Damit die Hecke dicht wird, setzt du die Pflanzen im Abstand von 50 cm in die Erde. Dann schneidest du alle Büsche auf eine Höhe. Von oben bis unten dicht

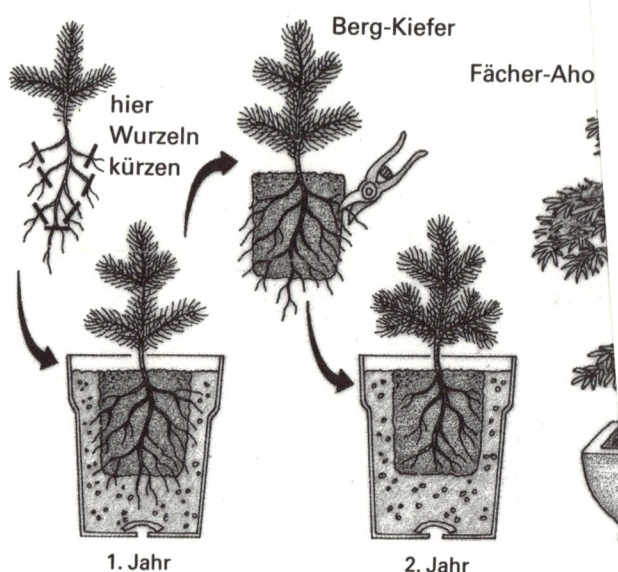

Ein Bonsaibäumchen
Bonsai ist die japanische Kunst, Zwergbäume zu züchten. Für den Bonsaibaum brauchst du einen kleinen, mit sandiger, nährstoffarmer Erde gefüllten Topf und viel Geduld. In jedem Frühjahr schnei-

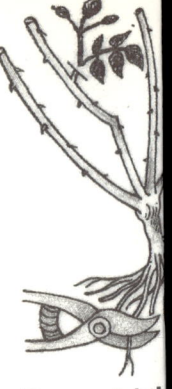

Rosen richti
Das Pflanzlo
sein, daß die
Platz finden,
edlungsstell

entwickel
oben schr
sen läßt. M
Schnur ge
mäßiger.

Aus einem garten
Nimm die
Rosenstra
ab und sc

dest du die W
rück. Das Stut
gut überleger
eine Krone en
einem Baum i
spricht.

Eine Ra
Zuerst n
den Bod
gleichm
du das

Rosensorten hatten nur eine kurze Blühdauer. Heutige Züchtungen blühen vom Frühsommer bis zum Herbst.

Die unterschiedlichen Blütenfarben und Wuchsformen von Gehölzen kommen erst richtig durch den Kontrast zu einer gleichmäßig grünen Rasenfläche zur Geltung. Rasen soll aber nicht nur schön aussehen, er muß auch zum Spielen und Ausruhen nutzbar sein. Läuft man über eine Wiese, knicken die Gräser um, und oft begangene Stellen verkümmern. Das geschieht beim Rasen nicht, ist er richtig angelegt und gepflegt. Vor der Aussaat wird der Boden sorgfältig geglättet und verfestigt. Als Saatgut eignet sich eine Gebrauchsrasenmischung. Düngt und wässert man den Rasen tüchtig und schneidet ihn jede Woche, dann entsteht ein saftig grüner Teppich, der sogenannte „englische Rasen". Düngt man nicht, wässert nur bei großer Trockenheit und mäht selten, so hat der Rasen eine graugrüne Färbung.

Gießen, Hacken, Unkrautjäten machen Spaß, aber ebenso schön ist es, wenn man sich nach getaner Arbeit vom gemütlichen Sitzplatz aus am gepflegten Rasen und an den blühenden Pflanzen erfreuen kann. Der Platz zum Ausruhen sollte so gewählt werden, daß er geschützt vor Wind, Straßenlärm und Nachbarblicken in der Sonne liegt. An heißen Tagen spendet ein Sonnenschirm Schatten.

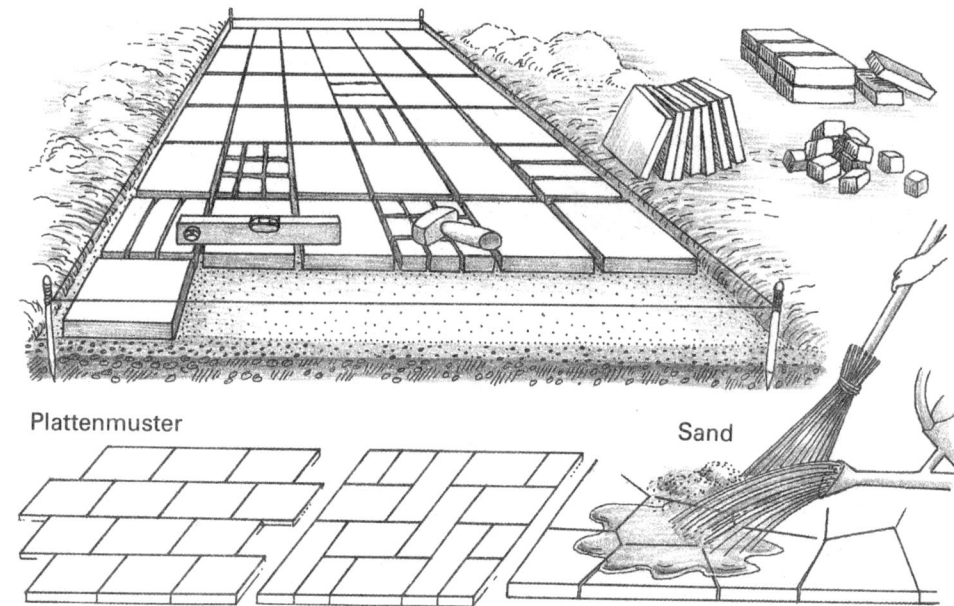

Plattenmuster Sand

Erst die Arbeit, dann das Vergnügen
Mit Pflöcken markierst du die Eckpunkte des Sitzplatzes. Den Boden hebst du in Steintiefe aus. Stein für Stein legst du dicht aneinander und stopfst mit einem Hammerstiel die Erde so fest darunter, daß die Steine beim Betreten nicht wackeln. Mit einer Wasserwaage prüfst du, ob die Steine waagerecht liegen. Eingeschlämmter Sand schließt die Fugen.

Das passende Weihnachtsgeschenk eines Gärtners
Schneide Zweige, die zu Weihnachten blühen sollen, Anfang Dezember. Alle Pflanzen mit frühzeitigem Blüten- und Blätteraustrieb eignen sich gut: Forsythie, Blutpflaume und Kirsche.

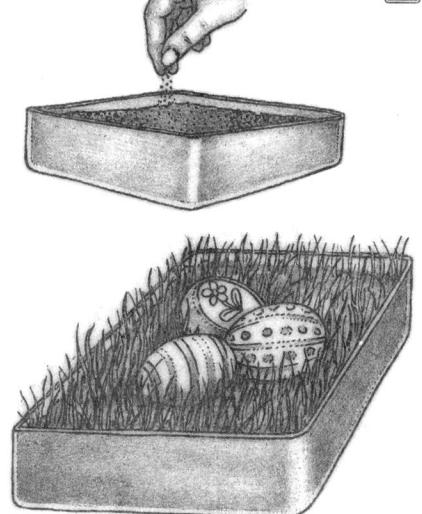

Und zu Ostern frisches Gras
Fülle einen Topf oder eine flache Schüssel mit Erde und streue darauf Grassamen. Wenn du 4 Wochen vor Ostern mit der Aussaat beginnst und den Boden feucht hältst, hast du eine grüne Schale für deine Ostereier.

DER BALKONGARTEN

Wenn im Frühling die Tage wieder länger werden, die Knospen an den Bäumen schwellen und auf dem Rasen frische Halme sprießen, verspüren auch Leute, die keinen Garten haben, Lust zum Säen und Pflanzen. Platz für ein paar Blumen findet sich überall. Schon ein Fensterbrett reicht aus. Aber auch Balkonbrüstungen, Erker, Terrassen oder Treppenabsätze eignen sich zum Aufstellen von Pflanzengefäßen, wie Kästen aus Plast oder Ton oder auch große Blumentöpfe und Holzkübel. Mit etwas Geschick läßt sich ein Blumenkasten aus Brettern sogar selbst herstellen. Zum Füllen wird nährstoffreicher Boden gebraucht, in dem die Pflanzen vom Frühjahr bis zum Herbst gut versorgt sind. Blumenläden und Gärtnereien bieten Erde für Balkonpflanzen an. Kleine Kieselsteine oder Schaumstoffflocken lockern den Boden auf und machen ihn wasserdurchlässig. Der Abstand von Pflanze zu Pflanze beträgt 20 bis 30 cm. Ist er größer, wirkt der Blumenkasten recht kümmerlich; stehen Pflanzen zu eng beieinander, so treiben nur dünne Stengel in die Höhe.
In einem Gefäß wachsen Pflanzen schlechter als im Freiland. Die geringe Menge Erde erwärmt sich zwar schnell, kühlt aber auch rasch wieder ab.
Besonders in den oberen Stockwerken von Hochhäusern entzieht

Wohin mit den Pflanzen?
Am besten eignen sich Kästen aus Ton oder Plast, die du auf die Balkonbrüstung stellst. Achte darauf, daß die Gefäße sicher stehen. Auch die Hausbewohner unter dir dürfen beim Gießen nicht naß werden. Große Töpfe stellst du auf den Fußboden.

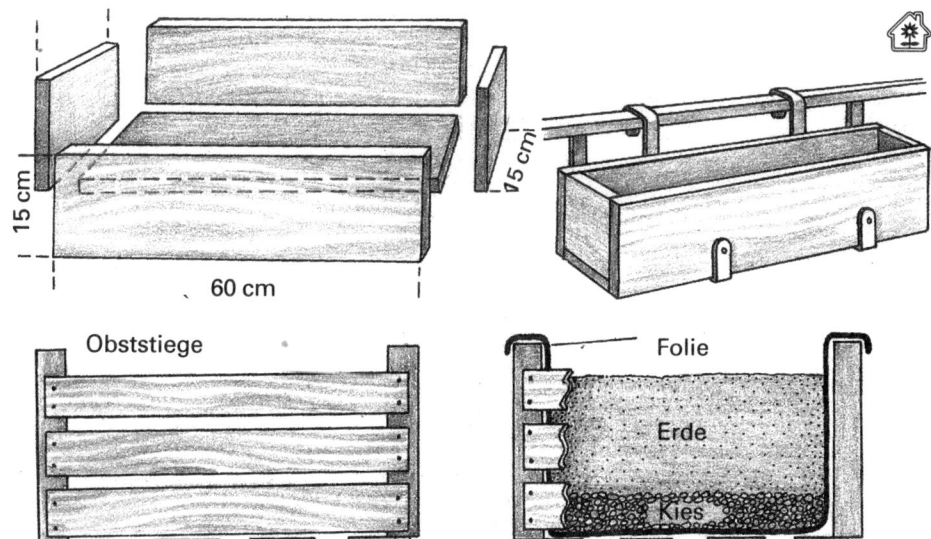

Selbst ist der Mann
Aus Brettern kannst du dir einen Balkonkasten selber bauen.
15 cm sollte er mindestens hoch und breit sein, dann haben auch kleine Gehölze ausreichend Platz für ihre Wurzeln. Hast du keine Bretter, nimm eine alte Obstkiste. Damit die Erde nicht durch die Ritzen rieselt, nagelst du von innen Folie an.

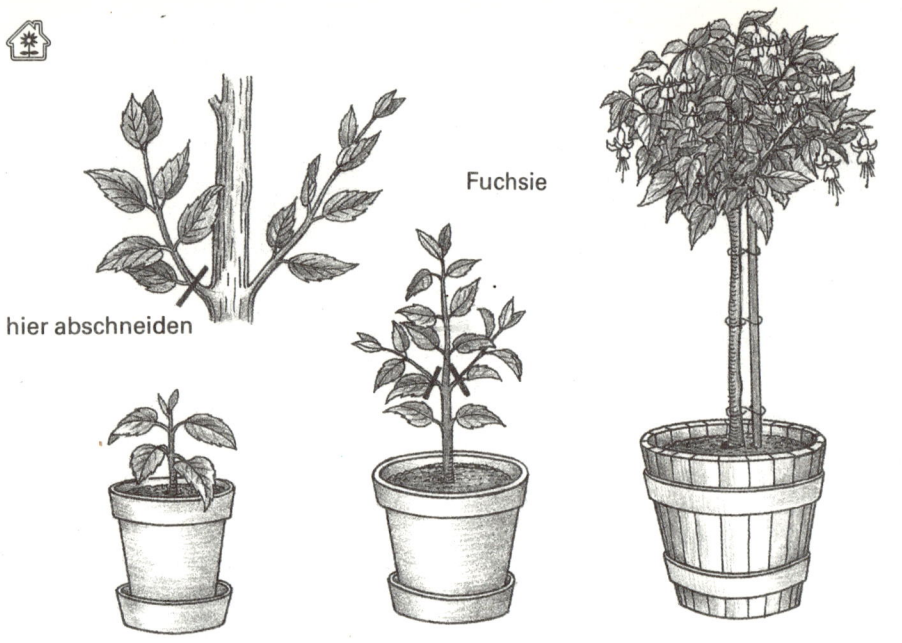

Ein Bäumchen auf dem Balkon
Im Frühjahr schneidest du einen Steckling von einer aufrechtwachsenden Fuchsiensorte. Nur sie eignet sich für ein Bäumchen. Den Steckling ziehst du an einem Stab hoch, Seitentriebe entfernst du. Hat das Stämmchen die gewünschte Höhe erreicht, kappst du die Spitze, damit sich die Seitentriebe bilden, aus denen die Krone entsteht.

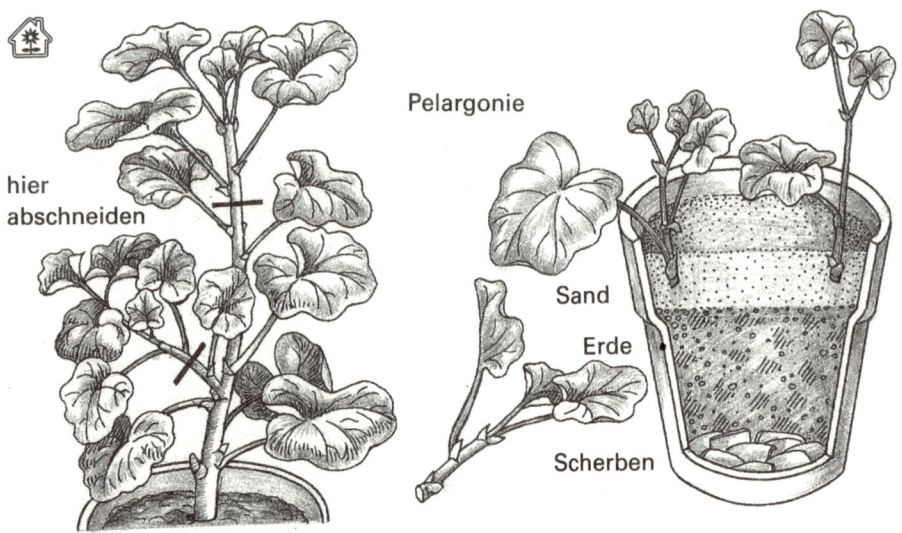

Pelargonien zum Verschenken
Im Herbst schneidest du mit einem scharfen Messer eine Triebspitze kurz unter dem Blattansatz ab. Am Steckling entfernst du die unteren Blätter, dann setzt du ihn in einen Topf mit feuchtem Sand. Über Winter stellst du die kleine Pflanze ans Fenster und gießt sie wie die Zimmerpflanzen. Im Frühling schneidest du die Pelargonie zurück, damit sie sich buschig entwickelt. Im Sommer wird sie bereits blühen.

der ständig wehende Wind den Pflanzen Feuchtigkeit. Balkonpflanzen brauchen also besonders sorgfältige Pflege. Jedes Jahr im Frühling gehört frische Erde in die Gefäße. Bei sonnigem Wetter muß täglich gegossen werden. Alle zwei bis drei Wochen erhalten die Pflanzen etwas Dünger. Blumenläden und Samenhandlungen bieten ihn in fester und flüssiger Form an.

Zu den beliebtesten Pflanzen gehört die Fuchsie. Rote, rot-weiße oder rot-violette, hängende Blüten zieren vom Frühsommer bis zum Spätherbst viele Balkonkästen. In ihrer Heimat Südamerika, einem Gebiet mit starken Niederschlägen, wachsen die Fuchsien unter lichten Bäumen. Sie kamen vor langer Zeit nach Mitteleuropa. Durch Züchtungen entstanden Sorten mit einer langen Blühdauer. Auch unterschiedliche Wuchsformen sind bekannt. Hängend wachsende Fuchsien eignen sich gut für einen Balkonkasten, aufrecht wachsende Sorten setzt man besser in einen Topf und stellt ihn auf den Balkonboden. Im Laufe der Jahre kann die Fuchsie zu einem Strauch oder Kronenbäumchen heranwachsen.

Pelargonien, auch Geranien genannt, erkennt man schon an ihrem herben Geruch, zerriebene Blätter duften besonders kräftig. Die Blütendolden der Pelargonien erreichen einen Durchmesser von 8 bis 10 cm. Sie setzen sich aus vielen kleinen einfachen oder auch gefüllten Blütchen zusammen, deren Farbe weiß, rosa, lachs- bis karminrot oder sogar violett sein kann. Die Heimat der Pelargonien ist das warme und trockene Südafrika, deshalb gedeihen sie bei uns in praller Sonne gut, vertragen aber keine Zugluft. Wie bei Fuchsien unterscheidet man auch bei Pelargonien hängend und aufrecht wachsende Formen. Besonders üppig wirkt ein Balkonkasten, wenn in der vorderen Reihe hängende und in der hinteren höhere Pelargonien stehen.

Beliebt in Gärten sind Dahlien mit ihren großen Blüten in kräftigen Farben. Für den Balkon eignen sich aber nur Mignon-Dahlien, die 30 bis 40 cm hoch werden und einfache weiße, gelbe, orange oder rote Blüten tragen. Sie ergeben einen farbenfrohen Balkonkasten. Im Frühjahr verkaufen Gärtnereien Dahlienknollen oder Jungpflanzen.

Die Heimat der Begonien liegt in den tropischen und subtropischen Gebieten der Erde. Es sind über 800 verschiedene Begonienarten bekannt, viele sind beliebte Zimmerpflanzen, andere wachsen in Gärten. Auf dem Balkon gedeihen Knollenbegonien am prächtigsten. Den Namen haben sie von ihrer flachen Knolle.

Es ist erstaunlich, wie sich aus dieser kleinen Knolle eine so stattliche Pflanze mit üppigen, gefüllten roten, gelben, rosa, scharlachroten, lachsfarbenen oder weißen Blüten und großen, schief geformten Blättern entwickelt. Ein im Schatten liegender Balkon, viel

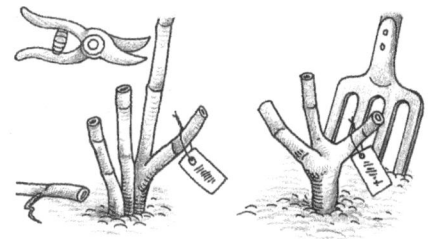

So wird die Dahlienknolle geteilt

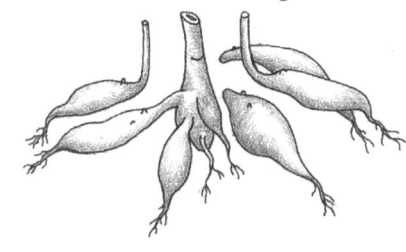

Und im nächsten Sommer noch mehr Dahlien
Bevor du möglichst große Töpfe oder Kästen im Mai mit Mignon-Dahlien bepflanzt, zerteilst du die Knollen so, daß an jedem Stück ein Triebansatz zu erkennen ist. Bringst du Dahlienknollen bereits im Februar zum Treiben, kannst du im März Stecklinge schneiden. Diese bilden bis zum Herbst fleischige Knollen aus, die kühl und trocken überwintert werden.

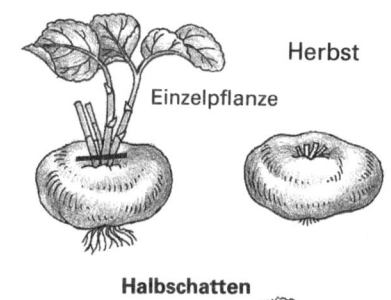

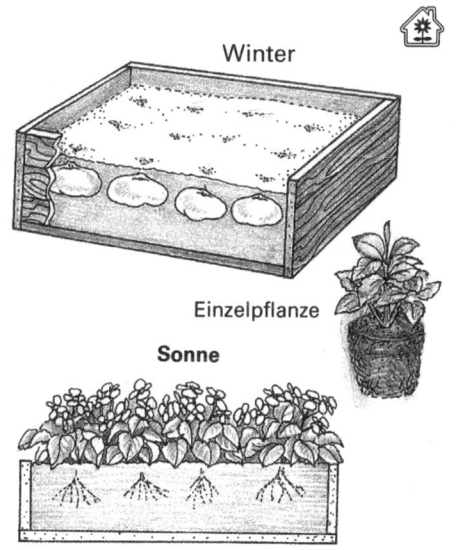

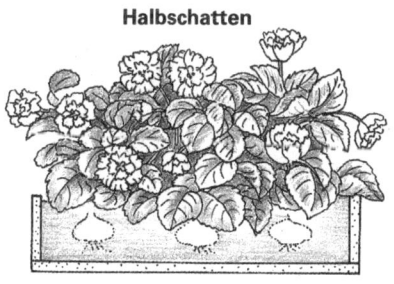

Knollenbegonien

Winterschlaf im Keller
Knollenbegonien legst du über Winter dicht aneinander in eine Kiste und streust Sand oder Sägespäne darüber. Im Frühjahr mußt du die Knollen mit der Seite, auf der sich die Triebe bilden, nach oben in den Balkonkasten setzen. Knollenbegonien lieben Halbschatten. In der Sonne wachsen die kleinen „Eisblumen" besser.

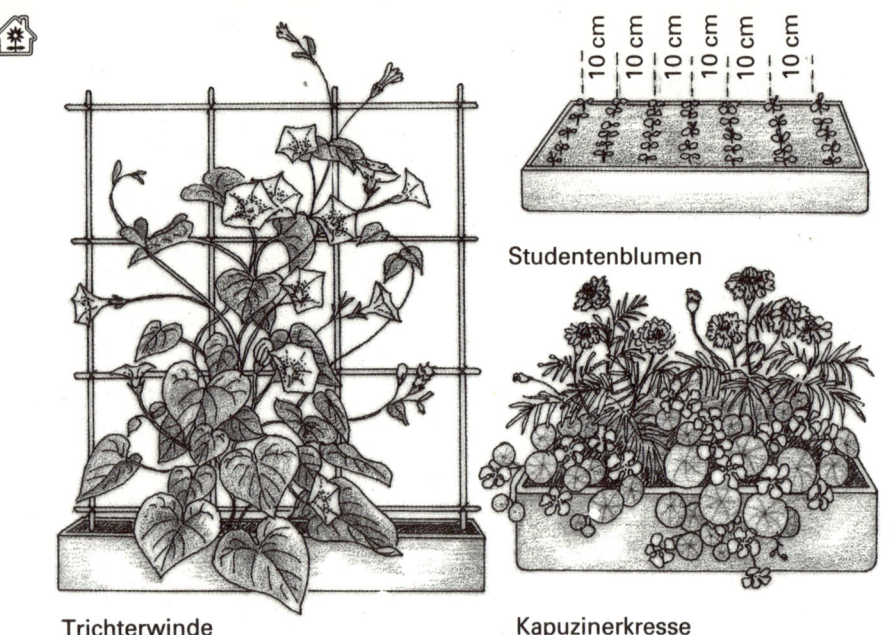

Trichterwinde

Studentenblumen

Kapuzinerkresse

Der Balkon als Sommerblumenlaube
Im Reihenabstand von 10 cm säst du den Sommerblumensamen direkt in den Balkonkasten. Stehen die Pflanzen zu eng, mußt du sie „vereinzeln".

Wenn du zu den buschigen Sommerblumen noch Kapuzinerkresse, Winde und Wicke an Schnüren oder an Gittern hochklettern läßt, wird der Balkon zu einer dicht zugewachsenen Laube.

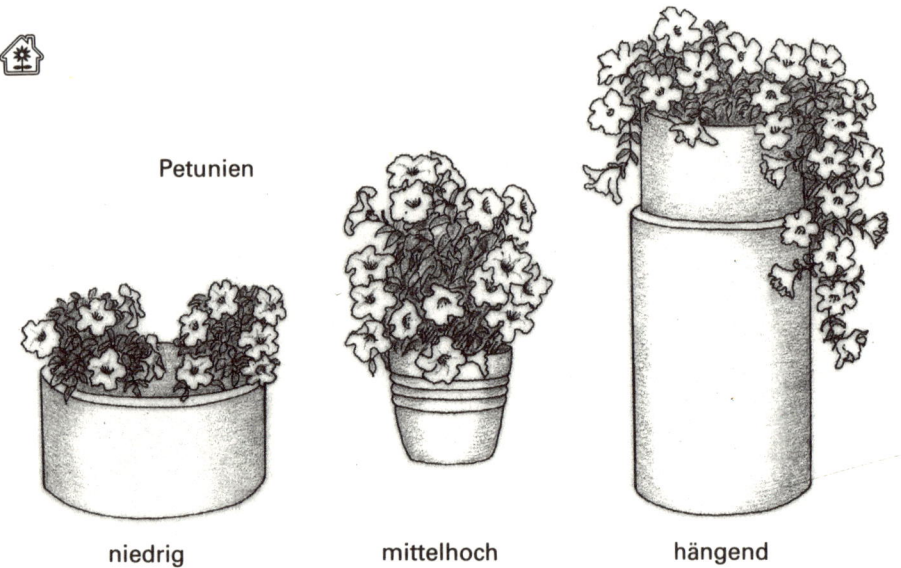

Petunien

niedrig — mittelhoch — hängend

Blüten über Blüten
Petunien gibt es in vielen verschiedenen Farben, darunter auch niedrige, mittelhohe und hängende Sorten.
Wenn du den ganzen Sommer über einen blühenden Balkonkasten haben möchtest, dann knipse die verwelkten Blüten immer gleich ab. Sonst reifen Samen, und die Pflanze bildet keine neuen Knospen.

Wasser und wöchentliche Düngergaben lassen Begonien so üppig werden, daß man einen Stab zum Stützen braucht. An der Küste und im Gebirge gedeihen sie wegen der hohen Luftfeuchtigkeit besonders gut.

Einjährige Sommerblumen, wie Resede, Schleifenblume, Kapuzinerkresse, Sonnenblume und Lobelie, können gleich an Ort und Stelle im Frühjahr in den Kasten gesät werden. Soll der Kasten wie ein buntes Blumenbeet aussehen, beginnt man schon im Februar mit der Aussaat frostempfindlicher Sommerblumen im Zimmer. Aster, Nemesie, Verbene und Studentenblume gehören dazu. Ende Mai kommen die Jungpflanzen in den Balkonkasten. Wer die rechtzeitige Aussaat verpaßt hat, kann im Mai beim Gärtner Jungpflanzen kaufen.

Dort gibt es auch Petunien. Sie brauchen zum Keimen und Wachsen viel Licht und Wärme, deshalb gelingt die Anzucht im Zimmer nicht. Petunien vertragen volle Sonne, gedeihen aber auch im Halbschatten. Es gibt aufrechte und hängende Formen mit weißen, rosa, violetten oder mehrfarbigen Blüten, deren Ränder glatt oder gekräuselt sind. Anhaltender Regen bekommt den zarten, großen duftenden Blüten nicht, sie fallen ab. Aber nach zwei bis drei Sonnentagen sind wieder neue geöffnet. Verwelkte Blüten müssen sofort entfernt werden, damit sie keinen Samen bilden. So wachsen immer wieder neue Knospen nach.

Auch einen Küchenkräutergarten mit Basilikum, Bohnenkraut, Garten-Kresse, Majoran, Petersilie oder Schnittlauch kann man auf dem Balkon anlegen. An einem sonnigen, windgeschützten Platz lassen sich Tomatenpflanzen heranziehen.

In einem großen Behälter – einer Holzkiste, einem Steintrog, einer Plastschale oder einer alten Zinkwanne – wachsen sogar Gehölze. Hat das Gefäß einen Wasserablauf, wird die Erde eingefüllt. Ist jedoch im Boden des Gefäßes kein Loch vorhanden, kommt zuerst eine Kiesschicht in den Behälter, die das überschüssige Wasser aufnimmt. Die ausdauernden Pflanzen müssen klein sein, langsam wachsen und Trockenheit und Wärme vertragen. Berg-Kiefer, Zwerg-Fichte und flach wachsende Wacholderarten kommen als Nadelgehölze in Frage. Unter den Laubgehölzen stehen Fächer-Zwergmispel, Kletter-Pfaffenhütchen, Strauch-Fingerkraut und Kleines Immergrün zur Auswahl. Aus der großen Anzahl von Steingartenstauden eignen sich vor allem dickblättrige, wie Fetthenne- und Hauswurzarten, aber auch Steinbrech. Den Sommer über brauchen die Pflanzen viel Wasser. Im Winter muß der Minigarten mit Reisig und Laub geschützt werden. Tongefäße sind für solche Dauergärten nicht verwendbar, sie zerspringen bei Frost und müssen deshalb im Herbst auf den Boden oder in den Keller gebracht werden.

Petersilie, Suppengrün wächst auf unserem Balkon
Genau wie die einjährigen Sommerblumen säst du die Gewürzkräuter direkt in den Balkonkasten. Vielleicht hast du sogar am Küchenfenster Platz.

Überbackene Kräuterkäseschnitten
Quark, kleingeschnittenen Scheibenkäse, Ei, Butter, Milch, Salz und kleingehackte Kräuter vermischen, auf Weißbrotscheiben streichen und in der Bratröhre knusprig backen.

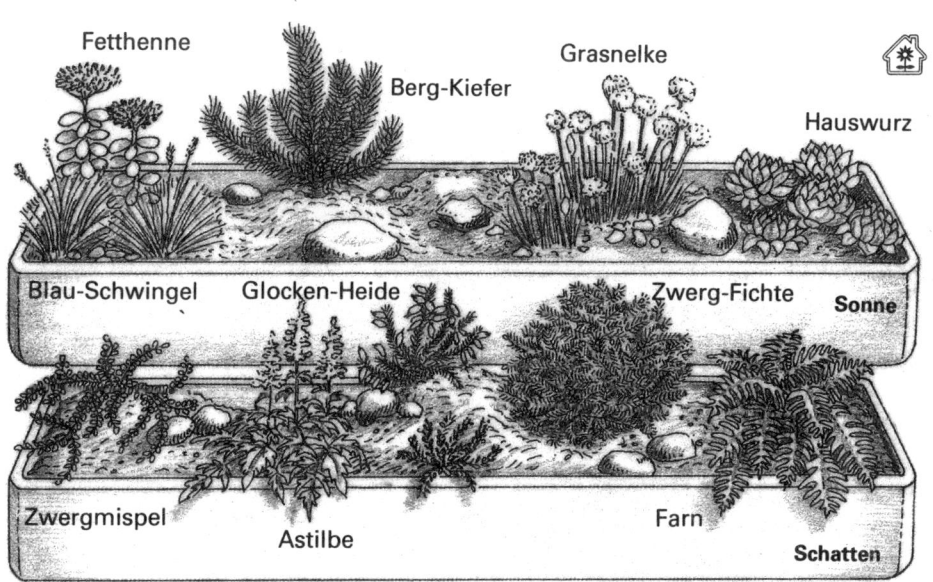

Eine Landschaft für Zwerge
Bevor du die Pflanzen für deinen Minigarten in den Boden bringst, gestaltest du eine hügelige „Landschaft", Steine und bizarre Holzstücke vervollkommnen sie. Die Pflanzen suchst du danach aus, ob du einen sonnigen oder schattigen Platz hast.

DER SOMMERBLUMENGARTEN

Am beeindruckendsten sind Sommerblumen, wenn sie auf großen Flächen farblich geordnet oder bunt gemischt wachsen, wie es in Grünanlagen oder Parken zu sehen ist. Im Frühjahr pflanzen die Gärtner auf solch großen Flächen oft Hunderttausende von Stiefmütterchen. Schon ein paar Wochen später folgt die Sommerbepflanzung mit Salvien, Studentenblumen und Löwenmaul, und im Herbst ändert sich das Bild noch einmal, wenn Winterastern und Erika den Boden bedecken. In Kur- und Erholungsorten kann man manchmal regelrechte Kunstwerke aus Sommerblumen bestaunen. Nicht nur Beete in Mustern, sogar Blumenuhren und „lebende" Blumenvasen werden von den Gärtnern gepflanzt.
Sommerblumen keimen, wachsen, blühen, bilden Samen aus und vergehen in einem Jahr. Einjahresblumen werden sie deshalb auch genannt. Es gibt unter den Sommerblumen jedoch auch ein paar Ausnahmen. Einige, wie Rittersporn und Kornblume, wollen bereits im Herbst in den Boden, andere brauchen sogar zwei Jahre zu ihrer Entwicklung. Stiefmütterchen, Tausendschön und Bart-Nelke bilden im ersten Jahr Jungpflanzen aus, die überwintern und erst im zweiten Jahr Blüten hervorbringen.
Am einfachsten ist die Anzucht der Sommerblumen, die von

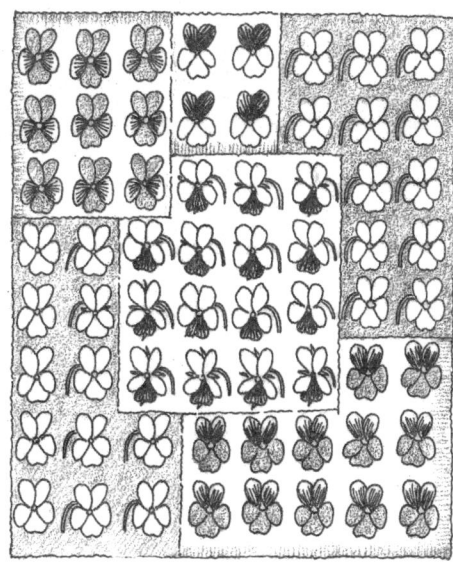

Muster wie beim Stricken
Wenn du Stiefmütterchen in unterschiedlichen Farben zusammensetzt, kannst du viele Muster erfinden. Probiere es auch mit anderen Sommerblumen.

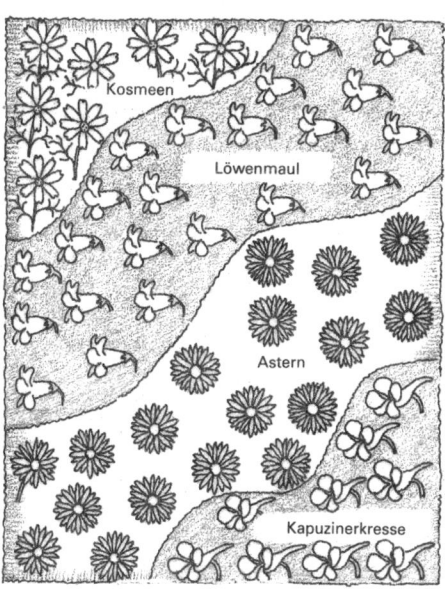

Meereswellen im Sommerblumenbeet
Egal, ob du ein Beet regelmäßig oder unregelmäßig aufteilst, beim Zusammenstellen der Blumen mußt du nicht nur auf Blütenfarben, sondern auch auf die Höhe der Pflanzen achten.

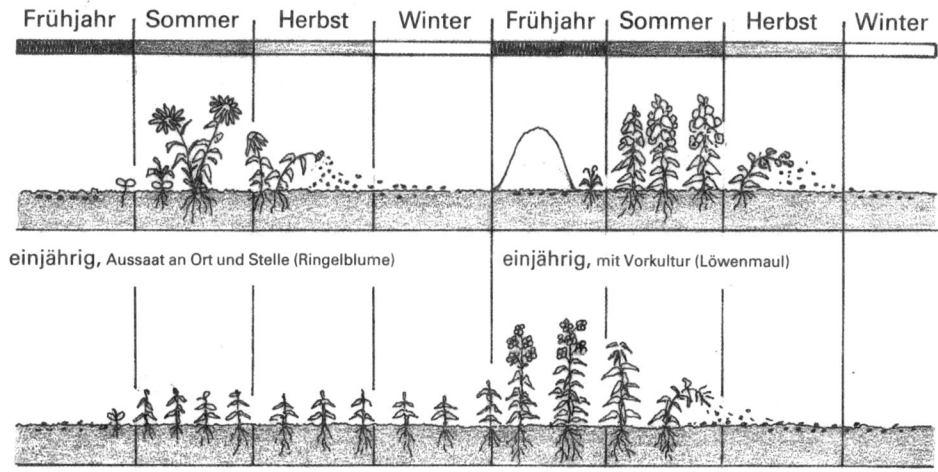

Sommerblumenblüte schon im Frühjahr
Zweijährige Sommerblumen säst du im Mai bis Juni aus, etwa 2 Monate später pflanzt du sie in größerem Abstand um, und zum Frühling des folgenden Jahres hast du bereits die ersten blühenden Pflanzen für einen Strauß. Die einjährigen Sommerblumen bringen dagegen wirklich erst im Sommer ihre Blüten hervor.

Einjährige Sommerblumen

Name	Kapuziner-kresse	Nemesie	Ringelblume	Rittersporn	Schleifen-blume	Sommer-azalee	Sonnen-blume	Steinrich	Kosmee	Edelwicke
Blütenfarbe	gelb, orange, rot	viele Farben	gelb, orange	blau, rosa, weiß	weiß, rosa, lila	alle Farben außer gelb	gelb, braun	weiß, violett	rot, rosa, weiß	alle Farben
Blütezeit (Monat)	VII–X	VII–IX	VI–X	IV–IX	VI–VIII	VII–IX	VII–IX	VII–X	VIII–X	VII–IX
Höhe (cm)	20–30	25–40	30–60	30–120	20–30	25–50	50–200	10–30	60–100	80–100
Aussaatzeit (Monat)	V	Mitte V	III–IV	IX–X oder III–IV	IX–X oder III–IV	Mitte IV	IV–V	IX oder IV	III–IV	III–IV
Reihen-abstand (cm)	30	20	20	20	20	30	3 Samen je Standort	15	40	Körner einzeln 5 cm tief
Standort, Verwendung, Besonderheiten	Sonne, Balkon, Beet	Balkon, Beet, blüht nach Rückschnitt noch einmal	Sonne, Beet, Selbst-aussaat	Sonne, Beet, Schnitt	Sonne, Beet, Rückschnitt nach Blüte gibt 2. Flor	Sonne, Beet, Schnitt	Sonne, Beet, Schnitt	Sonne, Beet, Balkon, Selbst-aussaat	Sonne, Beet, Schnitt	Kletter-pflanze, Beet, Schnitt

Zweijährige Sommerblumen

Name	Bart-Nelke	Fingerhut	Garten-Nelke	Marien-Glocken-blume	Goldlack	Mondviole	Stief-mütterchen	Malve	Tausend-schön	Vergißmein-nicht
Blütenfarbe	weiß, rosa, rot	purpur, rosa, gelb, weiß	weiß, rosa, rot	blau, weiß, rosa	gelb, braun	violett	weiß, blau, gelb, rot, mehrfarbig	weiß, gelb, rosa, rot	weiß, rosa, rot	blau
Blütezeit (Monat)	V–VII	VI–VIII	VI	VI–VIII	IV–V	V–VI	III–VII	VI–IX	IV–VI	IV–V
Höhe (cm)	30–50	80–120	50–60	60–80	40–60	30–100	15–20	150–200	15	20
Aussaatort	Saatbeet	Saatbeet	Frühbeet	Frühbeet	Frühbeet	Frühbeet	Saatbeet	Saatbeet	Frühbeet	Frühbeet
Aussaatzeit (Monat)	Mitte V	VI	Anfang V	Ende V	V–VI	V–VI	VII	V–VI	VI–VIII	VII
Pflanzzeit (Monat)	VII	VIII–IX	VIII	VII–VIII	VIII	VIII–IX	IX oder IV	VII–VIII	III–IV oder IX	IV oder IX
Reihenabstand (cm)	30 × 25	30 × 30	30 × 25	30 × 25	30 × 30	30 × 30	20 × 20	40 × 40	20 × 20	20 × 20
Standort, Verwendung, Besonderheiten	Beet, Balkon, Schnitt	Beet, Schnitt, Selbst-aussaat, giftig	Beet, Schnitt	Beet, Schnitt	Beet, Balkon, Schnitt, Winter-schutz	Schatten, Trocken-pflanze (Silberlinge), Selbst-aussaat	Beet, Schnitt, Winterschutz	Sonne, Einzel-stellung	Beet, Schnitt, Blüte läßt nach 2 Jahren nach	Beet, Balkon, Schnitt, Selbstaus-saat

Wildblumen unserer Äcker, Wiesen und Waldränder abstammen. Sie werden direkt ins Freiland „an Ort und Stelle" gesät. Vergißmeinnicht, Goldlack und Schleifenblume säen sich Jahr für Jahr von selbst aus.

Sommerblumen aus südlicheren Ländern, in denen es schon zeitig im Frühjahr wärmer als bei uns ist, müssen wie frostempfindliches Gemüse bereits im Februar/März im Zimmer ausgesät werden.

Zum Wachsen, Blühen und Samenbilden brauchen alle Pflanzen Wasser. Es wird mit den Wurzeln dem Boden entnommen und über die Stengel zu den Blättern und Blüten geleitet. Wichtig ist das Gießen oder Sprengen vor allem auf leichten, sandigen Böden, die kein Wasser speichern können. In Trockenperioden muß mehr gewässert werden, und Pflanzen in Sonnenlage brauchen häufiger Wasser als solche auf schattigen Flächen. Da Wasser besonders in warmen, trockenen Sommern knapp wird, muß man sparsam damit umgehen. Einmal durchdringend Wasser geben ist immer besser als mehrmals kurz. Die beste Zeit zum Gießen sind die kühlen Morgen- oder Abendstunden. Anschließend wird der Boden flach gelockert, so hält er die Feuchtigkeit besser. Auf kleinen Flächen eignet sich zum Wässern eine Gießkanne, größere Flächen werden beregnet oder mit einem Sprühschlauch, der den Sommer über im Beet bleibt, feucht gehalten.

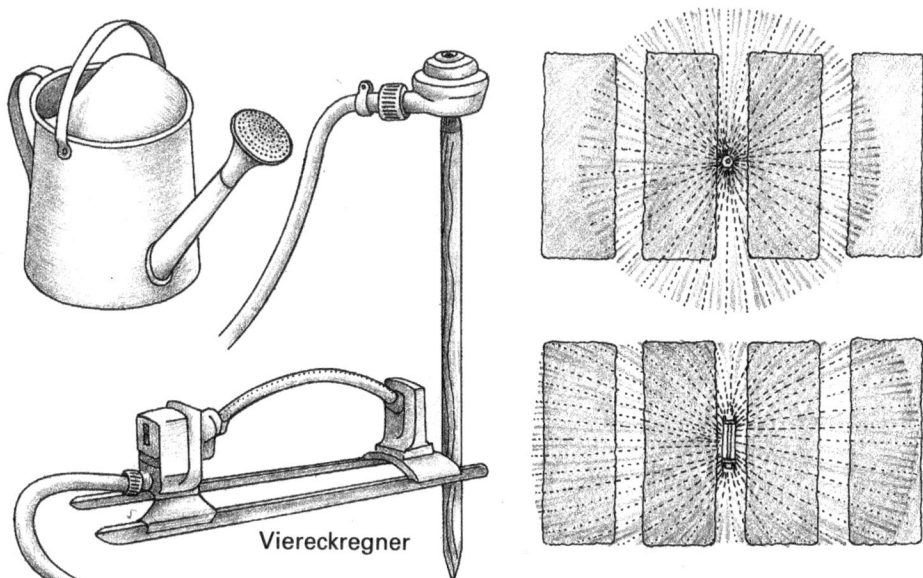

Viereckregner

Ohne Wasser geht es nicht

Hast du nur einen kleinen Garten, reicht eine Gießkanne zum Wässern. Mußt du große Flächen versorgen, dann sprengst du mit einem Schlauch. Stellst du einen Viereckregner auf, wird das Wasser besser über die rechteckigen Beete verteilt als mit dem Regner, der das Wasser kreisförmig versprüht. Regner erleichtern die Arbeit.

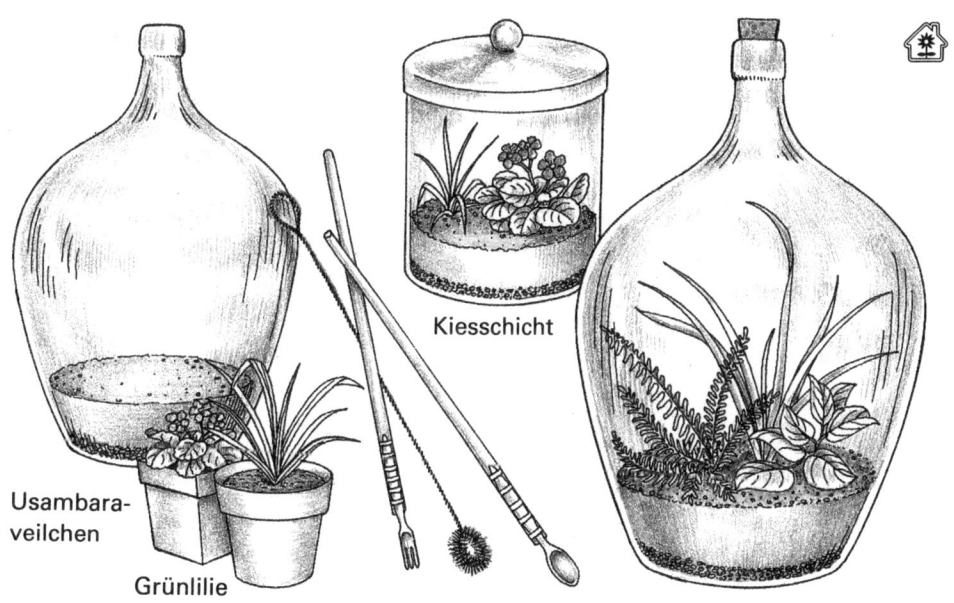

Usambaraveilchen
Grünlilie
Kiesschicht

Wasserkreislauf im Flaschengarten

In einen großen Glasbehälter pflanzt du kleine Zimmerpflanzen, wie Farn, Usambaraveilchen und Grünlilie. Dann gießt du die Gewächse an und verschließt den Behälter nach 2 Tagen. Nun kannst du beobachten, wie das Wasser bei Sonnenschein verdunstet und sich über Nacht abkühlt und niederschlägt. Ist das Glas fest verstöpselt, brauchst du monatelang kein Wasser nachzufüllen. Algen bilden sich bei zuviel Feuchtigkeit.

Wildblumen unserer Äcker, Wiesen und Waldränder abstammen. Sie werden direkt ins Freiland „an Ort und Stelle" gesät. Vergißmeinnicht, Goldlack und Schleifenblume säen sich Jahr für Jahr von selbst aus.

Sommerblumen aus südlicheren Ländern, in denen es schon zeitig im Frühjahr wärmer als bei uns ist, müssen wie frostempfindliches Gemüse bereits im Februar/März im Zimmer ausgesät werden.

Zum Wachsen, Blühen und Samenbilden brauchen alle Pflanzen Wasser. Es wird mit den Wurzeln dem Boden entnommen und über die Stengel zu den Blättern und Blüten geleitet. Wichtig ist das Gießen oder Sprengen vor allem auf leichten, sandigen Böden, die kein Wasser speichern können. In Trockenperioden muß mehr gewässert werden, und Pflanzen in Sonnenlage brauchen häufiger Wasser als solche auf schattigen Flächen. Da Wasser besonders in warmen, trockenen Sommern knapp wird, muß man sparsam damit umgehen. Einmal durchdringend Wasser geben ist immer besser als mehrmals kurz. Die beste Zeit zum Gießen sind die kühlen Morgen- oder Abendstunden. Anschließend wird der Boden flach gelockert, so hält er die Feuchtigkeit besser. Auf kleinen Flächen eignet sich zum Wässern eine Gießkanne, größere Flächen werden beregnet oder mit einem Sprühschlauch, der den Sommer über im Beet bleibt, feucht gehalten.

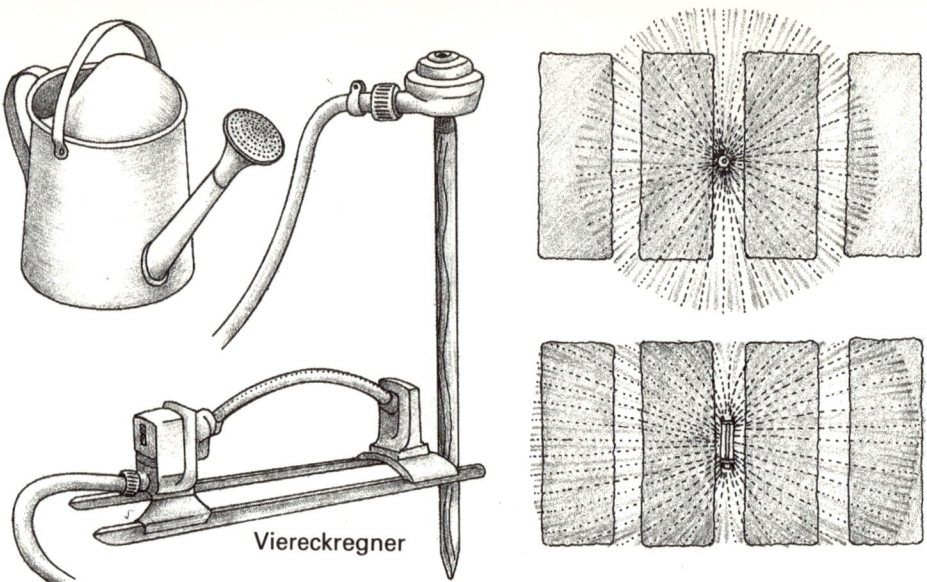

Viereckregner

Ohne Wasser geht es nicht

Hast du nur einen kleinen Garten, reicht eine Gießkanne zum Wässern. Mußt du große Flächen versorgen, dann sprengst du mit einem Schlauch. Stellst du einen Viereckregner auf, wird das Wasser besser über die rechteckigen Beete verteilt als mit dem Regner, der das Wasser kreisförmig versprüht. Regner erleichtern die Arbeit.

Usambaraveilchen — Grünlilie — Kiesschicht

Wasserkreislauf im Flaschengarten

In einen großen Glasbehälter pflanzt du kleine Zimmerpflanzen, wie Farn, Usambaraveilchen und Grünlilie. Dann gießt du die Gewächse an und verschließt den Behälter nach 2 Tagen. Nun kannst du beobachten, wie das Wasser bei Sonnenschein verdunstet und sich über Nacht abkühlt und niederschlägt. Ist das Glas fest verstöpselt, brauchst du monatelang kein Wasser nachzufüllen. Algen bilden sich bei zuviel Feuchtigkeit.

DER STAUDENGARTEN

Stauden sind langlebige Pflanzen. Manche können zehn und mehr Jahre alt werden. Im Boden überwintert nur die Wurzel. Aus dieser sprießen im Frühjahr, wenn sich das Erdreich erwärmt, Triebe hervor, die zum Beispiel beim Wald-Geißbart 2 m hoch werden oder, wie bei der Taubnessel, weite Flächen überwachsen. Blätter, Blüten und Samen entwickeln sich im Laufe des Sommers. Im Herbst sterben die oberirdischen Triebe ab. Die trockenen Samenstände von Königskerze und Akelei zieren auch über Winter den Garten. Wildstauden haben sich die Menschen schon vor Jahrhunderten wegen der schönen Blüten und des Duftes in den Garten geholt; aber auch als Arzneipflanzen wurden sie geschätzt. Eisenhut, Rittersporn, Nelke, Maiglöckchen, Pfingstrose, Trollblume und Tulpe wuchsen im Garten, wenn auch der Obst- und Gemüseanbau im Vordergrund stand.

Viele Gärtner beschäftigen sich mit der Zucht von Blütenstauden, so begann damit um 1900 Karl Foerster in Potsdam. Er wurde im Laufe seines langen Lebens einer der bedeutendsten Staudenzüchter Europas. Vor allem den Rittersporn widmete er sich; eine Vielzahl neuer Farbtöne – von Hellblau bis Dunkelviolett – verdanken wir seiner Arbeit.

In zahlreichen Büchern beschreibt Foerster die blühenden Pflanzen

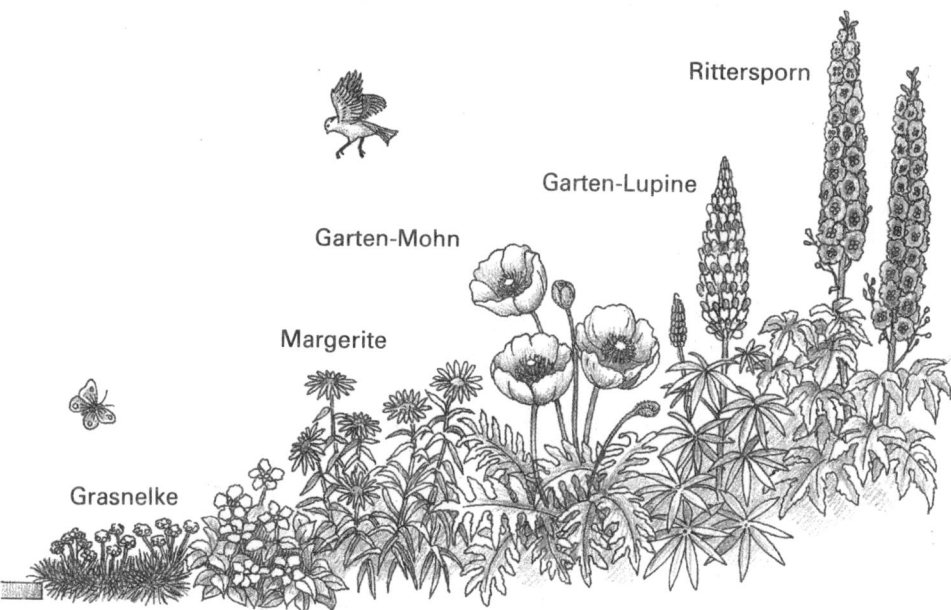

Freude an Stauden
Rittersporn, Phlox und Sonnenhut entwickeln sich im Laufe einiger Jahre zu kräftigen Großstauden. Du pflanzt sie an den hinteren Rand der Rabatte, damit kleinere Stauden nicht verdeckt werden. Langstielige Triebe bindest du hoch. Wenn du verblühte Triebe sofort kurzschneidest, kannst du im Herbst eine zweite Blüte erleben.

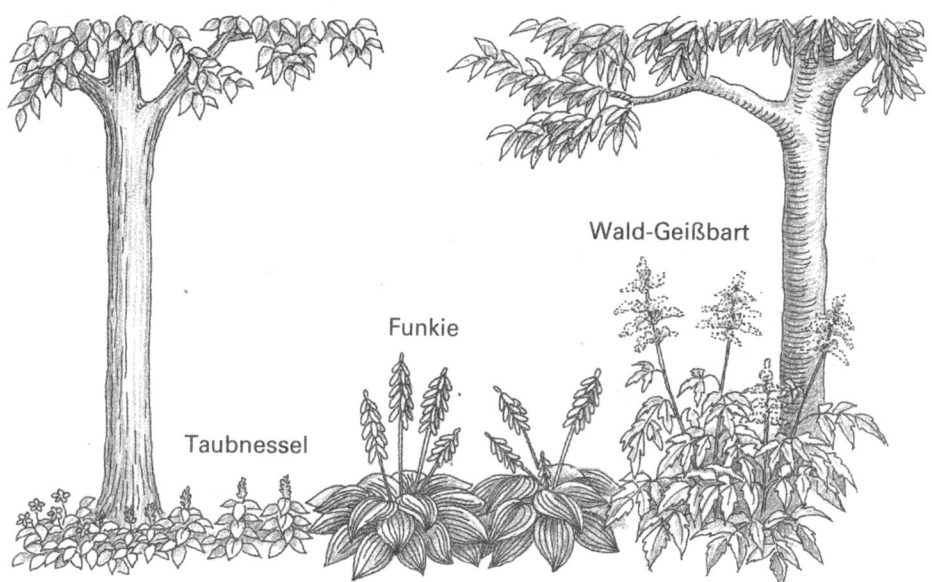

Blütenpracht im Verborgenen
Schnell breitet sich die Taubnessel auf schattigen Flächen, wo kein Gras wächst, zu einem bunten Teppich aus. Hellblaue Farbtöne bringen Funkien in dunkle Winkel. Weiße Blütenstände, die bis zu 2 m hoch werden, bildet der Wald-Geißbart im Sommer.

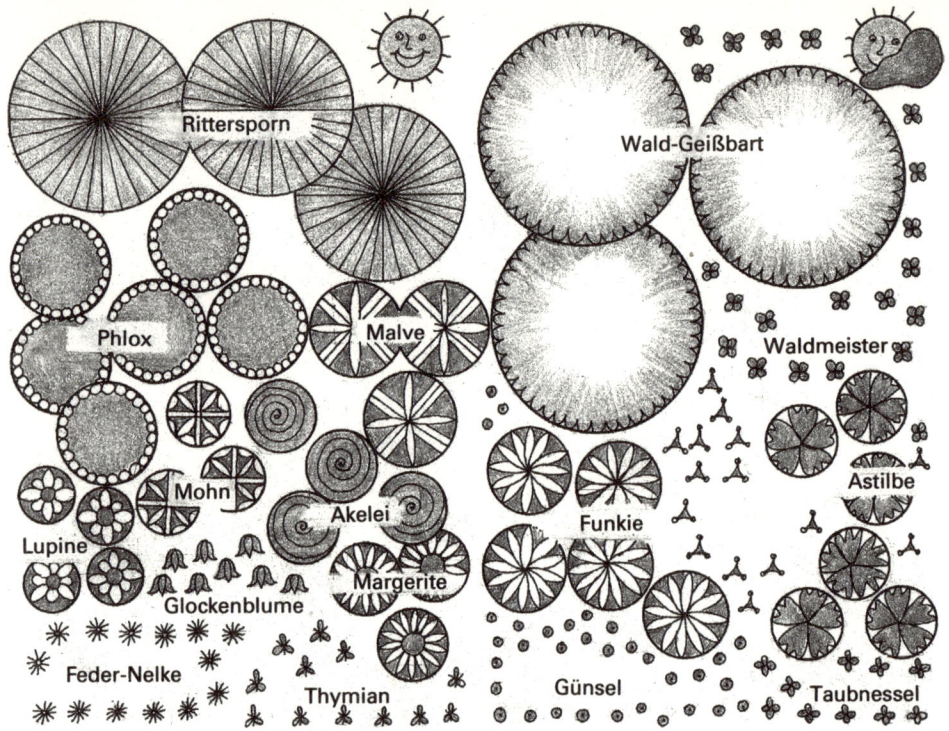

Am liebsten immer Sonne
Stauden, die aus Steppengebieten oder von Heideflächen oder Wiesen stammen, brauchen einen sonnigen Platz.

Bitte kühl und schattig
Ist die Herkunft dagegen der Wald, dann sollen Stauden im Schatten von Gehölzen oder Gebäuden stehen.

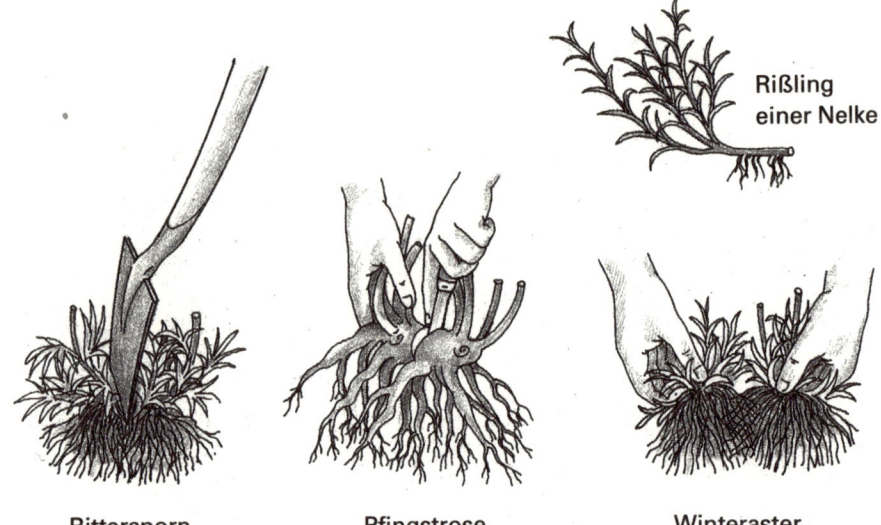

Wenn's zu voll wird
Im Frühjahr und Herbst kannst du zu groß gewordene Stauden teilen. Bei Lupinen und Rittersporn benutzt du dazu einen Spaten. Mit dem Messer trennst du Pfingstrosen und Winterastern auseinander. Von Polsterstauden lassen sich bewurzelte Triebe abreißen. Wenn du Stauden durch Samen vermehrst, dauert es einige Jahre, bis sie blühen.

so anschaulich, daß jeder Gartenfreund sich wünscht, solche Pflanzen zu besitzen. Foerster sah aber nicht nur die einzelne Staude, sondern auch das Zusammenspiel der Blütenfarben verschiedener Gewächse. Eines seiner Bücher trägt den Titel „Es wird durchgeblüht". Darin beschreibt er, wie das Gartenjahr bereits im Februar mit der rosa und roten Blüte der Schnee-Heide beginnt. Es endet im Winter, wenn trotz Frost und Schnee die Blumenblätter der Christrose zusammen mit der Schnee-Heide im Garten zu sehen sind.

So wie die Wildstauden in der Natur an den unterschiedlichsten Standorten gedeihen, vom tiefsten Schatten im Wald bis zur trockenen, sonnigen Ödlandfläche, so gibt es auch im Garten kaum eine Stelle, an der keine Stauden wachsen würden. Die meisten bevorzugen aber Sonne. Im Vorgarten, an der Terrasse oder am Sitzplatz haben sie den geeigneten Standort. Viele Stauden wachsen erst im Laufe des Frühjahrs oder Sommers zu voller Größe heran. Deshalb ist es besser, dem Staudenbeet ein rahmendes Gerüst aus Laub- und Nadelgehölzen zu geben und dazwischen die großen Stauden, wie Rittersporn, Phlox, Sonnenhut und Winteraster, zu setzen. Die Vorsommerblüher – Akelei, Lupine, Pfingstrose, Margerite – stehen in kleinen Gruppen davor. Ganz am Rand wachsen die Polsterstauden: Schleifenblume,

Blaukissen, Gänsekresse und Moos-Phlox.
Gut in die Nachbarschaft der Stauden passen Zwiebel- und Knollengewächse. Besonders im Frühling sind Leuchtkraft und Farbenvielfalt ihrer Blüten nach dem langen Winter immer wieder eindrucksvoll und überraschend. Die meisten Zwiebel- und Knollengewächse gedeihen als ursprüngliche Steppen- und Waldbewohner am besten auf sonnigen bis halbschattigen und nicht zu feuchten Plätzen. Zwiebeln und Knollen sind winterhart. Das gilt nicht nur für die im Boden steckenden Teile, sondern auch für die austreibenden Blattspitzen und Blüten, die bei Frost morgens ihre Köpfe hängen lassen, sich aber bei steigenden Temperaturen schnell wieder aufrichten. Unter Sträuchern und Bäumen breiten sich Märzbecher, Schneeglöckchen, Traubenhyazinthen, Blausterne, Krokusse, Winterlinge und Lerchensporn zu großen Horsten aus. Mit den Polsterstauden zusammmen blühen Tulpen und Narzissen. Zum blauen Rittersporn passen rote und weiße Lilien, und die Herbst-Zeitlose findet ihren Platz bei Sonnenhut und Winteraster.
Wer einmal den Blütenreichtum im Bergland erlebt hat, möchte sicher ein Stück Bergnatur im Garten nachahmen. Natürlich geneigtes Gelände eignet sich am besten. Aber auch kleine Abhänge an Terrassen, Treppen oder der Garageneinfahrt lassen sich in einen blühenden Steingarten ver-

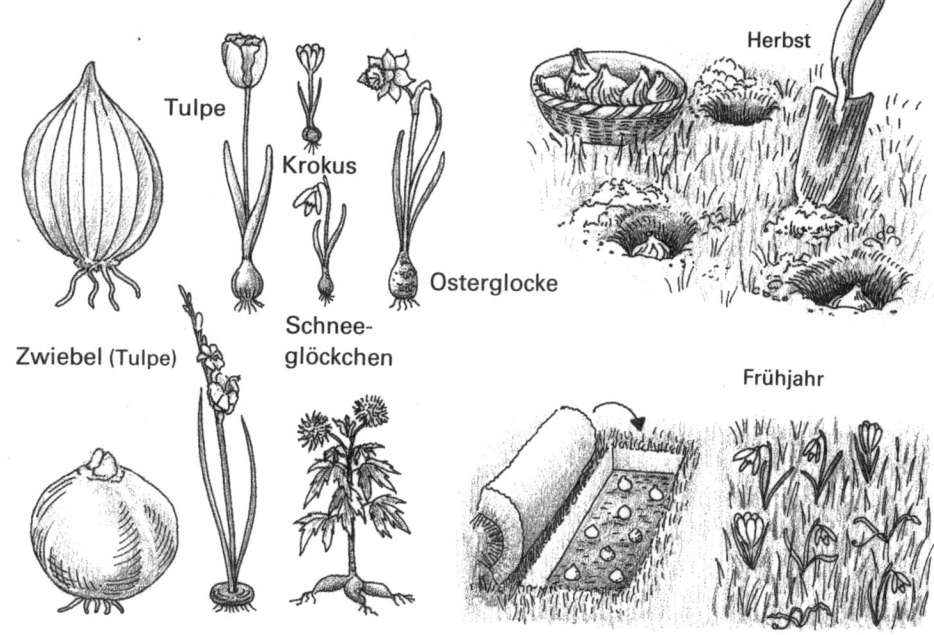

Vorratswirtschaft für das nächste Jahr
In Zwiebeln und Knollen werden Nährstoffe gespeichert. Knollen sind fleischig verdickte Sproßteile, Zwiebeln dagegen gestauchte Sprosse.

Bunte Tupfen auf grünem Rasen
Wenn sich Krokusse und Schneeglöckchen im Rasen ausbreiten sollen, dann darfst du ihre Blätter erst nach dem Vergilben (Mai/Juni) abmähen.

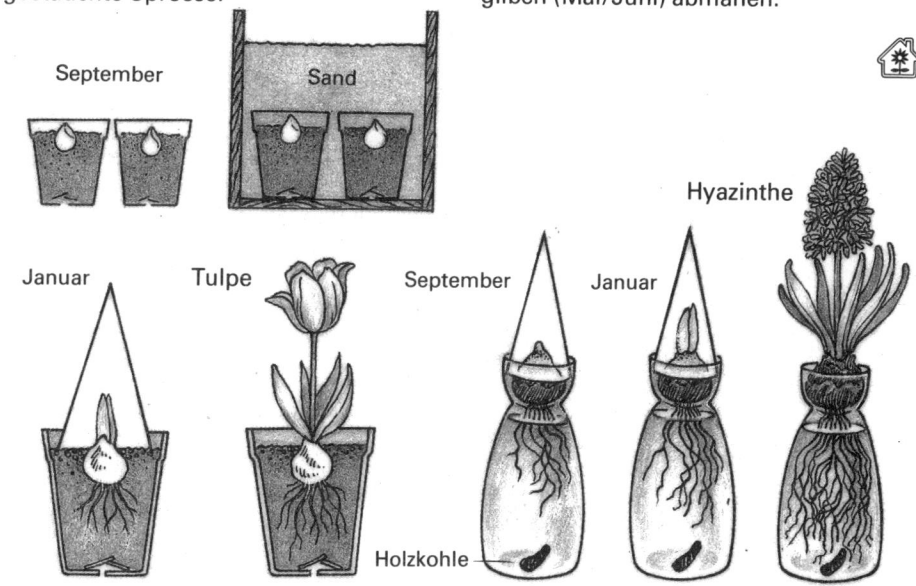

Frühlingsdüfte in der Wohnung
Im Herbst steckst du Zwiebeln von Tulpen und Hyazinthen oder Knollen von Krokussen in Töpfe, stellst diese im kühlen Keller in einen Eimer und überstreust sie mit Sand. Anfang Januar nimmst du die Töpfe ins Zimmer. Über die Triebspitzen stülpst du eine Papiertüte, bis sich die Blüten zeigen. Hyazinthen entwickeln sich auch in einem Glas.

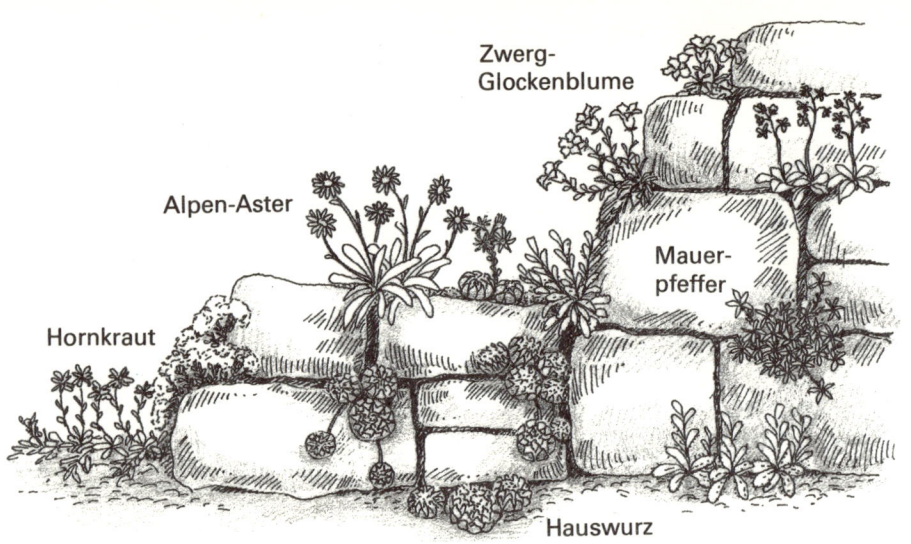

Das Bergland im Garten
Steingartenstauden breiten sich teppichartig aus, dabei klettern sie über Steine oder wachsen sogar in Steinfugen und Mauerritzen. Du kannst ein wenig nachhelfen, wenn du Erde in Steinspalten drückst und dann kleine Ableger hineinpflanzt. Paß auf den Mauerpfeffer auf, daß er nicht die zarteren Pflanzen überwuchert!

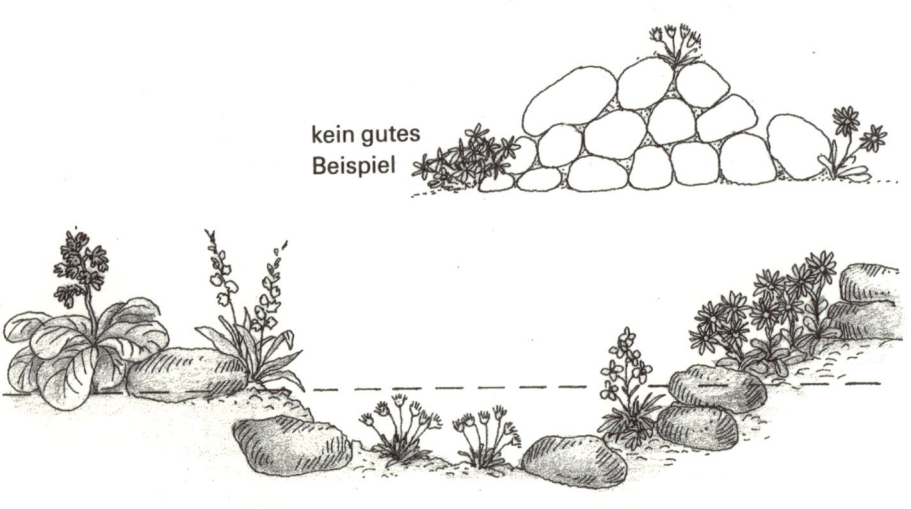

Viele Steine machen noch keinen Steingarten
Durch Bodenausheben und Aufschütten modellierst du die Gartenfläche. Lege die Steine mit der breiten Seite in den Boden. Etwa ein Drittel soll in der Erde stecken. Beim Betreten dürfen die Steine nicht wackeln. Nicht nur die freien Flächen, sondern auch die Fugen zwischen den Steinen kannst du bepflanzen. Sind die Spalten zu schmal, nimmst du Lehm, mengst dort Samenkörner von Steingartenpflanzen hinein und drückst ihn in die Fugen. Erfolg hast du sicher mit dem gelbblühenden Steinkraut, das sich später auch allein aussät.

wandeln. Ebenes Gelände erhält durch Bodenausheben und Aufschütten von kleinen Hügeln eine „bewegte" Oberfläche. Im Gebirge findet man neben fast kahlen Steinpartien Stellen mit dichtem Pflanzenbewuchs. Ähnlich soll es im Garten aussehen. Das Grundgerüst bilden Steine — Findlinge von Feldrändern, Abfälle aus einer Steinmetzwerkstatt oder alten Steinbrüchen. Steine geben dem geneigten Boden und den Polsterstauden Halt, bilden aber auch den malerischen Hintergrund für unsere Anpflanzungen. Nur eine Gesteinsart sollte verwendet werden. Es sieht auch besser aus, wenige große gutgeformte Steine zu legen als viele kleine bunt durcheinander gewürfelt.

Stauden für Steingärten verkaufen Gärtnereien und Blumenhandlungen: Alpen-Aster, niedrige Glockenblume, Zwerg-Storchschnabel, Steinbrech, Hauswurz, Fetthenne und viele andere Arten. Gehölze, wie Zwergmispel, Ginster, Wacholder oder Berg-Kiefer, passen gut zu Steingartenpflanzen. Der kleinste Steingarten findet in einem ausgehöhlten Findling Platz. Hin und wieder entdeckt man solch einen von Wind und Wetter geformten Stein. In weichen Sandstein können wir mit Hammer und Meißel auch selbst eine Vertiefung schlagen, die mit Erde aufgefüllt und anschließend bepflanzt wird. Dort hinein passen nur ganz kleine, anspruchslose Stauden

Der Kompost

Zum Wachsen benötigen alle Pflanzen Nährstoffe aus dem Boden. Wird der Vorrat nicht ergänzt, ist er eines Tages aufgebraucht. In der Natur tritt dieser Fall nicht ein, weil ein Kreislauf besteht: Pflanzen wachsen, tragen Früchte und sterben ab. Wenn sie verrotten, erhält der Boden Nachschub an neuen Nährstoffen. In Landwirtschaft und Gartenbau ist dieser Kreislauf gestört, da die Pflanzen geerntet werden. Damit der Boden fruchtbar bleibt, muß der Mensch eingreifen – er muß düngen. Um natürlichen Dünger zu erhalten, legt sich der Gärtner einen Komposthaufen an. Als Platz dafür eignet sich eine schattige, windgeschützte Stelle. Hier werden Wildkräuter, Pflanzenreste, Reisig und Laub gesammelt. Asseln, Milben, Regenwürmer, vor allem aber Bodenpilze und Bakterien zersetzen die Pflanzenteile. Wird der Komposthaufen im Herbst angesetzt, kommen dann über Winter Küchenabfälle und kleingeschnittenes Reisig dazu, so kann bereits im Sommer das erste Mal umgesetzt werden, und im folgenden Frühjahr steht eigene Komposterde zur Verfügung. Auf den Kompost gehören keine Scherben, Plastabfälle oder Blechdosen, aber auch keine Wildkräuter, die bereits Samen ausgebildet haben, oder solche, die sich durch unterirdische Wurzelausläufer vermehren.

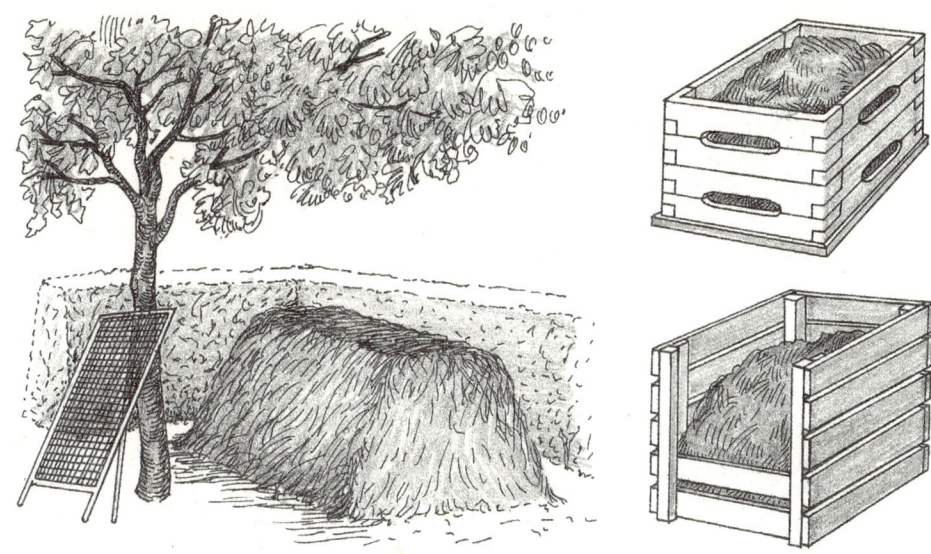

Kein Garten ohne Komposthaufen
Suche für den Kompost einen schattigen Platz aus. Laub, kleines Reisigzeug, Rasenschnitt und abgetrocknete Wildkräuter setzt du im Wechsel mit Erdschichten auf. Halte den Haufen feucht und locker. Nach einem Jahr siebst du den verrotteten Boden. Die groben Teile kommen auf einen frisch angesetzten Komposthaufen.

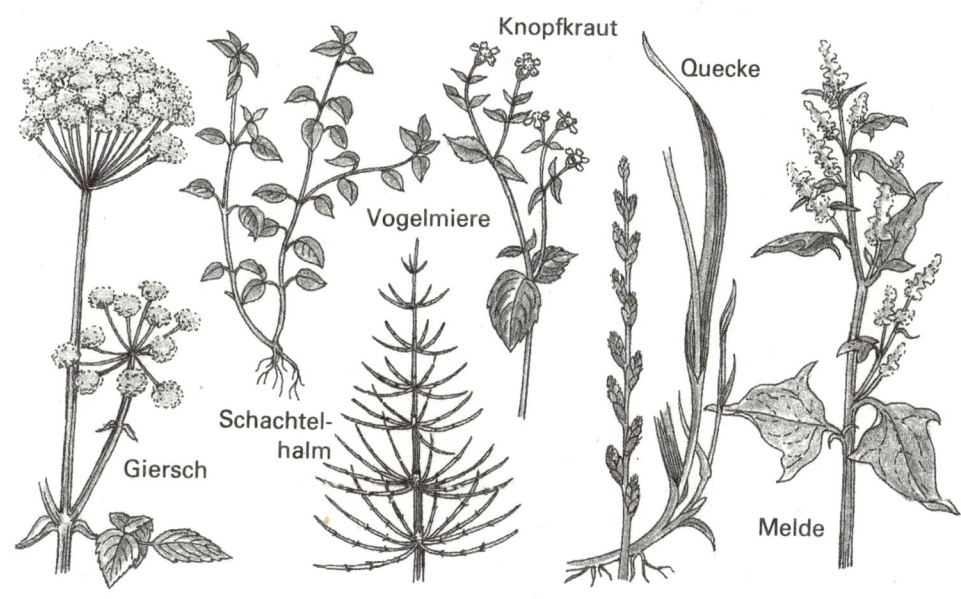

Wildkräuter sind hier nicht erwünscht
Manche Wildkräuter, wie Knopfkraut, Melde und Vogelmiere, bilden viele tausend Samen aus. Im Garten mußt du diese Wildkräuter ausreißen, bevor ihre Samen reif sind. Andere Wildpflanzen wiederum breiten sich durch meterlange Wurzeln aus. Zu ihnen gehören Giersch, Quecke und Schachtelhalm. Sammle die Wurzeln beim Umgraben heraus und wirf sie erst abgetrocknet auf den Kompost.

DER ZIMMERPFLANZENGARTEN

Schon vor Jahrhunderten brachten Naturforscher und reisende Kaufleute aus fernen Ländern Pflanzen mit, die ihnen durch prachtvolle Blüten, eigenartige Blätter oder sonderbare Früchte auffielen. In botanischen Gärten wurden solche Pflanzen gesammelt und beobachtet. Stammten sie aus ähnlichen klimatischen Gebieten, wie sie bei uns anzutreffen sind, pflanzte man sie ins Freie. Bei Kartoffel und Tomate oder auch bei Blütengehölzen, wie Tamariske, Feuerdorn und Forsythie, denkt heute kaum noch jemand daran, daß sie von anderen Erdteilen stammen. Kamen die Pflanzen jedoch aus wärmeren Ländern, so konnten sie nur im Gewächshaus gedeihen. Einige wurden allmählich durch Züchtung zu Zimmerpflanzen.

Im Gegensatz zu den im Freien wachsenden Gehölzen leben die Topfpflanzen in recht „beengten" Verhältnissen. So muß sich der Gummibaum, der in seiner Heimat bis 20 m hoch wird, bei uns mit einem kleinen Gefäß begnügen. Ohne ausreichende Sonne sollen Wüstenpflanzen, wie der Feigenkaktus, Blüten hervorbringen, und ohne tropischen Regen müssen sich die großen Blätter des Fensterblattes entfalten. Gärtnereien können in ihren Gewächshäusern das benötigte Klima gut ersetzen. Die großen Glasflächen fangen das Sonnenlicht ein,

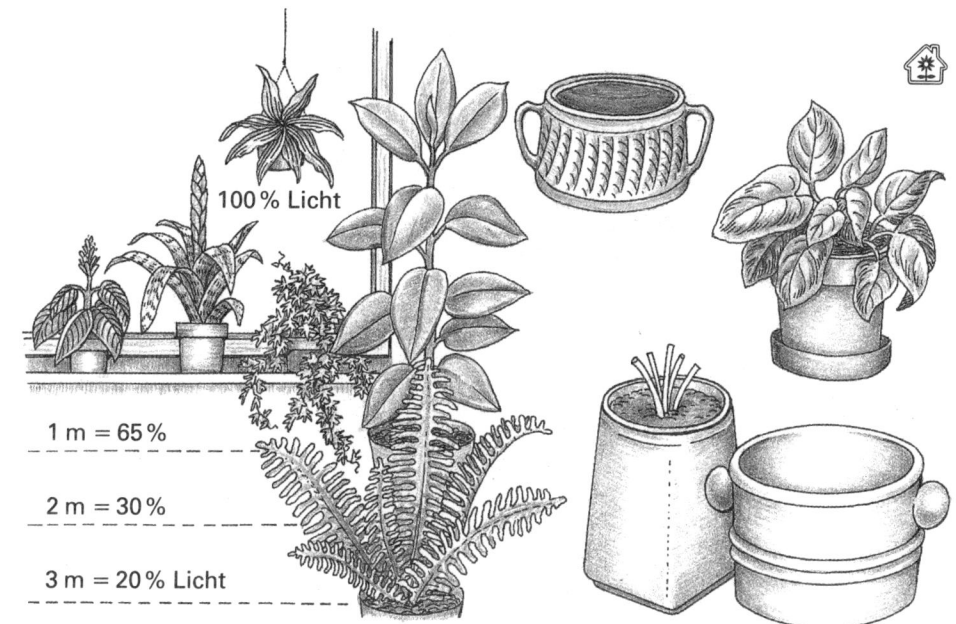

Im Zimmer ist es zu dunkel
Vom Fenster ins Zimmer hinein nimmt die Helligkeit schnell ab. In 3 m Entfernung ist sie nur noch so gering, daß hier außer Farnen keine anderen Pflanzen mehr gedeihen können.

Mustopf und Zuckerdose
Tontöpfe brauchen einen Untersetzer. Plasttöpfe sehen langweilig aus, setze sie in einen Übertopf. Auch Keramikschüsseln, Körbchen oder ein alter Steintopf eignen sich.

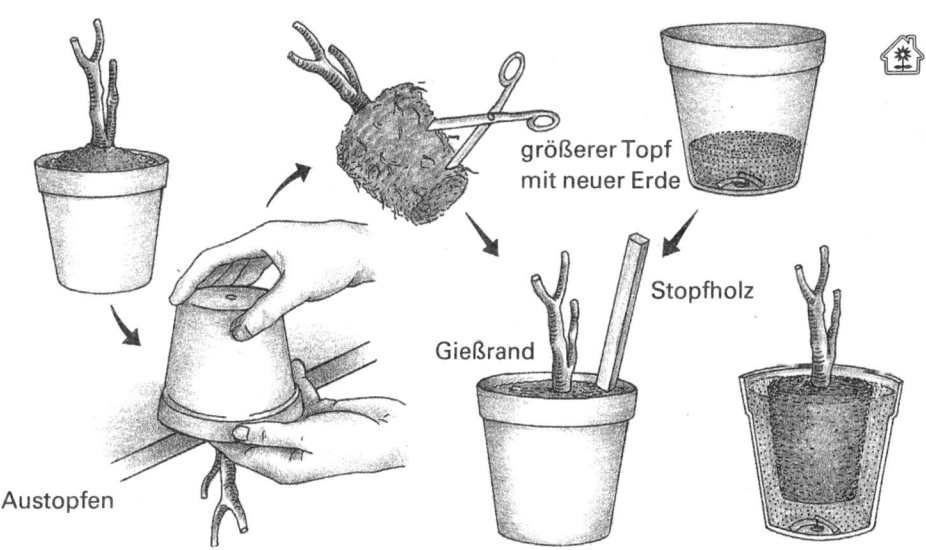

Wenn der Topf aber nun zu eng wird...
Vorsichtig klopfst du die Pflanze aus dem zu klein gewordenen Topf. Abgeknickte oder verfaulte Wurzeln schneidest du heraus. Der neue Blumentopf soll nur fingerbreit größer sein als der alte. Das Loch im Boden bedeckst du mit einer Tonscherbe. Hast du etwas Blumenerde eingefüllt, setzt du den Wurzelballen darauf und stopfst ihn mit Erde fest.

37

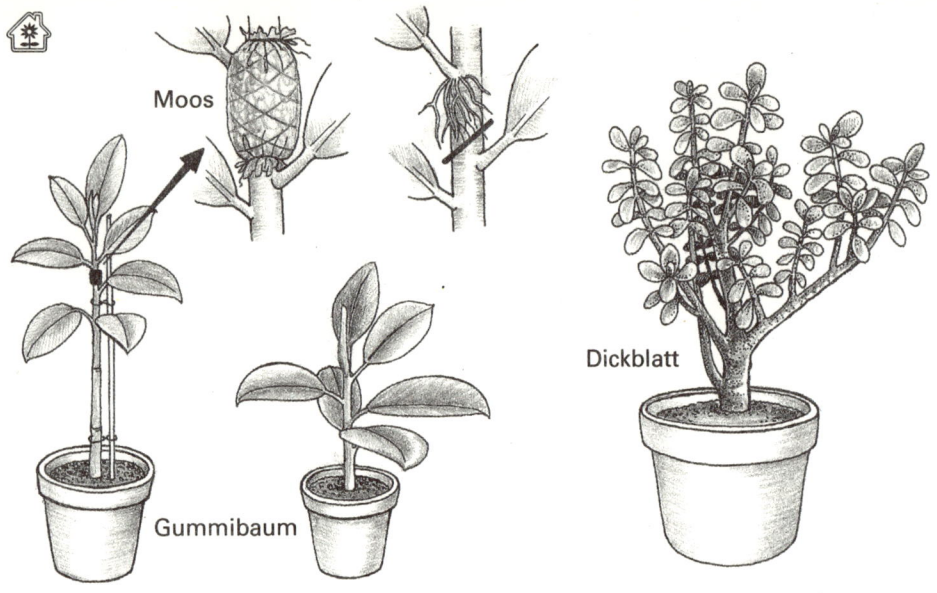

Der Baum stößt an die Zimmerdecke
Paßt der Gummibaum nicht mehr in dein Zimmer, bindest du Moos um den Stamm und hältst die Stelle feucht, bis sich Wurzeln bilden. Dann schneidest du unter dem Moos die neue Pflanze ab und topfst sie ein.

Blätter als Wasserspeicher
Die fleischigen Blätter des Dickblattes enthalten viel Wasser. In der Natur kommen solche Pflanzen lange Zeit ohne Regen aus. Du brauchst daher das Dickblatt nur einmal in der Woche reichlich zu gießen.

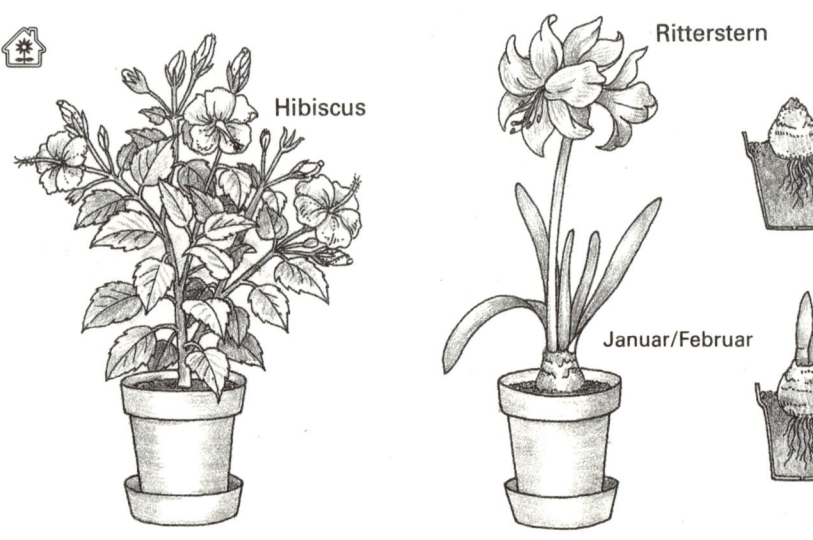

Jeden Tag eine neue Blüte
Die Blüten des Rosen-Eibisch (Hibiscus) welken schon nach einem Tag. Wenn du die Pflanze im Frühling kräftig zurückschneidest, sind im Sommer zahlreiche Blütenknospen zu erwarten.

Eine Zwiebel ohne Zwiebelgeruch
Der Ritterstern braucht wie alle Zwiebelgewächse eine Ruhezeit. Von August bis November gießt du nur selten, dann topfst du ihn in frische Erde und gießt wöchentlich einmal.

Wärme und Wasser stehen je nach Bedarf zur Verfügung.
In der Wohnung ist es schon schwieriger, solche Bedingungen zu schaffen. Es mangelt an Sonnenlicht und feuchter Luft. Obwohl die Pflanzen aus wärmeren Gebieten stammen, brauchen viele im Winter eine Ruhepause in einem kühlen Raum. Kennt man die Ansprüche der Zimmerpflanzen, dann wachsen sie bei richtiger Pflege auch in der Wohnung. Ist ihre Heimat, wie beim Dickblatt, eine heiße trockene Steppenlandschaft, so wollen die Pflanzen viel Licht und wenig Wasser. Stammen sie aus dem schattigen feuchten Wald Asiens, wie zum Beispiel die Azaleen, so benötigen sie viel Wasser, brauchen aber weniger Licht.
Während man bei Wärme und Licht auf die Umwelt angewiesen ist, läßt sich der Wasserbedarf gut regulieren. Zuviel Wasser bringt die Wurzeln zum Faulen, wenig Wasser läßt sie vertrocknen. Allgemein kann man sagen, daß mehr Pflanzen durch Nässe absterben als durch Trockenheit. Ob die Erde in einem Tontopf trocken oder feucht ist, hört man am Klang beim Dagegenschlagen. Ein dumpfes Geräusch deutet auf Feuchtigkeit hin. Klingt es hohl, dann ist die Erde trocken. Am besten bekommt den Pflanzen abgestandenes Gießwasser. Dabei ist es gleich, ob man von oben oder in den Untersetzer gießt. Es soll nie so viel Wasser sein, daß die Pflanze stundenlang darin steht.

Draußen spült der Regen Staub von den Blättern. Im Zimmer wäscht man die Pflanzen mit lauwarmem Wasser ab.

Die trockene Luft geheizter Wohnungen mögen besonders Pflanzen aus dem tropischen Regenwald nicht. Abhilfe schafft tägliches Übersprühen mit Wasser aus einem Zerstäuber. Um die Erde gut zu durchlüften, muß der vom Gießwasser verkrustete und verhärtete Boden wöchentlich mit einem Stöckchen aufgelockert werden.

Unsere Zimmerpflanzen brauchen auch Dünger, denn die Nährstoffe im kleinen Blumentopf sind bald verbraucht. Wir kaufen den Dünger in Samenhandlungen und verwenden ihn genau nach Vorschrift.

Wer wenig Zeit hat oder häufig verreist, sollte sich Zimmerpflanzen im Hydrotopf anschaffen. Ein Hydrotopf besteht aus zwei Teilen: einem Übertopf, in dem sich Wasser (griechisch „hydro") mit Nährstoffen befindet, und einem Innentopf, in dem die Pflanze ihre Wurzeln in Kies oder Plastnadeln verankert. Der Übertopf wird etwa zu einem Drittel mit Wasser gefüllt. Steht das Wasser höher, faulen die Wurzeln genauso wie im vernäßten Erdtopf. Große Pflanzen finden in Kies festen Halt, die leichten Plastnadeln eignen sich nur für klein bleibende Pflanzen.

Zimmerpflanzen im Erdtopf können auf Hydrokultur umgestellt werden.

Feucht wie an einem Sumpfrand
Azaleen lieben Feuchtigkeit. Ihnen schadet es nicht, wenn im Untersetzer Wasser steht. Über Sommer bringst du die Azaleen ins Freie an einen schattigen Platz.

Veilchenblau und doch kein Veilchen
Auch im Winter bei weniger Licht blühen im warmen Zimmer Usambaraveilchen. Sie benötigen viel Wasser. Aus einem einzelnen Blatt kannst du eine neue Pflanze heranziehen.

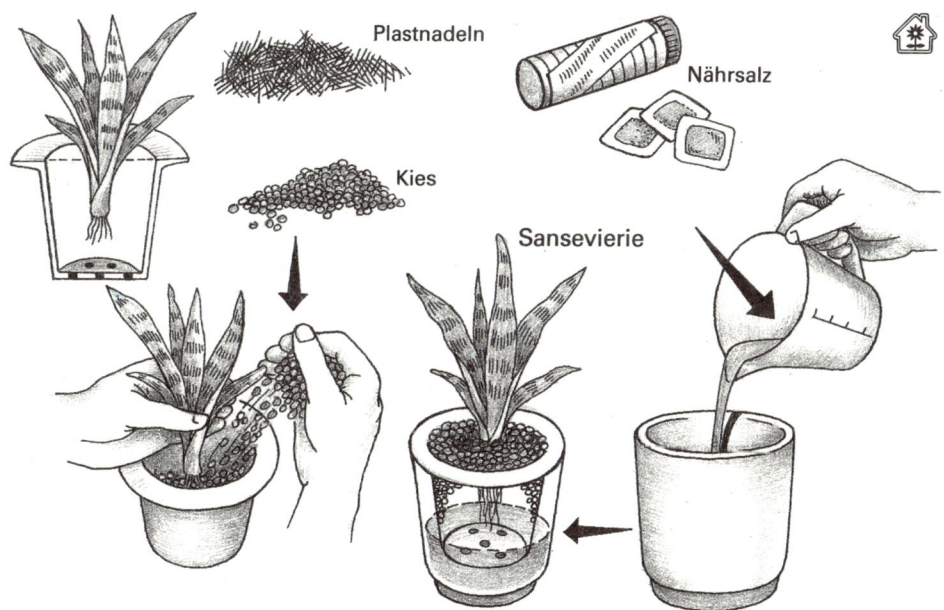

Umsteigen auf „Hydro"
In den Innentopf setzt du die Pflanze mit den sauberen, von allen Erdresten befreiten Wurzeln, in Plastnadeln oder gründlich gewaschenem Kies finden sie Halt. Den Übertopf füllst du zu einem Drittel mit Nährlösung, die du nach Vorschrift herstellst. Wöchentlich überprüfst du den Wasserstand und gießt bei Bedarf klares Wasser nach.

Wer knabbert, saugt und wühlt, der stört die Pflanzen

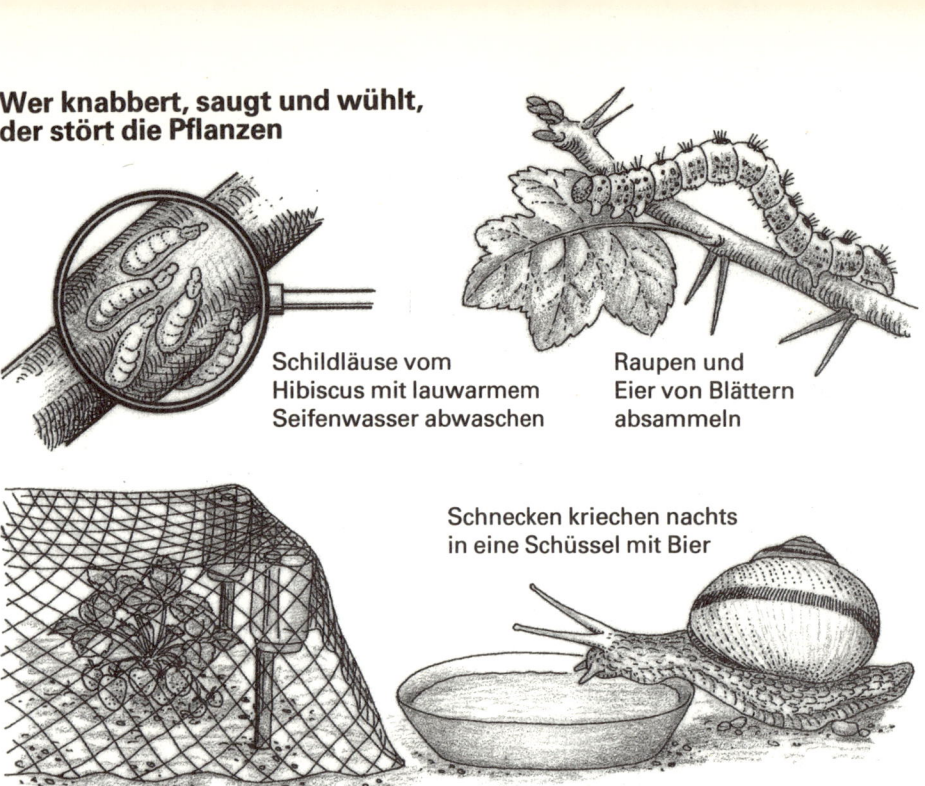

Schildläuse vom Hibiscus mit lauwarmem Seifenwasser abwaschen

Raupen und Eier von Blättern absammeln

Schnecken kriechen nachts in eine Schüssel mit Bier

Reife Früchte mit Gardinen oder Netzen vor Vögeln schützen

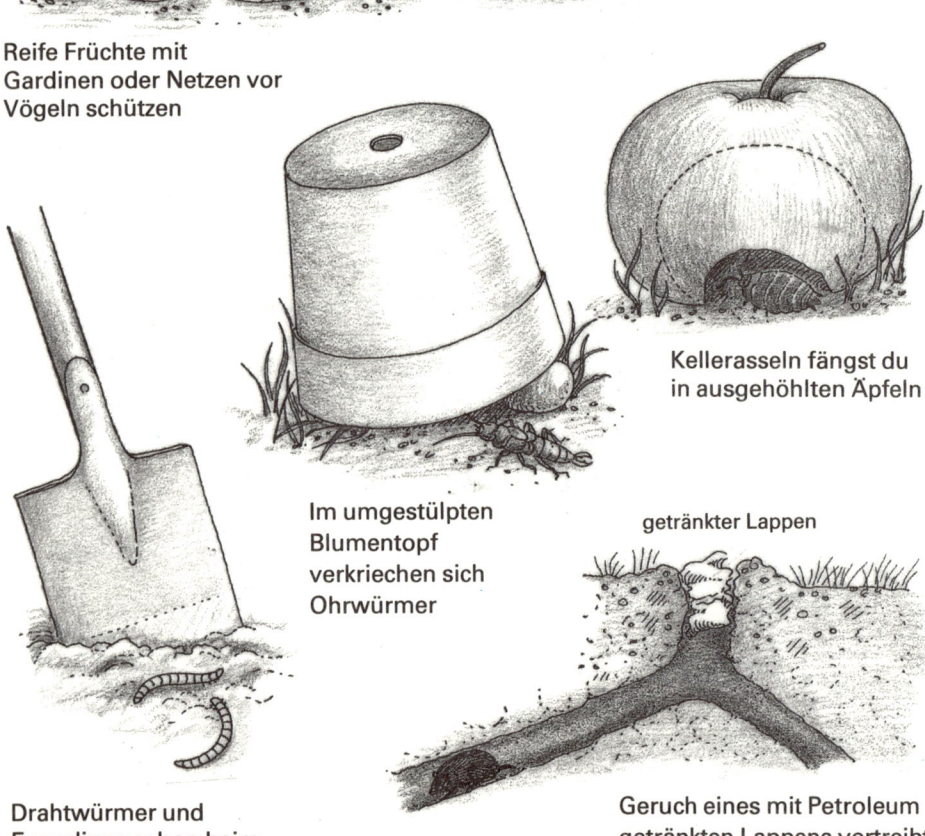

Kellerasseln fängst du in ausgehöhlten Äpfeln

Im umgestülpten Blumentopf verkriechen sich Ohrwürmer

getränkter Lappen

Geruch eines mit Petroleum getränkten Lappens vertreibt Maulwürfe

Drahtwürmer und Engerlinge schon beim Umgraben absammeln

Tiere im Garten

Werden Kulturpflanzen nicht ausreichend mit Wasser und Nährstoffen versorgt und nicht von Wildkräutern frei gehalten, kümmern sie dahin. Welken und verfärben sich die Blätter oder sterben sogar ab, können Krankheiten die Ursache sein, hervorgerufen durch Pilze, Bakterien und Viren. Diese Krankheiten sind schwer zu bekämpfen. Am besten ist es, kranke Pflanzen auszureißen und zu verbrennen.
Findet man dagegen eingerolltes, gekräuseltes oder angenagtes Laub, dann fressen oder saugen Tiere an den Blättern. Der Gärtner nennt sie Schaderreger.
Wir kennen aber keine Tiere, die nur schädlich sind, denn von Pflanzen lebende Tiere dienen wiederum anderen als Nahrung. In der Landwirtschaft und im Gartenbau, wo große Flächen mit einer Pflanzenart bestellt sind, kann es aber geschehen, daß sich eine Tierart sehr schnell ausbreitet, weil Nahrung im Überfluß vorhanden ist. Die natürlichen Feinde sind dann nicht in ebenso großer Zahl vertreten. Um die Ernte zu retten, greift der Bauer zu chemischen Mitteln. Da diese Stoffe nicht nur Schaderreger töten, sondern auch für andere Tiere und den Menschen giftig sind, müssen sie genau nach Vorschrift angewendet werden.
Im Garten lassen sich Schaderreger frühzeitiger erkennen und

leichter bekämpfen als auf dem Acker. Raupen und Käfer können abgesammelt werden. Das gleiche geschieht mit Drahtwürmern, Erdraupen und Engerlingen beim Umgraben. Schaden, den Vögel im Garten anrichten, kann man mit Vogelscheuchen, Überspannen der Saatbeete mit Fäden und Einhüllen der Obstgehölze zur Reifezeit ihrer Früchte mit alten Gardinen oder Netzen in Grenzen halten. Auf jeden Fall ist der durch Vögel entstehende Schaden meist geringer als der Nutzen, den sie erbringen. So vertilgen Vögel, besonders wenn sie ihre Jungen füttern, Unmengen von Insekten. Die Masse der von Meisen, Grasmücken, Rotkehlchen und Rotschwänzchen an einem Tage gefangenen Insekten beträgt dann etwa soviel wie die der Vögel. Durch Pflanzen von fruchttragenden, dornigen Hecken oder durch das Anbringen von Nistkästen locken wir Brutvögel in unseren Garten.

Nützliche Tiere im Garten sind Igel, Spitzmaus und Erdkröte. Unermüdlich suchen sie nachts Nahrung und vertilgen Schnecken und Asseln. Unter den Insekten gibt es ebenfalls Arten, die Schaderreger fressen. So ernähren sich die Marienkäfer und deren Larven, aber auch die der Schweb- und Florfliegen von Blattläusen. Die Schaderreger auf natürliche Weise zu vernichten, wird als biologischer Kulturpflanzenschutz bezeichnet. So können zum Beispiel Schlupfwespen auf ein Kohlfeld ausgesetzt werden, damit sie

Tiere auf Nahrungssuche

Marienkäfer und ihre Larven fressen Blattläuse

Frösche und Kröten fressen Raupen, Asseln, Schnecken, Insekten

Bienen, Hummeln, Schmetterlinge bestäuben die Blüten

Die Singdrossel schlägt Schneckengehäuse am Stein entzwei

Der Gartenrotschwanz füttert seine Jungen mit Insekten, Würmern und Schnecken

Regenwürmer lockern und durchlüften den Boden, fressen abgestorbene Blätter und Pflanzenteile; Humus entsteht

ihre Eier in die grünen Raupen des Kohlweißlings legen. Die ausschlüpfenden Larven ernähren sich von den Raupen.

Auf eine andere Weise nützlich sind Bienen, Wespen und Hummeln. Würden sie nicht die Blüten bestäuben, wäre der Obstertrag um etwa 90 Prozent geringer. Regenwürmer verwandeln abgestorbene Pflanzenteile in wertvolle Humuserde.

DER WASSERGARTEN

Sumpf-Dotterblume
Rohrkolben
Seerose

Der Reiz eines kleinen Gewässers im Garten besteht wohl darin, daß Fische, Insekten, Frösche und Vögel eng mit den Pflanzen im und am Wasser zusammenleben. Einen solchen Naturplatz zu schaffen ist nicht schwer. Schon ein henkelloser Eimer, eine Wanne, ein Faß oder eine Tonne eignen sich dafür. Größere Wasserflächen entstehen, wenn Vertiefungen im Boden ausgenutzt werden. Früher verwendete man als Dichtungsmaterial Dachpappe oder Ton, heute sind es Folienbahnen. Sie lassen sich gut ausbreiten und passen sich jeder Form an. Ein geschützter, sonniger Platz ist zum Anlegen des Gartenteiches am günstigsten. Für viele Wasserpflanzen, wie Blumenbinse, Froschlöffel, Sumpf-Dotterblume und Zwerg-Rohrkolben, reicht eine Tiefe von 30 cm aus, Seerosen wollen allerdings mindestens 40 cm. Wasserpflanzen können in einer Staudengärtnerei gekauft werden. Möglich ist es aber auch, an Gräben oder Teichen Pflanzen zu sammeln, falls sie nicht unter Naturschutz stehen! Bei stark wuchernden Gewächsen, zu ihnen gehören Pfeilkraut, Rohrkolben und Wasser-Schwertlilie, ist es ratsam, sie in einen Korb oder Kübel zu pflanzen und nicht direkt in die Wasserbeckenerde. Damit das Gefäß fest steht, wird es mit einem Stein beschwert.

Sie glänzen wie Seide
Schon im April sprießen die seidig gelben Blüten der Sumpf-Dotterblume am Teichufer, und zur Sommerzeit schwimmen weiße Blüten der Seerosen auf der Wasseroberfläche. Gezüchtete Sorten tragen rosa oder rote Blüten. Wenn der Herbst zu Ende geht, kannst du die Samenstände des Rohrkolbens abschneiden und über Winter in die Vase stellen.

Schön sieht es aus, wenn sich die Bepflanzung auch außerhalb des Beckens fortsetzt. Geeignete Uferpflanzen sind: Pfennigkraut, Trollblume, Schwertlilie, Primel und Sumpf-Vergißmeinnicht.

Aber auch Tiere gehören zu einem Wassergarten. So sind Wasserschnecken unentbehrlich zum Sauberhalten des Wassers. Sie vertilgen, solange ihre Anzahl in Grenzen gehalten wird, nur verfaulende Pflanzenteile, keine grünen. Wassertrübende Schwebalgen werden von Wasserflöhen gefressen, und diese dienen wiederum den Fischen als Nahrung. Aber auch Insektenlarven – zum Beispiel die von Mücken – sind ein beliebtes Fischfutter.

In einem kleinen Wasserbecken fühlen sich Stichlinge wohl; Goldfische benötigen dagegen einen größeren Lebensraum.

Überwintern müssen die Fische aus flachen Gartenbecken in einem Aquarium. Notfalls genügt auch eine im Keller aufgestellte Wanne. Ist das Wasser im Winter aus unserem Teich abgelassen, kommt Laub als Schutz über die Pflanzen.

Der kleinste Wassergarten entsteht in einem Aquarium. Es muß aber nicht unbedingt ein gekauftes Wasserbecken sein, ein großes Gurkenglas reicht durchaus für den Anfang.

Direkt im Wasser haben Hornkraut, Wasserpest und Wasserschlauch ihren Lebensraum. Zypergras, Wasser-Schwertlilie und Pfennigkraut beanspruchen dagegen nassen Boden.

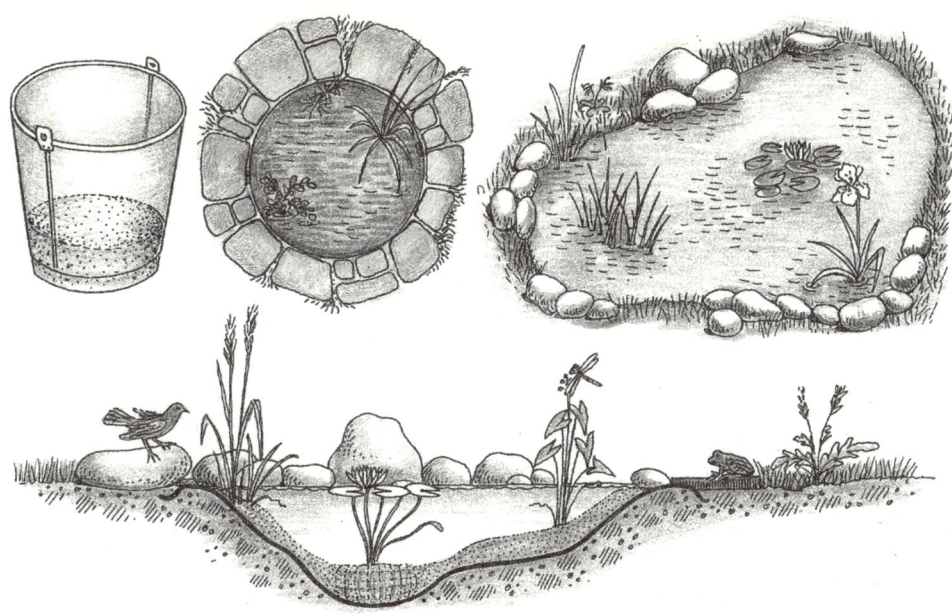

Wo der Frosch sein Zuhause hat
Neben dem Wasserhahn gräbst du einen alten Eimer ein. Du setzt ihn so tief, daß die Oberkante nicht herausschaut. Für einen größeren Teich hebst du den Boden aus und dichtest den Untergrund mit einem großen Stück Folie ab. Darauf füllst du sandigen Lehm, in den du die Wasserpflanzen setzt. Den Folienrand verdeckst du mit Erde, Steinen und Sumpfpflanzen.

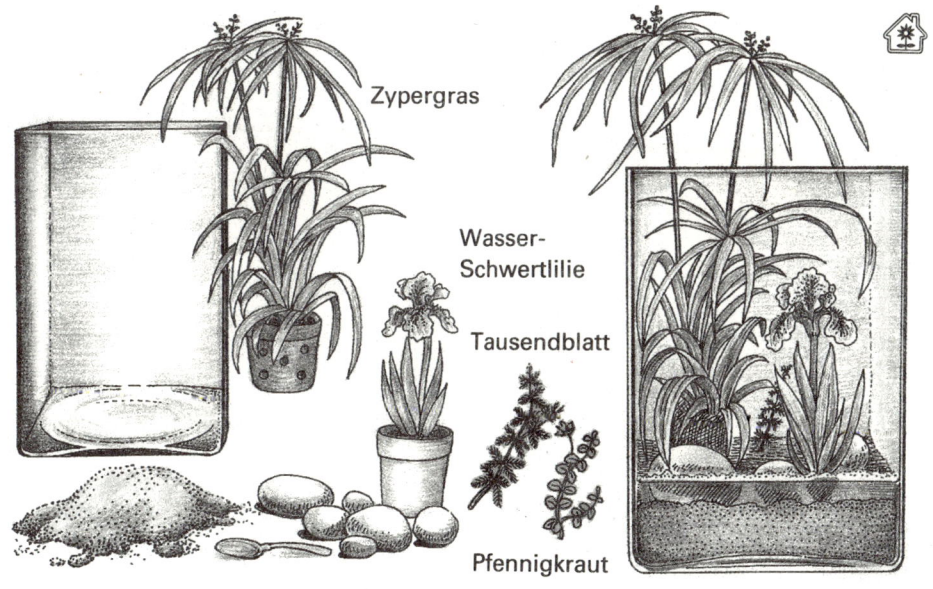

Wasserpflanzen in Augenhöhe
In einen Glasbehälter füllst du gewaschenen Kies und gröbere Kieselsteine und setzt die Wasserpflanzen ein. Danach läßt du vorsichtig Wasser in das Becken einlaufen. Willst du Holzstücke mit ins Aquarium legen, so mußt du sie, damit sie nicht faulen, in Salzwasser kochen und anschließend eine Woche wässern.

DER WILDPFLANZENGARTEN

Kleinblütige Königskerze
Rainfarn
Schafgarbe
Roter Fingerhut
Kamille

Eine Kerze im Garten
Rainfarn und Königskerze findest du an Wegrändern und auf Ödland. Die Blütenstände der Königskerze werden bis zu 2 m hoch. Rainfarn besiedelt oft weite Flächen.

Wenn der Magen schmerzt
Auf jedem Boden wachsen Schafgarbe und Kamille. Die getrockneten Blüten dieser Wildpflanzen enthalten Wirkstoffe, die, als Tee aufbereitet, Magenbeschwerden lindern.

Wildwachsende Pflanzen haben es in unserer Zeit schwer, ihren Lebensraum zu behaupten. Sie werden durch den Bau von neuen Wohnhäusern, Industrieanlagen, Straßen und Eisenbahnlinien verdrängt. In der Landwirtschaft verschwinden die Wildkräuter von Wiesen und Weiden, weil gezüchtete Gräser mehr Ertrag bringen, und an den Ackerrändern gibt es kaum noch Feldblumen, da das Saatgut gereinigt wird. Selbst in Grünanlagen und Gärten haben fremdländische oder gezüchtete Stauden den Vorrang. Dabei spielen die Wildblumen in der Natur eine unersetzbare Rolle. Insekten sammeln Nektar und Pollen, Kleinsäugetiere finden im Kraut Unterschlupf und Nahrung, Vögel fressen Früchte und Samen. Die Abhängigkeit zwischen Pflanzen und Tieren ist im Laufe von Jahrtausenden manchmal so eng geworden, daß beispielsweise die Raupe des Tag-Pfauenauges nur von Brennesselblättern lebt.
Eine ganze Reihe von Pflanzen und Tieren sind inzwischen so selten geworden, daß man sie unter Naturschutz stellen mußte. Achten wir darauf, daß nicht noch mehr Schaden entsteht!
Wochenend- und Feriensiedlungen sind ein geeigneter Platz für Wildblumen. Meist findet man eine Pflanzendecke aus anspruchslosen Gehölzen und Kräutern vor. Anstatt sie zu entfernen,

ist es viel besser, sie zu erhalten und durch heimische Pflanzen zu ergänzen. Gehölze, wie Wildrosen, Waldreben, Schlehen, Vogelbeeren und Birken, eignen sich als Hecken. Heimische Gehölze kann man kaufen. Schwieriger ist es mit Wildkräutern. Nur wenige lassen sich aus Gärtnereien beziehen. Sie sind nur durch Sammeln der Samen in der Umgebung zu beschaffen. Königskerzen, Fingerhut, Margerite und Klatsch-Mohn kann man gut aussäen. Wachsen große Bestände von Wildblumen in der Nähe, gräbt man einige junge Pflänzchen aus und siedelt sie im Garten an, auf trockenem Standort Habichtskräuter, Schafgarbe, Nachtkerze und Rainfarn, an feuchten Stellen Sumpf-Dotterblume und Vergißmeinnicht. Gewürzkräuter, wie Beifuß, Majoran und Thymian, bereichern den Wildpflanzengarten, und von Brombeeren, Himbeeren, Wald-Erdbeeren und Blaubeeren können wir wohlschmeckende Früchte ernten. Auch auf eine Rasenfläche zum Spielen und Sonnenbaden braucht man in einem Wildpflanzengarten nicht zu verzichten. Es kann sogar schöner als ein kurz geschorener Rasen aussehen, wenn Kamille, Margerite, Kuhblume, Gänseblümchen, Günsel, Ehrenpreis und Habichtskraut kunterbunt durcheinanderblühen. Die Wiese wird zwei- bis dreimal im Jahr mit einer Sichel oder mit einem Rasenmäher bei hochgestellten Messern geschnitten.

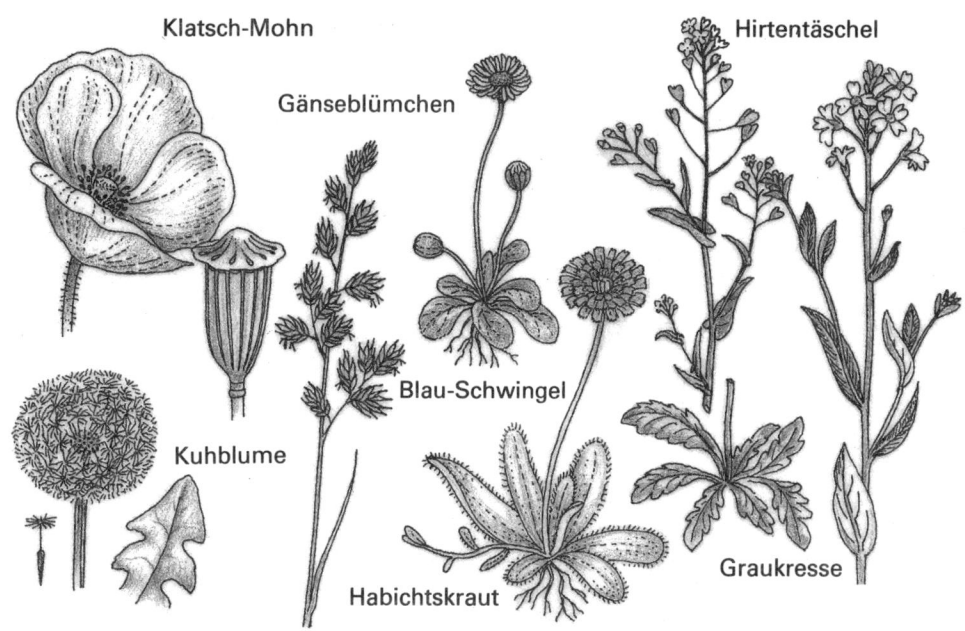

Hobby „Sammeln"
Für eine Wildblumenwiese kaufst du keine Zierrasenmischung, sondern sammelst in der Umgebung deines Gartens Samen von Gräsern und Wildblumen.

In eine schon vorhandene Rasenfläche setzt du Wildblumenpflänzchen ein. Die Blumenwiese mähst du erst nach der Blüte im Juli, am besten mit einer Sichel.

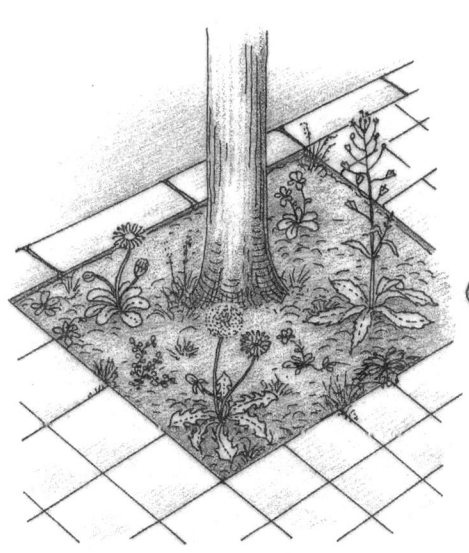

„Unkraut zupfen" verboten
Nimm einen Straßenbaum in deine persönliche Pflege. Gieße ihn regelmäßig und laß die Wildkräuter wachsen. Die kleinen Pflänzchen schaden dem Baum nicht.

Es kreucht und fleucht
Schlehen, Wildrosen und Vogelbeeren eignen sich für eine Hecke. Läßt du am Rand noch Wildkräuter wachsen, entsteht ein dichtes Gestrüpp für Vögel, Kleinsäuger und Insekten.

DER SPIELGARTEN

Torwand
Sprossenwand
Sitzgruppe
Balancierhölzer
Balancierbalken
Hütte
Schaukel

Spielen macht Spaß, das haben nicht erst die Kinder unserer Zeit festgestellt.

Durch Funde in alten Grabanlagen wissen wir, daß Kinder schon vor vielen tausend Jahren mit tönernen Murmeln gespielt haben. Aus der Zeit vor etwa 2000 Jahren sind genaue Beschreibungen für Würfel- und Brettspiele überliefert, die sich von den heutigen nicht sehr unterscheiden. Bei Knaben und jungen Männern unserer Vorfahren waren Steinstoßen, Speerwerfen und Wettlaufen beliebt, Mädchen bevorzugten Ballspiele, und Würfelspiele sollen geradezu mit Leidenschaft betrieben worden sein.

Spielen ist bis heute der vergnüglichste Zeitvertreib geblieben. Jedes Wohngebiet und jede kleine Siedlung hat ihren Kinderspielplatz. Es muß aber gar nicht immer ein großer Spielplatz mit vielen Geräten sein. Eigentlich bereitet es viel mehr Freude, selbst etwas zu erfinden. Eine Rasenfläche reicht bereits aus, um darauf aus Decken eine Hütte zu bauen. Für Ballspiele lassen sich auf dem Rasen die Felder leicht mit Pflöcken oder Steinen markieren. Wird häufig Fuß- oder Handball gespielt, sollten die Stellen für die Tore öfter gewechselt werden, sonst entstehen kahle Flächen im Rasen.

Ein Netz oder eine Schnur zum Federball- oder Indiacaspiel ist

DER SPIELGARTEN

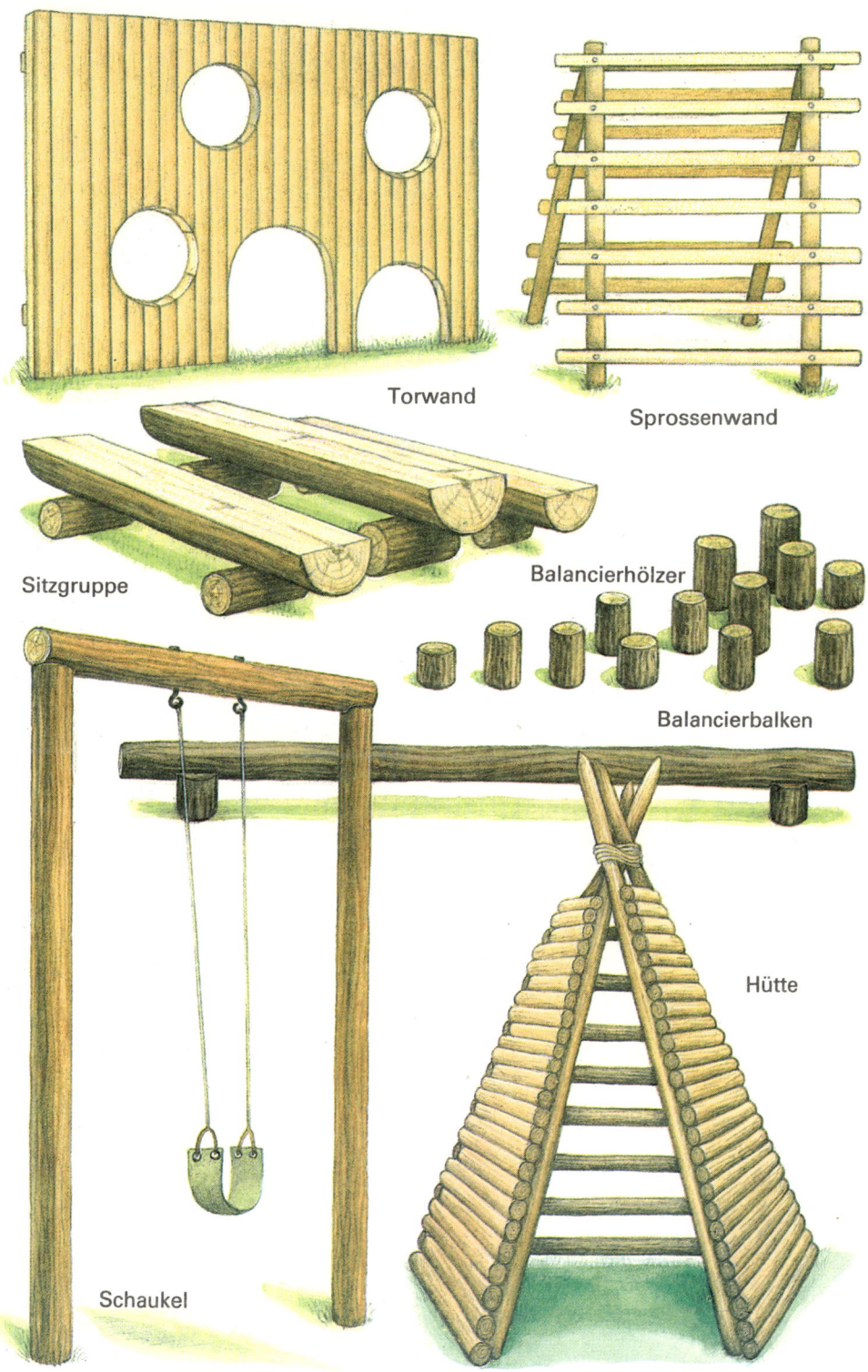

Torwand
Sprossenwand
Sitzgruppe
Balancierhölzer
Balancierbalken
Hütte
Schaukel

Spielen macht Spaß, das haben nicht erst die Kinder unserer Zeit festgestellt.
Durch Funde in alten Grabanlagen wissen wir, daß Kinder schon vor vielen tausend Jahren mit tönernen Murmeln gespielt haben. Aus der Zeit vor etwa 2000 Jahren sind genaue Beschreibungen für Würfel- und Brettspiele überliefert, die sich von den heutigen nicht sehr unterscheiden. Bei Knaben und jungen Männern unserer Vorfahren waren Steinstoßen, Speerwerfen und Wettlaufen beliebt, Mädchen bevorzugten Ballspiele, und Würfelspiele sollen geradezu mit Leidenschaft betrieben worden sein.
Spielen ist bis heute der vergnüglichste Zeitvertreib geblieben. Jedes Wohngebiet und jede kleine Siedlung hat ihren Kinderspielplatz. Es muß aber gar nicht immer ein großer Spielplatz mit vielen Geräten sein. Eigentlich bereitet es viel mehr Freude, selbst etwas zu erfinden. Eine Rasenfläche reicht bereits aus, um darauf aus Decken eine Hütte zu bauen. Für Ballspiele lassen sich auf dem Rasen die Felder leicht mit Pflöcken oder Steinen markieren. Wird häufig Fuß- oder Handball gespielt, sollten die Stellen für die Tore öfter gewechselt werden, sonst entstehen kahle Flächen im Rasen.
Ein Netz oder eine Schnur zum Federball- oder Indiacaspiel ist

ist es viel besser, sie zu erhalten und durch heimische Pflanzen zu ergänzen. Gehölze, wie Wildrosen, Waldreben, Schlehen, Vogelbeeren und Birken, eignen sich als Hecken. Heimische Gehölze kann man kaufen. Schwieriger ist es mit Wildkräutern. Nur wenige lassen sich aus Gärtnereien beziehen. Sie sind nur durch Sammeln der Samen in der Umgebung zu beschaffen. Königskerzen, Fingerhut, Margerite und Klatsch-Mohn kann man gut aussäen. Wachsen große Bestände von Wildblumen in der Nähe, gräbt man einige junge Pflänzchen aus und siedelt sie im Garten an, auf trockenem Standort Habichtskräuter, Schafgarbe, Nachtkerze und Rainfarn, an feuchten Stellen Sumpf-Dotterblume und Vergißmeinnicht. Gewürzkräuter, wie Beifuß, Majoran und Thymian, bereichern den Wildpflanzengarten, und von Brombeeren, Himbeeren, Wald-Erdbeeren und Blaubeeren können wir wohlschmeckende Früchte ernten. Auch auf eine Rasenfläche zum Spielen und Sonnenbaden braucht man in einem Wildpflanzengarten nicht zu verzichten. Es kann sogar schöner als ein kurz geschorener Rasen aussehen, wenn Kamille, Margerite, Kuhblume, Gänseblümchen, Günsel, Ehrenpreis und Habichtskraut kunterbunt durcheinanderblühen. Die Wiese wird zwei- bis dreimal im Jahr mit einer Sichel oder mit einem Rasenmäher bei hochgestellten Messern geschnitten.

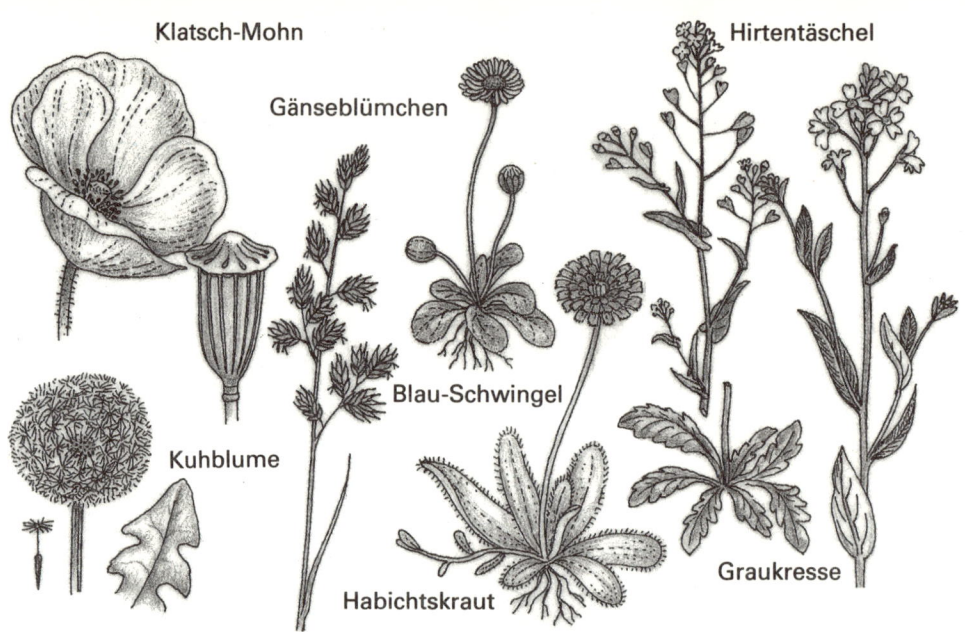

Hobby „Sammeln"
Für eine Wildblumenwiese kaufst du keine Zierrasenmischung, sondern sammelst in der Umgebung deines Gartens Samen von Gräsern und Wildblumen.

In eine schon vorhandene Rasenfläche setzt du Wildblumenpflänzchen ein. Die Blumenwiese mähst du erst nach der Blüte im Juli, am besten mit einer Sichel.

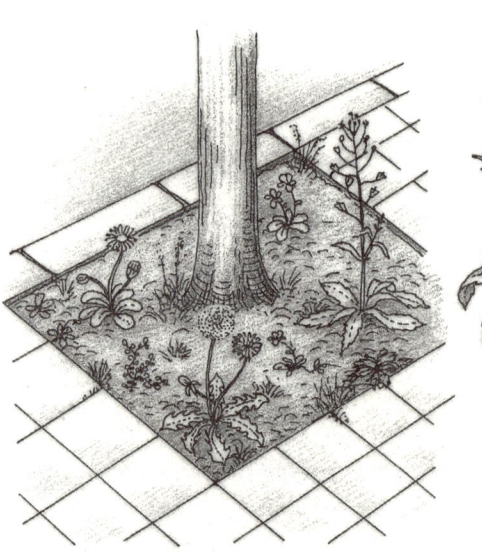

„Unkraut zupfen" verboten
Nimm einen Straßenbaum in deine persönliche Pflege. Gieße ihn regelmäßig und laß die Wildkräuter wachsen. Die kleinen Pflänzchen schaden dem Baum nicht.

Es kreucht und fleucht
Schlehen, Wildrosen und Vogelbeeren eignen sich für eine Hecke. Läßt du am Rand noch Wildkräuter wachsen, entsteht ein dichtes Gestrüpp für Vögel, Kleinsäuger und Insekten.

schnell zwischen zwei Bäumen aufgespannt.

Auch aus feinem, feuchtem Sand läßt sich viel bauen – Städte mit Straßen und Burganlagen können entstehen. Unangenehm ist allerdings, daß sich der Sand leicht ausbreitet und in die benachbarten Beete geschleppt wird. Deshalb braucht der Sandberg einen stabilen Rahmen aus Holz oder Steinen. Bei einem richtig angelegten Sandkasten wird zuerst die Erde ausgehoben, dann die Umgrenzung verlegt und anschließend der Spielsand eingefüllt.

Holz hat im Gegensatz zu kaltem, glattem Metall die guten Eigenschaften, griffig und warm zu sein. Dem Erfinden von Holzspielzeug sind keine Grenzen gesetzt: Aus Holzscheiben, Rundhölzern oder auch nur Brettresten, Latten und Kistenbrettern entstehen Hütten, Tiere zum Reiten oder Fahrzeuge. Ein gesunder alter Baum spendet im heißen Sommer nicht nur Schatten, auch ein Seil zum Schwingen oder ein Hochsitz, nur erreichbar über eine einziehbare Strickleiter, finden in seinem Geäst Platz.

Das Gartenfest

Im Spätsommer, wenn die meisten Früchte reifen und die Sommerblumen noch in voller Pracht stehen, ist die richtige Zeit für ein

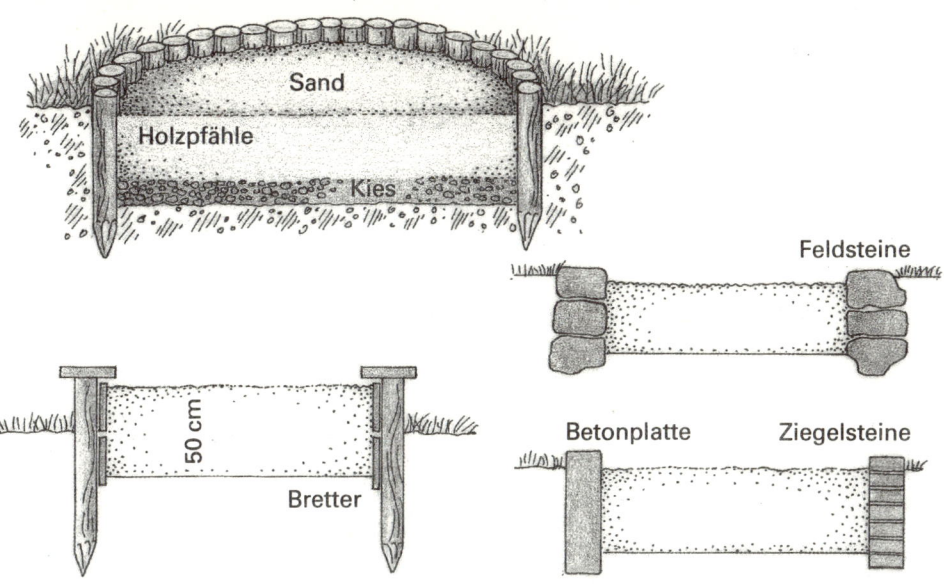

Hier darf gebuddelt werden
Den Umfang für die Sandspielfläche steckst du mit Pflöcken ab. Wenn du den Boden 50 cm tief aushebst, dann kannst du später sogar Löcher graben, ohne auf festen Boden, Lehm oder Steine zu stoßen. Den Rand befestigst du mit Feldsteinen, Betonplatten oder Holz. Zum Schluß füllst du weißen Spielsand ein, der hin und wieder erneuert werden sollte.

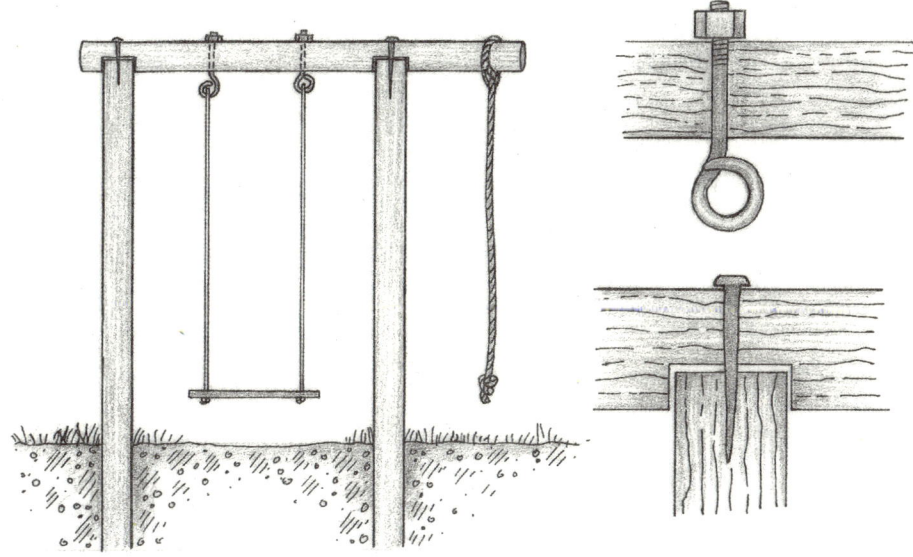

Durch die Lüfte schwingen
2 dicke Pfähle gräbst du mindestens 80 cm tief in den Boden ein. Stampfe das Erdreich um die Pfähle recht fest, denn sie dienen als Stützen für einen Querbalken, der mit starken Nägeln oder Bauklammern befestigt wird. In den Querbalken schraubt man Haken für die Schaukelseile. Hin und wieder muß geprüft werden, ob die Seile nicht durchgescheuert sind. Laß dir bei diesen Arbeiten von deinem Vater helfen.

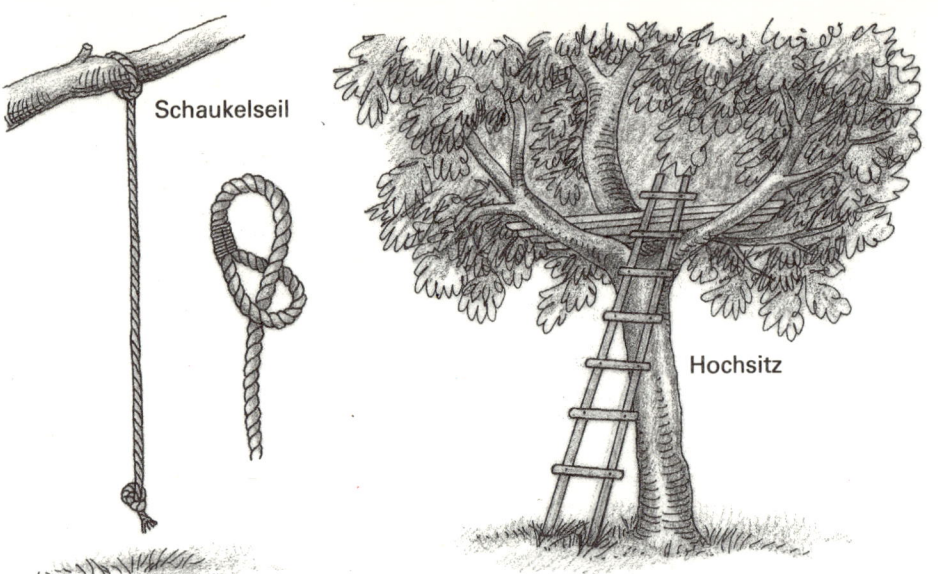

Schaukelseil

Hochsitz

Gartenfest. Jetzt kann jeder zeigen, was er in seinem Garten herangezogen hat: Wer züchtete die größten Früchte, wer bindet die buntesten Sträuße oder bietet die kräftigsten Jungpflanzen zum Tausch an? Wie bei einer Ausstellung kann alles aufgebaut werden.

Gemüsesalate, Fruchtsäfte und Kompott – natürlich aus eigener Ernte zubereitet – werden einmal nicht auf einem Tisch, sondern im weichen Rasen serviert. Für gemeinsame Spiele gibt es viele Vorschläge: Eierlaufen, Luftballonbalancieren, Sackhüpfen, Tauziehen, Wurstspringen oder Zielwerfen. Zum Abschluß des Festes wird unter der Aufsicht

Ein sicheres Versteck
An einem dicken Ast kannst du ein Seil zum Schaukeln befestigen. Reichst du mit der Leiter nicht an den Zweig, wirfst du eine an einem Stein befestigte dünne Schnur über den Ast, daran knüpfst du das Seil, ziehst es hoch und vertäust es mit einer Schlaufe. Eine Baumhöhle im Geäst muß standsicher sein. Laß dir von einem Erwachsenen helfen.

Kein Gartenfest ohne Essen und Trinken

	Zutaten	Zubereitung
Kräutertee	frische Blätter von Pfefferminze, Thymian, Zitronen-Melisse, Erdbeere	Teeblätter mit kochendem Wasser übergießen, ziehen lassen, abgekühlt mit Zitrone und Zucker abschmecken
Tee mit Konfitüre	verschiedene Sorten Konfitüre	Tee (wie oben oder auch schwarzer) mit Konfitüre süßen
Apfelmustorte	Tortenboden, Apfelmus	1 Liter Apfelmus ganz dick gekocht auf Tortenboden streichen, mit bunten Zuckerstreuseln verzieren
Apfelküchle	große saure Äpfel, Eierkuchenteig, Zimt, Zucker	Gehäuse von Äpfeln ausstechen, Äpfel schälen, in Scheiben schneiden, in Eierkuchenteig wälzen, in heißem Öl langsam braten, anschließend mit Zucker und Zimt bestreuen
Kartoffelsalat	Kartoffeln, Möhren, Äpfel, Sellerie, Radieschen, frische Kräuter, Zwiebel, Essig, Öl, Salz, Pfeffer und Zucker	Kartoffeln kochen, Äpfel und Gemüse kleinschneiden und mit den in Scheiben geschnittenen Kartoffeln mischen, mit Gewürzen abschmecken und dann kleingehackte Kräuter darüberstreuen
Wiener Würstchen	angespitzte Holzstäbe (Haselruten), Würstchen	Würstchen halbieren, an den Enden überkreuz einschneiden, auf den angespitzten Stab spießen, über die Glut halten, bis sich die Wurstenden aufbiegen
Schäschlik	Bratwürste, Speck, Zwiebeln, dünne Holzstäbe	Bratwürste, Speck und Zwiebeln in Scheiben schneiden, im Wechsel auf die Stäbe spießen, auf dem Grill knusperbraun braten

eines Erwachsenen ein Feuer entfacht. Im Sandkasten oder auf den Platten am Sitzplatz setzt man ein paar Mauersteine zu einem Viereck zusammen, in dem Holz oder Holzkohle entzündet werden. Schlagen keine Flammen mehr hoch, herrscht die richtige Temperatur, um aufgespießte Würstchen braun zu brutzeln. Legt man einen Eisenrost (Malersieb oder Fußabtreter) über die Steine, ist aus einfachen Mitteln ein Grillrost entstanden.

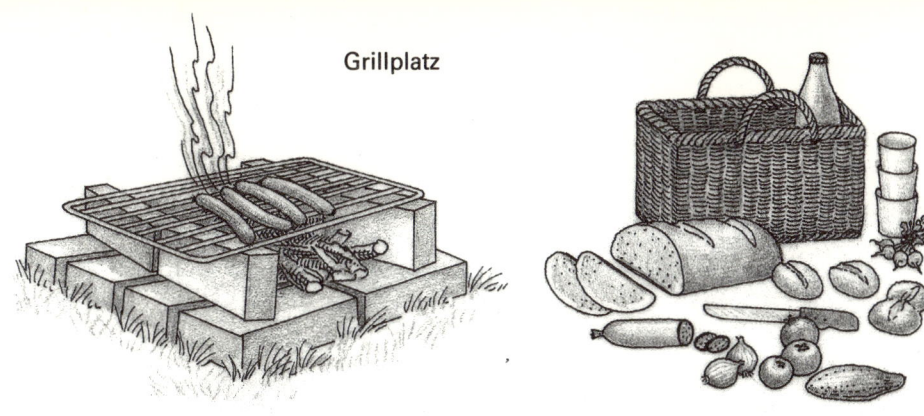

Grillplatz

Grillen macht Spaß
Den Grillplatz baust du entweder im Sandkasten oder auf einer Steinunterlage, denn die Glut ist so heiß, daß sie den Rasen versengt. Laß zwischen den Steinen ein paar Lücken. Feuer brennt nur, wenn genügend Luft vorbeistreicht. Vorsicht beim Umgang mit Feuer!

Spiele auf dem Rasen

Spielart	Geräte	Mitspieler	Spielregeln
Boccia	1 weiße Zielkugel, mindestens 8 größere farbige Kugeln	mindestens 2	Abwurflinie markieren, Zielkugel werfen, jeder Mitspieler versucht, seine farbigen Kugeln möglichst dicht an die Zielkugel zu rollen.
Galgenkegeln	Seil mit Kugel oder Ball an Ast oder Gerüst befestigen; Kegelfiguren	mindestes 2	Kugel seitlich an den Kegeln vorbeischwingen. Erst auf dem Rückweg dürfen die Kegel umfallen. Kugel wieder auffangen. Sieger ist, wer die meisten Kegel umwirft.
Gartengolf	Schläger (Holzhammer), kleine Bälle oder Kugeln	mindestens 2	Etwa 10 Löcher ausheben (Rasen ausstechen, Kuhle leicht ausmulden, Rasensoden für späteres Verfüllen aufheben), Löcher markieren und Reihenfolge festlegen, Spieler probieren nacheinander, ihre Kugel in die Kuhle zu schlagen, wer trifft, darf in der nächsten Runde 50 cm hinter dem Loch weiterschlagen. Sieger ist, wer zuerst die Kugel im Zielloch hat.
Indiaca	Lederball mit Federn, Feld durch Seil oder Netz trennen	mindestens 2	Spielfeldgröße richtet sich nach Zahl der Mitspieler, Indiaca so mit der Hand über das Netz schlagen, daß es dem Gegner nicht gelingt, zurückzuschlagen (ähnlich Volleyball).
Pendelball	3 bis 3,5 m lange Stange, an der Ball mit Schnur befestigt ist; Schläger	1, besser 2 oder mehr	In 2 m Höhe an der Stange Markierung anbringen, Spieler versucht, den Ball so zu schlagen, daß sich die Schnur oberhalb der Markierung um die Stange wickelt.
Prellball	Ball, Reifen (oder Kreis markieren)	mindestens 2	Um den Ring aufstellen, Ball mit der Hand in den Ring schlagen, gegenüberliegender Spieler schlägt in den Kreis zurück, wer den Ball verfehlt, scheidet aus.

Pflanzen und Tiere von A bis Z

Ahorn 15, 17
Akelei 32
Alpenveilchen 36

Ananas 11
Apfel 8, 9, 10, 12, 13
Apfelsine 11
Aprikose 8
Aster 26, 27, 32, 34
Astilbe 25, 30, 32
Azalee 39

Birne 8, 9, 13
Blattlaus 41
Blauschwingel 45
Bohne 2, 6, 7

Bohnenkraut 20
Brombeere 12

Dahlie 20, 23, 33
Dattel 11
Dickblatt 38
Dill 2
Drahtwurm 40

Eiche 15
Eisblume 20, 23

Engerling 40
Erbse 2, 6
Erdbeere 8, 13
Erdkröte 41
Esche 15

Falscher Jasmin 14
Farn 25
Feigenkaktus 36
Fensterblatt 36
Fetthenne 25
Fichte 25
Fingerhut 28, 44
Fingerkraut 15
Flieder 15
Forsythie 14, 19

Fuchsie 20, 22
Funkie 31, 32

Gänseblümchen 45
Garten-Kresse 5
Gartenrotschwanz 41
Giersch 35
Gladiole 33
Glockenblume 28, 30, 32, 34
Glocken-Heide 25
Goldlack 26, 27, 28
Goldnessel 30
Grasnelke 25, 31
Graukresse 45
Grünlilie 29, 36
Gummibaum 38
Günsel 32
Gurke 2

Habichtskraut 45
Haselnuß 8, 12
Hauswurz 25, 30, 34
Himbeere 8
Hirtentäschel 45
Honigbiene 41
Hornkraut 34
Hyazinthe 33

Immergrün 15

Johannisbeere 8, 9, 12

Kamille 44
Kapuzinerkresse 7, 20, 24, 27, 28
Kartoffel 7
Kastanie 15
Kellerassel 40
Kiefer 17, 25
Kirsche 8, 19
Knollenbegonie 23
Knopfkraut 35
Kohl 2, 5
Königskerze 44
Kosmee 26, 27, 28
Krokus 33
Kuhblume 45

Löwenmaul 26, 27
Lupine 31, 32

Mahonie 15
Malve 28, 32
Mandarine 11

Regina und Michael von Brück

Ein Universum voller Gnade

Die Geisteswelt des tibetischen Buddhismus

Herderbücherei

Originalausgabe
erstmals veröffentlicht als Herder-Taschenbuch

Buchumschlag: Werner Bleyer
Umschlagfoto: Gerhard Lenser

Alle Rechte vorbehalten – Printed in Germany
© Verlag Herder Freiburg im Breisgau 1987
Herder Freiburg · Basel · Wien
Herstellung: Freiburger Graphische Betriebe 1987
ISBN 3-451-08257-8

DEN TIBETISCHEN FREUNDEN
IM INDISCHEN EXIL

Inhalt

Einleitung 9

1. Geschichtlicher Überblick 13

2. Geisteswelt des tibetischen Buddhismus 22

a) *Grundlagen* 22
   Die vier edlen Wahrheiten 26
   Skandhas 32
   Pratītyasmutpāda – Entstehen in gegenseitiger Abhängigkeit 34
   Śūnyata 36

b) *Geist, Bewußtseinsebenen und mentale Faktoren* . 38
   Bewußtseinskräfte und ihre Trägerenergien .. 42
   Bewußtseinsebenen 45
   Mentale Faktoren 53

c) *Meditation* 55
   Bodhicitta – der altruistische Erleuchtungsgeist . 57
   Śamatha – meditative Stabilisierung 61
   Vipaśyanā – tiefe Einsicht 66

d) *Tantrische Praxis* 70
   Yoga der göttlichen Wesenheiten 72
   Identifikation 77
   Der Sterbeprozeß 80

e) Ein Universum voller Gnade	93
Gnadenvolle Wesen	94
Gebet	100
Heilende Hinwendung – Überwindung des Leidens	109

3. Medien und Trancen … 113

a) Tibetische Schamanen … 113
    Das Nechung-Orakel … 115
    Das Orakel von Tikse … 119

b) Das Medium Choeyang Dulzin Kuten … 123
    Kindheit und Initiation … 124
    Verantwortung für die Leidenden … 129

c) Hierarchie der geistigen Wesen … 132
    Helfer auf dem Weg zum Heil … 134
    Unterscheidung der Geister … 137

d) Erfahrung des Mediums … 142
    Die Gottheit und ihr Medium … 143
    Trance … 145
    Zur Deutung der Erlebnisse … 151

Anmerkungen … 156
Glossar … 158
Literaturhinweise … 159

Einleitung

Die geistige Welt der tibetischen Kultur ist so unermeßlich wie die Natur dieses Landes und wir stehen noch am Anfang des Weges zum Verständnis dieser Welt. Ein erneuter Zugang ist uns möglich auf Grund des tragischen Schicksals, das dem tibetischen Volk widerfahren ist. Der durch die chinesische Okkupation verursachte Exodus von nahezu einhunderttausend Tibetern ins indische Exil und die damit verbundene Verbreitung der tibetischen Lehren und Meditationspraxis über die ganze Erde hat das Tor zu den über Jahrhunderte verschlossenen Schätzen dieser Kultur weiter geöffnet.

Unsägliches Leid ist über dieses Volk gekommen, und doch findet man selten Menschen wie die Tibeter, die in solch bezaubernder Heiterkeit das Leben meistern. Wir durften lange genug mit ihnen zusammen sein, um zu wissen, daß dieser Frohsinn und die Anmut, die sich tausendfach in den schmunzelnden Gesichtern der Lamas wie auf den verwitterten Stirnen der Bauern abbildet, Widerschein religiöser Erfahrung ist.

Ein Buch über Buddhismus unter das Thema „Gnade" zu stellen, scheint zunächst ungewöhnlich zu sein. *Śākyamuni Buddha* (etwa 560–480 v. Chr.), in dessen einzigartiger Meditationserfahrung und wirksamer Überwindung des brahmanischen Kastensystems die buddhistische Religion gründet, hatte gelehrt, daß jeder Mensch selbst an seiner Befreiung arbeiten müsse, und das gilt auch für den tibetischen Buddhismus bis heute. Man muß aber bedenken, daß der Buddhismus auf dem Wege zur Weltreligion viele Phasen und unterschiedliche philosophische und soziale Paradigmen durchlaufen hat, die in der Herausbildung der beiden Systeme *Hīnayāna* (Kleines Fahrzeug) und *Mahāyāna* (Großes Fahrzeug) mündeten. Der als *Tantrayāna* bezeichnete tibetische Buddhismus gehört zum Mahāyāna. Er integriert Aspekte und Methoden, die im frühen Buddhismus nicht bekannt waren, zu einer ganzheitlichen und sakramentalen Schau der Wirklichkeit, in der die Grunderfahrung des Buddha Ausdruck findet. Menschliche Anstrengung und Gnade erscheinen hier nicht als Gegensätze, wie wir aufzeigen werden.

Zum besseren Verständnis stellen wir einen kurzen Abriß der Geschichte Tibets seit Einführung des Buddhismus voran, denn diese Kultur lebt ganz und gar aus dem Bewußtsein der Sukzession geistiger Überlieferungstraditionen, die seit Einführung des Buddhismus in Tibet von Indien her ungebrochen sind. Sodann folgt eine Darstellung wichtiger Aspekte der tibetischen Bewußtseinserfahrung und -philosophie. Eine umfassende Beschreibung und Deutung würde Bände füllen, und wir sind uns des Wagnisses der Vereinfachung wohl bewußt. Viele Begriffe aus dem Sanskrit oder dem Tibetischen lassen sich kaum ins Deutsche übertragen, denn jedes deutsche Wort weckt Assoziationen, die falsch sein können. Wir haben eigene Deutungen versucht, wo wir meinten, in Gemeinschaft und Gespräch mit den Lamas etwas vom inneren Wesen der Sache erspürt zu haben. Wir gehen dort über die Wiederholung traditioneller Denkmuster hinaus, wo es uns für das bessere Verständnis sinnvoll zu sein schien. Daß Deutungen weder eindeutig sind noch zum Ende kommen, muß der Leser im Auge behalten. Auch sind die Schulunterschiede der verschiedenen tibetischen Traditionen zum Teil nicht unerheblich, und nicht alle Details konnten berücksichtigt werden.

Dennoch soll auch dem religionswissenschaftlich nicht geschulten Leser ermöglicht werden, die tibetische Kultur von ihren eigenen buddhistischen Grundlagen her verstehen zu lernen. Für die religionskundlich Interessierten haben wir die Begriffe zuerst in Sanskrit und an zweiter Stelle in Tibetisch hinzugefügt. Gelegentlich steht nur der Sanskritbegriff (skt.) oder nur das tibetische Wort (tib.). Auf die vielen Randerscheinungen, die um ihrer Exotik willen immer wieder in der Literatur von Reisebeschreibungen auftauchen, haben wir unsere Aufmerksamkeit nur im Ausnahmefall gerichtet. Es ist uns vielmehr Verpflichtung gewesen, das Vermächtnis eines der wichtigsten tibetischen Medien, die als Orakel wirken, aufzuzeichnen und mit seiner Erlaubnis zu publizieren. Der dritte Teil versucht, dies behutsam zu tun, verbunden mit dem Wunsch, daß dies vielen Menschen größere Klarheit und Hilfe im Blick auf eigene geistige Erfahrungen und Probleme bringen möge. Die Welt des Geistes ist größer und wunderbarer, als unser Verstand gemeinhin annimmt.

Allen voran gilt S. H. dem XIV. Dalai Lama größter Dank, denn er hat die Programme zum buddhistisch-christlichen Dialog in Indien nicht nur begleitet, sondern aktiv gefördert. Daß wir ihm dabei auch menschlich sehr nahe kommen durften, gehört zu den beglückendsten Erfahrungen, die uns geprägt haben und auch hinter diesem Buch stehen, selbst wenn wir die Geschichte der Dalai Lamas und die faszinierende Gestalt des gegenwärtigen Oberhauptes des tibetischen Volkes nicht ausdrücklich zum Thema gemacht haben. Choeyang Dulzin Kuten Lama gebührt der Dank dafür, daß er uns vorbehaltlos seine Erfahrungen anvertraut hat, was gewiß ein nicht alltägliches Ereignis ist. Die geistige Gemeinschaft, die Pater Bede Griffiths im christlichen Shantivanam-Ashram anbieten konnte, war ein idealer Boden für viele christlich-buddhistische Begegnungen, die in die Tiefe des Herzens führten und somit jenes Vertrauen allmählich wachsen ließen. Insbesondere im Gespräch mit dem Kuten Lama, mit Zong Rinpoche und Lati Rinpoche, dem damaligen Abt des Gaden-Klosters, haben wir die Geisteswelt des tibetischen Buddhismus in monastischer Intensität über die Jahre hinweg tiefer kennengelernt. Daß das Studium nie zum Ende kommt, wissen wir nun besser als zuvor. Das Thema ist komplex, und wir bedanken uns für die Hilfe vieler tibetischer Freunde, vor allem Ven. Cheme Tsering, Mönch des Gaden-Klosters, und für die kritische Durchsicht des Manuskripts durch Herrn Christoph Spitz vom Tibetischen Zentrum Hamburg.

Als Christen befinden wir uns mit unseren buddhistischen, hinduistischen, jüdischen und muslimischen Freunden, ja mit allen Menschen, gemeinsam auf einem Weg. Die Studien zu diesem Buch waren ein Stück dieses Weges dialogischer Gemeinschaft. Mögen sie zum Verständnis unter den Menschen beitragen und anregen, Liebe und heilende Hinwendung zu allen Wesen mutiger zu praktizieren.

1. Geschichtlicher Überblick

Die Erste Verbreitung des Buddhismus

Wir wissen nicht genau, wann die erste Kunde vom Buddhismus nach Tibet gekommen ist. In den Quellen finden sich unterschiedliche und auch widersprüchliche Aussagen darüber. Sicher ist, daß Tibet schon vor der dem König *Songtsen Gampo* (620–648 n. Chr.) zugeschriebenen Einführung des Buddhismus auf unterschiedliche Weise mit buddhistischem Gedankengut in Berührung gekommen sein muß. Nicht zuletzt der Einfluß der herrschenden Bon-Religion verhinderte jedoch die Verbreitung buddhistischer Lehren in Tibet zu einer Zeit, da in den Nachbarländern Indien, Nepal, Turkestan und China der Buddhismus bereits blühte.

Die Erste Verbreitung des Buddhismus fällt mit dem Aufstieg Tibets zu überregionaler politischer Macht in Asien zusammen, der mit König *Namri Songtsen* (gest. 620) begann und den Höhepunkt in der Einnahme von Ch'ang-an, der Hauptstadt der chinesischen T'ang Dynastie, im Jahre 763 unter König *Trisong Detsen* (755–797) erreichte. Die Tradition schreibt König *Songtsen Gampo* und seinen beiden Frauen, einer chinesischen und einer nepalesischen Prinzessin, die Einführung des Buddhismus zu. Die wichtigste Errungenschaft dieser Epoche war die Erfindung einer eigenen tibetischen Schrift nach dem Vorbild der indischen Gupta-Schreibweise. Damit war eine wesentliche Voraussetzung für die

Übersetzung der Sūtren-Literatur und den späteren Sieg des Buddhismus geschaffen.

Danach war es jedoch König *Trisong Detsen,* der gegen den massiven Widerstand von Aristokratie und Bon-Priesterschaft dem Buddhismus zum Durchbruch verhalf. Auf seine Einladung kam der berühmte indische Gelehrte *Śāntarakṣita* im 8. Jahrhundert nach Tibet. Als diesem der Erfolg zunächst versagt blieb, wurde der indische Tantriker *Padmasambhava* („Guru Rinpoche") nach Tibet eingeladen. Von ihm heißt es, er habe die dem buddhistischen *dharma* entgegenstehenden dämonischen Kräfte gebannt und sie als Schutzmächte für den Buddhismus verpflichtet. Damit beginnt die eigenständige Entwicklung des tibetischen Buddhismus. Ob *Padmasambhava* auch an der Gründung des ersten Klosters von Samye im Jahr 775 mitgewirkt hat, oder ob dies allein das Werk *Śāntarakṣitas* war, ist umstritten.

Schon unter *Trisong Detsen* wurde mit der systematischen Übersetzung von Hīnayāna- und Mahāyāna-Texten begonnen und bis zur Ermordung des Königs *Ralpachen* im Jahre 838 fortgeführt. Vom königlichen Hof begünstigt, gewannen die Klöster zunehmend ökonomische Unabhängigkeit und politischen Einfluß, was der Hauptgrund für die Ermordung *Ralpachens* gewesen sein wird.

Die Entwicklung und Herausbildung des tibetischen Buddhismus verlief von Anfang an nicht geradlinig. Einerseits stand sie im Zeichen der Rivalität verschiedener buddhistischer Schulen, denn indische und chinesische Lehrmeinungen und Schulen wetteiferten um Einfluß, bis auf einem von *Trisong Detsen* einberufenen Konzil in Samye (792–794) die indische Anschauung gesiegt haben soll. Als gesichert kann gelten, daß während der Regierungszeit des Königs *Ralpachen* (815–838) der chinesische Einfluß, vor allem die Lehre von der spontanen Erleuchtung der Ch'an-Schule, fast völlig zugunsten des institutionalisierten und stärker scholastisch-lehrmäßig ausgerichteten indischen Mönchtums zurückgedrängt wurde. Andererseits erhielt der tibetische Buddhismus in der Auseinandersetzung mit und teilweisen Einbeziehung von einheimischen, zum Teil animistisch geprägten, religiösen Vorstellungen und Praktiken sein besonderes Gepräge.

Mit der Ermordung von *Ralpachen* endete die sogenannte Erste Verbreitung des Buddhismus. Unter seinem Bruder, König *Lang Darma* (838–842), wurde der Buddhismus verfolgt. Die Klöster wurden aufgelöst, ausländische Mönche ausgewiesen und buddhistische Schriften vernichtet. Gleichzeitig damit begann der Verfall der politischen Macht Tibets und das Großreich zerfiel nach und nach wieder in rivalisierende Kleinstaaten.

Die Zweite Verbreitung des Buddhismus

Durch die Verfolgung unter *Lang Darma* verlor der Buddhismus als religiös und sozial anerkannte Größe zunächst jede Bedeutung. Im Verborgenen jedoch, und hier insbesondere in den Grenzprovinzen Tibets, lebte buddhistisches Gedankengut weiter. Im 10. Jahrhundert setzte die Wiederbelebung des Buddhismus ein. Entscheidende Impulse für diese Entwicklung gingen von der königlichen Familie in Guge (Westtibet) aus, die eine buddhismusfreundliche Politik betrieb und den Austausch zwischen Tibet und Indien förderte. Zahlreiche indische und kaschmirische Gelehrte kamen nach Tibet. Gleichzeitig studierten Tibeter in Kaschmir und an indischen Universitäten. *Rinchen Sangpo* (958–1055), der bedeutendste tibetische Gelehrte dieser Epoche, dem man später den Beinamen „Großer Übersetzer" gab, studierte auf Anregung des Königs von Guge in Kaschmir und kehrte noch zweimal zum Studium nach Indien zurück. Unter seiner Anleitung und Mitwirkung wurden einhundertachtundfünfzig buddhistische Schriften neu ins Tibetische übersetzt und vorhandene Übersetzungen aus der Zeit der Ersten Verbreitung überarbeitet. Mit ihm und durch diese neuen Übersetzungen beginnt eine Neubesinnung und Neuorientierung des tibetischen Buddhismus. Außerdem soll *Rinchen Sangpo* vor allem in Westtibet und Ladakh einhundertacht Klöster gegründet haben.

Der große indische Gelehrte *Atīśa* (982–1054) kam 1042 auf Einladung des Königs von Guge nach Tibet und gelangte schließlich sogar nach Zentraltibet, das zu dieser Zeit ein Aufleben klösterlichen Lebens erfuhr. Unter seiner Anleitung wurden mehr als einhundert buddhistische Schriften aus dem Sanskrit ins Tibetische übersetzt und bereits vorhandene Übersetzungen revidiert. *Atīśa* reinigte den vorgefundenen Buddhismus von unakzeptablen Praktiken und Abarten. Er hob die Bedeutung von religiöser, d. h. hier vor allem monastischer Disziplin und philosophischen Studien hervor. Tibetischen Quellen zufolge geht auch die Einführung des Kālacakra-Tantra, des letzten großen tantrischen Systems, auf *Atīśa* zurück, der es von *Nāropa,* dem bedeutenden Abt der indischen Universität Nālanda, empfangen haben soll.

Die Entstehung der Schulrichtungen

Das 11. und 12. Jahrhundert kann als Gründungszeit der großen Schulen bezeichnet werden. Im tibetischen Buddhismus spielt die Sukzession von Überlieferungsketten, die von einem herausragenden Meister (Guru, Lama) ausgehen, eine wesentliche Rolle. Auf dieser Betonung der Rolle der Lamas beruht die westliche Benennung des tibetischen Buddhismus als „Lamaismus", was von tibetischen Gelehrten abgelehnt wird.

Wie schon erwähnt, hatte sich in der Übergangszeit zur Zweiten Verbreitung eine vulgäre Interpretation buddhistischer Schriften mit entsprechenden Praktiken ausgebreitet. Um dem zu begegnen, betonen die Meister der Zweiten Verbreitung die direkte Belehrung durch einen ausgewiesenen und selbst in untadeliger Sukzession stehenden Meister als grundlegende Voraussetzung für Autorität und Gültigkeit der Lehre. Aus den Lehrer-Schüler-Ketten entwickelten sich eigene Schulrichtungen, von denen vier zu nachhaltiger Bedeutung gelangten.

Schon auf *Padmasambhava,* also auf die Zeit der Ersten Verbreitung, geht die älteste Richtung, die *Nyingma*-Schule, zurück. Ausgehend von *Rinchen Sangpo* und *Atīśa* bildete sich die Schule der *Kadampa,* die später größtenteils in der von Tsongkapa begründeten Schule der *Gelukpa* aufging. Die *Sakyapa*-Schule ist verbunden mit dem tibetischen Gelehrten *Drogmi* (992–1072). Auf die großen Mystiker des tibetischen Buddhismus geht der Orden der *Kagyüpa* zurück. Die indischen Gelehrten *Tilopa* (988–1069) und *Nāropa* (1016–1100), besonders aber die tibetischen Meister *Marpa* (1012–1097) und *Milarepa* (1052–1136) sind die Begründer und bis heute maßgeblichen Meister dieser Schulrichtung, die sich im Laufe der Zeit in zahlreiche Linien auffächerte.

Machtstellung und Einfluß der verschiedenen Schulen und Klöster wechselten im Laufe der Geschichte. Folgenschwer wirkte sich das Fehlen einer zentralen Regierung aus. Da Klöster und Adelshäuser in Machtkämpfe verwickelt blieben, geriet Tibet in seiner wechselvollen Geschichte immer wieder in Abhängigkeit von ausländischen Mächten. Im Jahre 1206 drangen die Mongolen unter *Dschingis Khan* bis Zentraltibet vor und unterwarfen 1207 fast ganz Tibet. Damit begann eine Jahrhunderte andauernde Beziehung zu den mongolischen Herrschern. Zunächst übten die Äbte des Sakya-Klosters unter dem Schutz *Kublai Khans* die weltliche Macht in Tibet aus, wobei besonders der berühmte Gelehrte *Sakya Paṇḍita* (1182–1251) eine kluge Politik betrieb.

Es folgte eine Zeit politischer Instabilität, in die das Wirken des Reformers *Tsongkapa* (1357–1419), des Gründers der Gelukpa, fällt. Ausgehend von *Atīśa* betonte *Tsongkapa* Disziplin und Moral auf dem Weg zur Befreiung. Nach jahrelangen Studien, insbesondere in den Klöstern der Sakyapa und Kadampa, schrieb er sein Hauptwerk *Lam rim chen mo* (Stufenweg zur Erleuchtung), das zur Grundlage seiner reformierten Lehren wurde. Die wachsende Zahl seiner Anhänger machte neue Klostergründungen nötig. 1409 entstand Gaden, dessen erster Abt *Tsongkapa* wurde. 1416 und 1419 wurden die beiden anderen großen Klöster Drepung und Sera errichtet, die bis zu ihrer Zerstörung durch chinesische Truppen im Jahre 1959 zusammen über fünfzehntausend Mönche beherbergten.

Die Dalai Lamas

Im 16. Jahrhundert gelang es *Sonam Gyatso* (1543–1588), dem späteren III. Dalai Lama, die Macht der Gelukpa zu festigen. Er konvertierte den mongolischen Herrscher *Altan Khan* zum Buddhismus und empfing 1578 von ihm den Titel eines „Dalai" Lama (mongol./tib.: „Lehrer, dessen Weisheit so groß wie der Ozean ist"). Seinen beiden vorigen Inkarnationen *Gedun Gyatso* (1475–1542) und *Gedun Drup* (1391–1474), einem persönlichen Schüler *Tsongkapas*, wurde die Dalai-Lama-Würde rückwirkend verliehen. Der IV. Dalai Lama (1589–1617) wurde in einer mongolischen Familie geboren und nach Tibet gebracht.

Mit dem V. Dalai Lama, *Losang Gyatso* (1617–1682), dem „Großen Fünften", begann die Herrschaft der Gelukpa über ganz Tibet. Vom mongolischen Herrscher *Gushi Khan* als höchste geistliche und weltliche Autorität des Landes eingesetzt, regierte er vierzig Jahre und etablierte endgültig die weltliche Macht der Dalai Lamas in Tibet. Er verlieh seinem Lehrer, dem Abt des Klosters Tashilhünpo, den Titel „Panchen Lama" (Lehrer, der ein großer Gelehrter ist), womit aber keine politische Funktion verbunden war. Außerdem ließ er den Potala in Lhasa erbauen, schrieb zahlreiche bedeutende Kommentarwerke und förderte ein medizinisches Versorgungssystem in Tibet. Seit der Zeit des „Großen Fünften" werden die Dalai Lamas als Reinkarnationen Avalokiteśvaras, des Bodhisattvas der Barmherzigkeit, angesehen und verehrt. 1720 wurde Lhasa von den Chinesen besetzt. Seitdem regierten die Dalai Lamas mehr oder weniger unter chinesischem Protektorat, was zur außenpolitischen Isolierung Tibets beitrug, während Tibet innenpolitisch aber relativ autonom blieb.

Erst der XIII. Dalai Lama, *Thubten Gyatso* (1876–1933), konnte die Unabhängigkeit Tibets erklären. 1904 hatten die Engländer ein militärisches Kontingent nach Lhasa geschickt, um sich Handelsrechte und politischen Einfluß zu sichern. Der Dalai Lama floh nach China. Als der britische Einfluß schwand (Abkommen von Petersburg 1907), intervenierte China im Jahre 1910. Der XIII. Dalai Lama floh erneut, diesmal in die Hände der Engländer nach Indien. 1911 gelangte in China die Revolution unter *Sun Yat-Sen* zum Erfolg. Der letzte Manchu-Kaiser floh und China wurde Republik. Tibet und die Mongolei erlangten ihre Selbständigkeit wieder. 1912 erklärte Tibet formell die Unabhängigkeit von

China, während im Vertrag von Simla 1914 die Verhandlungen zwischen Großbritannien, Tibet und China zum Abschluß kamen, in dem China eine besondere Vertretung in Lhasa zugesprochen wurde. China unterzeichnete den Vertrag nicht. Tibet versäumte es, sich dem Ausland zu öffnen und diplomatische Vertretungen anderer Länder in Lhasa zu etablieren. Als der XIII. Dalai Lama 1933 starb, sah er das dunkle Schicksal des tibetischen Volkes voraus.

Neueste Geschichte

Bereits 1949 näherten sich Truppen der chinesischen Volksbefreiungsarmee dem östlichsten Teil Tibets. Durch Radio Peking wurde dann Neujahr 1950 die „friedliche Befreiung" Tibets angekündigt. Am 7. Oktober desselben Jahres brach die Invasion los. Dem erst fünfzehnjährigen Dalai Lama, *Tenzin Gyatso* (geb. 1935), wurde unter dem Druck der Ereignisse am 17. November 1950 die volle Staatsgewalt übertragen. Als Ergebnis von Verhandlungen in Peking wurde den Tibetern ein 17-Punkte-Abkommen aufgenötigt, das „die Rückkehr zur großen Familie des Mutterlandes – der Volksrepublik China" zum Ziel hatte.

Im September 1951 marschierte die chinesische Armee in Lhasa ein. Während die ersten Jahre der chinesischen Okkupation relative Toleranz hinsichtlich religiöser Freiheit brachten, nahmen die Repressionen mit den Jahren zu. Dies führte am 10. März 1959 zum nationalen Aufstand, der von der chinesischen Armee blutig niedergeschlagen wurde. Der Dalai Lama und mit ihm Tausende tibetischer Würdenträger und Familien flohen nach Indien ins Exil. In Tibet selbst wurden die Klöster aufgelöst, enteignet, zerstört. Unzählige Mönche, Lamas und Laien ließen in sogenannten Arbeitscamps ihr Leben. Während der „Kulturrevolution" in China (1966–1976) wurden noch vorhandene Klöster wie das älteste Kloster von Samye und unzählige andere dem Erdboden gleichgemacht.

Der Dalai Lama lebt mit etwa hunderttausend Tibetern im indischen Exil, während in Europa, Nordamerika und Australien neu gegründete tibetische Zentren und Klöster ständig wachsende Anziehungskraft ausüben. Vor allem den zahlreichen Besuchsreisen und der einzigartigen Ausstrahlung der Persönlichkeit des XIV. Dalai Lama ist es zu danken, daß das „geheimnisvolle Tibet" weltweit bekannt geworden ist und viele Menschen seine Philosophie und Meditationspraxis studieren.

2. Geisteswelt des tibetischen Buddhismus

a) Grundlagen

Wohl an keinem anderen Ort kann man ein deutlicheres Gespür für die Geisteswelt des Buddhismus entwickeln als in Varanasi, der Stadt, in deren Nähe der Buddha einst seine erste Predigt hielt und damit das Rad der Lehre in Gang setzte. Dies gilt umso mehr, als sich hier der Vergleich mit dem Hinduismus aufdrängt, der älteren der beiden Religionen, die sich im Verlauf der Jahrtausende immer wieder gegenseitig inspiriert und korrigiert haben, sich bald auf Konfrontationskurs befanden, bald friedlich miteinander lebten.

Es war eine milde Nacht im Frühherbst, als wir von Dharamsala, dem Sitz des Dalai Lama, nach mehr als fünfzehnstündiger Fahrt durch die staubigen Ebenen des Punjab und des Bundesstaates Uttar Pradesh zum ersten Mal in Varanasi ankamen. Der überfüllte Zug schiebt sich kurz nach Mitternacht in den quirligen Bahnhof der heiligen Stadt am Ganges. Ein ohrenbetäubender Lärm! Menschen aus allen Gegenden Indiens rufen in ihren Muttersprachen. Gepäckträger preisen ihre Dienste an. Bettler stürzen sich in Schwärmen auf die Ausgänge der Waggons und verstopfen diese, während von innen geschoben und gedrängelt wird. Kühe trotten über den Perron. Es duftet nach Kaffee, frisch gebackenen Brotfladen und Unrat. Irgendwo quäkt ein Lautsprecher und dudelt die typisch nordindische Filmmusik lautstark über das Geschehen. Chaos – blitzt es uns unweigerlich durch den Kopf. Aber das ist die Reaktion des Neuankömmlings. Dieses Chaos hat seine eigene Ordnung, die man erfahren kann, wenn man sich ihren Gesetzen anvertraut. Anders wird man wohl auch nie ein Taxi finden können. Vor dem Bahnhof lichtet sich die Masse von Leibern und Gepäck ein wenig, aber nur, um einem neuen Eindruck Raum zu geben: Hunderte von Menschen lagern in einer parkartigen Anlage, die von bunten Glühlampenketten illuminiert wird. Sie singen, begleitet von Zymbeln und Trommeln, ihr immerwährendes „Hare Krishna, Hare Rama". Manche tanzen. Der Rhythmus trägt die Beine, bis sie im Taumel zusammensinken. Ekstatisch ist diese Gottesverehrung, fast ungezähmt. Wenige Minuten später. Das Taxi bahnt sich langsam seinen Weg durch enge Gassen, in denen es trotz der späten Stunde von Bettlern, Pilgern und Nachtschwärmern wimmelt. An den Straßenrändern bieten Händler im Schein der flackernden Öllämpchen noch geröstete Erdnüsse, Tee und Bananen feil. Allmählich wird es stiller, die Vorstädte schlafen. Dann fliegt die offene Landschaft vorbei, über der sich ein funkelnder Sternenhimmel wölbt. Sarnath. Dies ist das buddhistische Gegenstück zum hinduistischen Varanasi, eines der wichtigsten Pilgerzentren der buddhistischen Welt. Der berühmte Park ist nachts verschlossen, aber man kann außen entlanggehen und die nächtliche Stille genießen. Die Ruinen alter Viharas (buddhistische Klöster) verlieren sich im Dunkel, und der große Stupa in der Mitte bewacht den Frieden des Ortes, eine Ruine, die vom Leiden an der Vergänglichkeit erzählt und gerade darum Ruhe ausstrahlt. „Buddha-Tempel", raunt mir ein verspäteter Straßenhändler zu, und er hält die rechte Hand zum Bakschisch auf, während er mit der anderen durchaus in die richtige Richtung zeigt. Aber auch er flüstert nur.

Stille – dies ist der Eindruck dieses Ortes, nicht nur in

der Nacht. Hier herrscht ein anderer Geist als im brodelnden Varanasi. Hier singt man nicht laut, und selbst die Ventilatoren im Gästehaus scheinen sich ehrfurchtsvoll zurückhalten zu wollen.

In Sarnath leben über dreihundert tibetische Studenten, die an der von Samdhong Rinpoche geleiteten Hochschule studieren. Es gibt auch einen chinesischen und einen indischen Tempel der Mahabodhi-Gesellschaft, aber dort leben keine Mönche.

Wir haben uns für zehn Uhr morgens mit dem Rinpoche (ein Ehrentitel, der so viel wie „kostbar" heißt) verabredet, an der Stelle, da der Buddha seine berühmte Predigt von Benares gehalten hat. Zeitig genug haben wir uns eingefunden, um noch einmal zu durchdenken, warum wir eigentlich hier sind. Wir – das ist eine Gruppe von Christen, lutherische Pastoren aus Südindien, die kennenlernen wollen, was Dialog zwischen den Religionen ist. Einige hatten gezögert – ist das nicht überflüssig, vielleicht gar gefährlich? Andere wollten sofort eine Einheitsreligion schaffen – sei das nicht das Gebot der Stunde, wo Armut einerseits, Materialismus und Militarismus andererseits menschenwürdiges Leben auszulöschen drohen?

Alle Diskussionen verstummen, als Samdhong Rinpoche über den grünen Rasen kommt. Er setzt sich in unseren Kreis und schwingt den Zipfel des weinroten Mönchsgewandes über die linke Schulter. Schweigen. Jedem einzelnen von uns schaut er für einige Zeit in die Augen, dabei strahlt etwas von ihm aus, das beruhigend und beglückend direkt ins Herz zielt, wie mir später einer der Pastoren mit scheuer Bewunderung gesteht, der vorher gemeint hatte, man könne nichts von Buddhisten lernen.

Samdhong Rinpoche spricht verhalten. „Lassen Sie uns den Entschluß zu einer Motivation fassen, durch die wir unsere Erkenntnisse und Errungenschaften in Lehre und

Meditation für alle lebenden Wesen hingeben. Nichts für uns selbst, alles für die anderen lebenden Wesen. Das ist die Quintessenz unserer Religion."

Einer der Pastoren schiebt mir einen Zettel zu. Er ist verblüfft – hatte er nicht in einem Lehrbuch gelesen, daß Buddhismus Selbsterlösung und Heilsegoismus, Abtötung aller Bindungen an andere Wesen sei? „Ja, was so alles in Lehrbüchern geschrieben steht", nicke ich ihm zu.

„Lassen Sie uns gemeinsam beten", fährt der Rinpoche fort, „denn das Gebet ist der Kanal für den Kontakt mit den höheren Wesen, ohne deren Segen wir unsere Motivation nicht selbstlos erhalten können". Wieder der verwunderte Blick des Nachbarn – Buddhisten, die beten, da sie doch nicht an „Gott" glauben?

Auf Anregung Samdhong Rinpoches beten wir gemeinsam das „Vater unser". Er kennt den Text, und viel später sollten wir seine buddhistische Auslegung der einzelnen Bitten mit großem Gewinn für die eigene Gebetspraxis hören. Dann beten wir ein Mahāyāna-Gebet. Es stammt von Śāntideva, dem großen buddhistischen Mönch aus dem 7. Jahrhundert n. Chr., dessen Verse bis heute Quelle der Inspiration nicht nur für alle Buddhisten sind[1]:

Mögen alle Lebewesen durch das Gute, das mir zuteil wird, wenn ich über das Leben zur Erleuchtung sinne, mit einem Leben zur Erleuchtung geschmückt sein!
Mögen alle, die gequält sind durch Pein an Körper und Geist in jeglicher Gegend der Welt, durch meine Verdienste[2] Meere des Glücks und der Seligkeit erlangen.
Möge kein Wesen unglücklich sein, sündig und krank, verlassen oder unterdrückt, und möge keines bösen Sinnes sein.
Solange der Äther besteht und solange die Erde besteht, solange möge ich bestehen,
als Vernichter der Leiden der Welt!

Der Rinpoche schwieg lange, als wollte er uns alle zweieinhalb Jahrtausende zurückversetzen, um den Moment wieder ins Bewußtsein treten zu lassen, da der Buddha an dieser Stelle erstmals lehrte.

Die vier edlen Wahrheiten

Wurzel buddhistischen Denkens sind die vier edlen Wahrheiten – die Erkenntnis, daß alles leidvoll ist, die Aufdeckung der Ursachen des Leidens, die Einsicht in die Möglichkeit, das Leiden zu beenden und die Darlegung und Erprobung des Weges zur Überwindung des Leidens.

Wenn der Buddha den Kreislauf von Alter und Tod als leidvoll bezeichnet, so will er nicht einfach eine selbstverständliche menschliche Erfahrung bestätigen. Vielmehr drückt er damit eine besondere Einsicht in die Hintergründe von Wechsel und Wandel aus. Nichts bleibt, wie es ist. Alles vergeht und entsteht neu in der ewigen Metamorphose der gestalterischen Kräfte der Wirklichkeit selbst. Auch die menschliche Person ist nicht permanent, was wir am leichtesten an der schnellen und sprunghaften Bewegung der Gedankenströme erkennen können. Der erwachsene Mensch ist nicht mehr das Kind, das einst aufwuchs; weder physisch, psychisch noch geistig sind es dieselben „Substanzen", und der Wandlungsprozeß vollzieht sich bis zum Tod, ja über ihn hinaus, wenn die subtilen Aggregate oder feinstofflichen Prägungen der vorigen Existenz zum Kristallisationspunkt für neues Leben werden. Eine gewisse Kontinuität deutet sich zwar im Gedächtnis an, aber sie ist relativ gering im mächtigen Strom des Wandels und zerbricht fortwährend. Dieser Wandel an sich ist nicht leidvoll, er ist das allgemeine Gesetz des Daseins. Der Mensch aber möchte sich am Augenblick festhalten – „verweile doch, du bist so schön", läßt Goethe seinen Faust wünschen –, er möchte den Moment besitzen, über das Bedingte verfügen können, damit es ihm unbedingt Halt gibt. Der Mensch möchte sich an etwas klammern können, um seinen flüchtigen Daseinsmomenten Dauer und Bedeutung zu verleihen. Dies mißlingt, denn solch ein Wunsch widerstrebt dem Grundgesetz des Lebens. Der Mensch gaukelt sich vor, das Ich sei ein permanentes Ding, ein unabhängiger fester Grund, auf dem man sich ausruhen könne, wenn man ihn nur ein bißchen zementiert und festmauert durch Dinge, Eindrücke und Illusionsbilder. Dieses Mißlingen, dem Ich oder dem Augenblick Dauer zu verleihen, ist *duḥkha,* Leiden, die Frustration daran, daß die eigenen ichhaften Wünsche und Vorstellungen nicht Wirklichkeit sind.

Die buddhistischen Texte unterscheiden drei Arten des Leidens. Die erste betrifft das Mißvergnügen an allen unerfreulichen Dingen, Ereignissen und Bewußtseinszuständen, die einem widerfahren (skt. *duḥkhaduḥkha*). Die zweite ist das Leid an der Vergänglichkeit aller Dinge, auch und gerade der eigentlich erfreulichen, die sich damit in eine Quelle des Leidens verkehren (skt. *vipariṇāmaduḥkha*). Die dritte Art des Leidens ist die allgemeinste: Alle Dinge sind voneinander abhängig und im Kreislauf der Geburten an eine endlose Kette von Bedingungen gebunden, somit unfrei (skt. *saṃskāraduḥkha*).

Zwei Ursachen werden für das Leiden genannt: Karma (skt. *karman,* tib. *las*) und die sogenannten leidverursachenden Emotionen. Karma ist nicht etwa ein über uns verhängtes Schicksal, in das man sich zu ergeben hätte, sondern der ursächliche Zusammenhang allen Geschehens. Jeder Gedanke, jede Tat hat unmittelbare Wirkungen, die den Denkenden und den Täter selbst formen. Denke ich zum Beispiel einen guten Gedanken, prägt er sich in meine Persönlichkeitsmatrix ein, formt also meine Charakterstruktur und wird damit zur Ursache für erneutes Handeln. So häufen wir unablässig karmische Wirkungen an, die zu Ursachen werden und uns prägen, indem sie gleichsam Gewohnheiten formen, die dann letztlich das ausmachen, was wir „sind". Denkt und verhält man sich besonders ichhaft, werden entsprechende Anlagen im Denk- und Gefühlsbereich geschaffen, und entsprechend stärker wird das Leiden an der Veränderlichkeit der Wirklichkeit sein. Erkennen wir aber von vornherein die Veränderlichkeit alles Wirklichen, den Fluß der Zustände und Gefühle, hinter dem kein permanentes Ich steht, entsteht die Versuchung nicht, sich an die Dinge zu klammern, wodurch dem Leiden der Boden entzogen ist. Karma gestaltet aber nicht nur das individuelle Bewußtsein des Menschen, sondern die Welt um uns herum, weil alles miteinander zusammenhängt. Was mir widerfährt, ist auch mein Karma. Mein Karma ist verwoben in alle anderen Karmas, und darum ist es schon eine Abstraktion, von „meinem" Karma zu sprechen. In diesem Netzwerk befindet sich der Mensch seit vielen Geburten. Sich daraus zu befreien, ist der Weg des Buddha und seiner Schüler. Das Karma wird bestimmt vom Verhalten des Menschen, das wiederum von der durch Erkenntnis gesteuerten Motivation abhängt. Auf die Motivation also kommt es an, denn es ist dieser geistige Impuls, der wie ein „Programm" die Persönlichkeit hervorbringt. Worte und Taten entstehen zuerst im Bewußtsein, und deshalb muß man sich mit dem Bewußtsein beschäftigen, um das Leiden zu überwinden. Das Bewußtsein so zu lenken und zu formen, daß es nicht Anlaß zur Entstehung der leidverursachenden Emotionen wird, ist der Inhalt aller buddhistischen Lehren, Meditationswege, Riten und Lebensanweisungen. Die grundlegenden leidverursachenden Emotionen sind Unwissenheit (skt. *avidyā*, tib. *ma rig pa*), Begierde (skt. *rāga*, tib. *'dod chags*) und Haß bzw. Ärger (skt. *pratigha*, tib. *khong khro*). Die Unwissenheit besteht in der falschen Annahme, daß die

Dinge in und aus sich selbst existieren, daß vor allem das Ich eine Art „Substanz" sei, die in sich ruht und unabhängig von anderen Erscheinungen als existierend betrachtet werden kann. Diese Annahme ist der Grundfehler, aus dem alles Übel resultiert. Denn auf diese Weise wird Ding von Ding, Mensch von Mensch, Erfahrung von Erfahrung getrennt. Das führt zu einer gewissermaßen sekundären und künstlichen Beziehungsstruktur, die der Mensch nun, unter dem Antrieb, Sicherheit gewinnen zu wollen, auf die Wirklichkeit projiziert. Es entsteht eine ichbezogene Welt, die sich in der unheilvollen Polarität von Begierde (Attraktion) und Haß (Aversion) darstellt. Die wirkliche und grundsätzliche Einheit der Wirklichkeit wird dadurch völlig verdeckt und zerfällt in Urteile des ichhaften Bewußtseins, das als „gut" empfindet, was ihm Dauer, Gewicht und Bedeutung verleiht, und als „schlecht" betrachtet, was sich seiner Macht entzieht. So häuft es Karma an, das wiederum die Spirale der Verstrikkung in Ichhaftigkeit, Sich-Anklammern und Haß weiterdreht, aus der es kein Entrinnen gibt, solange die Voraussetzungen bestehen bleiben.

Damit kommen wir zur dritten der vier edlen Wahrheiten: der Einsicht, daß dieser Kreislauf von Unwissenheit, Verstrickung und Leiden beendet werden kann. Weil die leidverursachenden Emotionen wie Begierde und Haß kommen und gehen, sind sie offenbar nicht untrennbar mit dem Bewußtsein verbunden. Sie entstehen auf Grund bestimmter Bedingungen. Gehören sie aber nicht unmittelbar zum Wesen des Bewußtseins, können sie abgelöst werden. Wenn sie abgelöst werden können, kann die Erzeugung neuen schlechten Karmas unterbunden und der Kreislauf durchbrochen werden. Alles kommt darauf an, die Mittel und Wege anzuwenden, durch die das Bewußtsein von den leidverursachenden Emotionen gereinigt werden kann, damit sein wahres Wesen sichtbar und erfahrbar wird, gerade so als riebe man eine verschmutzte Silberplatte blank, damit sie den ihr eigenen Glanz entfalten kann. Das ist die vierte edle Wahrheit, die zur Läuterung des Bewußtseins und damit zur Beendigung des Kreislaufs des Leidens (skt. *saṁsāra*) den edlen Achtfachen Pfad (skt. *ārya aṣṭāṅgika mārga*) empfiehlt, der in allen buddhistischen Schulen und Traditionen als Königlicher Weg zur Befreiung gilt und mit entsprechender Intensität begangen wird:[3]

1. *ganzheitliche Anschauung* (skt. *samyag-dṛṣṭi*), bei der in vollkommen nicht-dualistischer Weise die Einheit von Motivation, Handlungen und Wirkungen als wahre Natur des Geistes angeschaut wird,
2. *ungeteilter Entschluß* (skt. *samyak-saṁkalpa*), diese Einsicht zu vertiefen und im ganzen Leben anzuwenden,
3. *untadelige Rede* (skt. *samyag-vāk*), die keine ichbezogenen Werturteile auf die Wirklichkeit überträgt und weder falsche Verherrlichung noch Verleumdung zuläßt, sondern nüchtern den Dingen und Menschen begegnet,
4. *vollkommenes Handeln* (skt. *samyak-karmānta*), in dem der ungeteilte Entschluß und die untadelige Rede leiblich konkret werden,
5. *gleichgewichtige Anstrengung* (skt. *samyag-vyāyāma*), die sich in nicht nachlassender Geduld übt und im Gleichmaß von Anspannung und Entspannung das Bewußtsein bald straffer, bald gelöster führt, um in der Meditation sowie bei allen täglichen Verrichtungen heitere Gelassenheit zu erreichen,
6. *ganzheitliche Lebensführung* (skt. *samyag-ājīva*), in der keine äußerlichen Unterschiede zwischen guten und schlechten, heiligen und unheiligen, religiösen und profanen Lebensbereichen gemacht werden, denn alles Handeln wird bestimmt von der geistigen Einstellung

des Handelnden, die sich in ganz alltäglichen Verrichtungen zeigen und bewähren muß,
7. *unablässige Achtsamkeit* (skt. *samyak-smṛti*), durch die alle physischen, psychischen und geistigen Vorgänge bewußt und kontrollierbar werden, sowie
8. *ganzheitliche Einswerdung* (skt. *samyak-samādhi*) aller Bewußtseinsprozesse im Geistgrund, aus der die unbeschreibliche Seligkeit der Einheit mit dem Ganzen erwächst, in der sich das Ich völlig losgelassen hat und sich als sinn-erfülltes Moment am Ganzen der Wirklichkeit erfährt.

Der achtgliedrige Pfad ist im Mahāyāna Voraussetzung, aber nicht die Vollkommenheit der Praxis. In den zehn Stadien der Bodhisattvaschaft (skt. *bhūmi*) werden zum Beispiel die zehn Tugenden geübt, die den sechs Vollkommenheiten des frühen Mahāyāna (Geben, tugendhaftes Verhalten, Geduld, Tatkraft, Meditation, Weisheit) ähnlich sind, aber darüber hinausgehen (vgl. S. 69).

Um es nicht bei hohen Idealen zu belassen, sondern die Schritte zur Wesensverwirklichung des Menschseins und damit zur völligen Beendigung des Leidens wirklich zu praktizieren, um also zur Buddhaschaft zu gelangen, bedarf es des Geistestrainings, das meist als Meditation bezeichnet wird. Meditation hat zwei Aspekte: das Erlernen der Bewußtseinsstille oder des stetigen Ruhens des Geistes in einem Punkt, ohne durch äußere oder innere Eindrücke abgelenkt und gestört zu werden (skt. *śamatha*), und die besonders tiefe Einsicht in das Wesen der Wirklichkeit (skt. *vipaśyanā*), die letztlich die direkte Erfahrung der Leerheit aller Erscheinungen zum Ziel hat.

Diese Lehre von der Leere (skt. *śūnyata*) ist interpretationsbedürftig. Sie ist das Kernstück der Philosophie des Mahāyāna-Buddhismus. Während wir den Prozeß der Meditation später beschreiben werden, sollen zunächst einige grundsätzliche Erwägungen zum Verständnis der Leere angestellt werden.

Skandhas

Der Buddhismus faßt die Wirklichkeit als Ganzheit auf, so daß materielle und geistige Vorgänge als Aspekte oder Ebenen dieses ganzheitlichen Kontinuums gelten. Sie sind gleichsam zwei Seiten einer Medaille, wobei aber die Ebenen der Wirklichkeit durchaus unterschieden werden: sie sind mehr oder weniger subtil. Subtilität bedeutet, daß ein Vorgang einen anderen durchdringen kann. Das ist bei geistigen Prozessen im höchsten Grade der Fall, bei materiellen Dingen kaum, denn Materialität bezeichnet Dichte und grobe Körperlichkeit, die durch raum-zeitliche Koordinaten definiert ist, womit ein Objekt *neben* das andere gestellt wird. Geistige Prozesse aber sind, je subtiler sie werden, nicht an zeitliches Nacheinander oder räumliches Nebeneinander gebunden, sondern inexistieren einander.

In der frühbuddhistischen Philosophie werden fünf Gruppen oder Bereiche bzw. Wirklichkeitsebenen unterschieden, die zusammenwirken, wenn eine menschliche Persönlichkeit gebildet wird. Dies sind die *skandhas* oder fünf Aggregate, die im Theravāda oft als verdinglichte „Grundbausteine" verstanden werden, die sich puzzleartig immer wieder neu gruppieren und dadurch sinnlich erfahrbare Wirklichkeit hervorbringen, während im Mahāyāna konsequent jede Verdinglichung vermieden wird: es sind Zustände oder Momente des einen Flusses des Weltgeschehens, der sich in diesen „Punkten" gleichsam kristallisiert. Es gibt hier also letztlich keine Substanzen oder kleinste Teilchen (Atome), sondern nur energetische Konzentrationen verschiedener Dichte, die alle wieder zerfallen, sobald sie entstanden sind, wobei unserer groben Beobachtung durchaus eine relative Kontinuität von

Formen und „Dingen" erscheinen kann: dieser Tisch vor mir bleibt über eine geraume Zeit bestehen, obwohl er nicht substantiell ist, sondern aus sich gruppierenden Energiebündeln besteht, aber letztlich wird er auch wieder zerfallen.

Die fünf Aggregate sind:

1. *rūpas-skandha,* die Ebene sinnlich-wahrnehmbarer Formen, die relativ stabil ist und als materielle Wirklichkeit erscheint,
2. *vedanā-skandha,* die Ebene der Empfindungen und Gefühle, die als Reaktion auf äußere Sinneseindrücke oder innere Gemütsbewegungen entsteht, wesentlich flexibler als die Ebene der Form ist, aber an die Dualität von Lust und Leid, Gut und Schlecht gebunden bleibt, die der Mensch unablässig auf die Personen und Dinge (einschließlich seiner selbst) wertend projiziert,
3. *saṃjñā-skandha,* die Ebene unterscheidender Wahrnehmungen und Vorstellungen, die sowohl das intuitive als auch das analytisch-rationale Urteilsvermögen umfaßt,
4. *saṃskāra-skandha,* die Ebene des Willens, der zu Bewußtseinsimpulsen drängt, aus denen karmische Bildekräfte entstehen, die das Bewußtsein des Individuums prägen, seine Gewohnheiten herausbilden und somit den „Charakter" ausmachen,
5. *vijñāna-skandha,* die Ebene der reinen Bewußtseinskraft, die alle anderen Ebenen koordiniert und zu einer zielgerichteten Gesamtheit zusammenfaßt. Hierzu gehören die sechs Bewußtseinsarten, die wir später erörtern werden.

Es ist deutlich, daß diese fünf *skandhas* nicht Teile eines Dinges sind, die man voneinander isolieren könnte. Sie entsprechen den fünf Phasen, die jedem Bewußtseinsvorgang zugrunde liegen, nämlich[4]: 1. Kontakt mit dem Sinnesobjekt, 2. Empfindung, 3. bewußte Wahrnehmung,

4. Wille, der die Einordnung der Wahrnehmung ermöglicht, 5. das ins Bewußtsein-Treten des Vorgangs als deutliches Sehen, Hören usw.

Jedes „Ding" der Erfahrung ist also kein Ding, sondern ein Eindruck, der auf dem Zusammenspiel verschiedener energetischer Impulse beruht. Diese Impulse haben in sich keine Substanz – sie sind *leer* (skt. *śūnya*) –, sondern sie sind, was sie sind, *nur* im Zusammenwirken mit den anderen Impulsen oder Faktoren. Sie sind *abhängig* von den anderen Phasen der Vorgänge, und dies nennt man das Entstehen in gegenseitiger Abhängigkeit.

Pratītyasamutpāda – Entstehen in gegenseitiger Abhängigkeit

Das Entstehen in gegenseitiger Abhängigkeit ist die Lehre von der organischen Verbundenheit aller Erscheinungen. Es handelt sich um eine dynamische Kausalität, nicht um eine einlinig-statische: alles ist Wechselwirkung. Alles steht mit allem in Verbindung, und deshalb ist alles Ursache für bestimmte Wirkungen, die wiederum zur Ursache aller Erscheinungen werden. Jedes Glied in der Kette des Entstehens ist „sozusagen die Quersumme aller anderen" und trägt deshalb die „ganze Vergangenheit sowohl wie alle Möglichkeiten der Zukunft in sich".[5] Was den Menschen betrifft, so wird sein geistig-körperliches Kontinuum von der *Unwissenheit (avidyā, ma rig pa)* bestimmt, die ein autonomes Ich wahrzunehmen glaubt. Dies führt zu *karmischen Bildungen (saṁskārakarma, 'du byed kyi las)*, d. h. Motivationen und Handlungen, die einen bestimmten *Bewußtseinszustand (vijñāna, rnam shes)* erzeugen. Aus diesen drei Gliedern ergeben sich die Existenzbedingungen für die Geburt im saṁsārischen Lebenskreislauf, die sich durch das Zusammenwirken der *skandhas (nāmarūpa, ming gzugs)* ereignet. Der Embryo entwickelt die sechs

Sinneskräfte (Sehen, Hören, Riechen, Schmecken, Tasten, Verstand), die als nächstes Glied in der Kette des Entstehens in gegenseitiger Abhängigkeit gelten *(ṣaḍāyatana, skye mched drug)*. Wenn diese Sinneskräfte mit Objekten unter dem Antrieb von Bewußtseinsenergie zusammentreffen, ergibt sich eine Berührung *(sparśa, reg pa)*, die als angenehm, unangenehm oder neutral empfunden wird. Die Differenz schlägt sich als entsprechendes Gefühl *(vedanā, tshor ba)* nieder, das die Erscheinung wertet. Das achte Glied der Kette ist dann das Anhaften *(tṛṣṇa, sred pa)*, das angenehmen Empfindungen Dauer verleihen und unangenehme abschütteln will. Dieses Anhaften steigert sich zur Begierde *(upādāna, len pa)*, die sich – so die tibetischen Psychologen – auf vierfache Weise auswirkt: a) das unstillbare Verlangen nach Lustgewinn durch angenehme Formen, Klänge, Düfte, Geschmäcker und berührbare Objekte, b) das Sich-Ausrichten auf falsche Anschauungen, die dem Ich unabhängige Existenz und Macht vorspiegeln, c) das Verlangen nach Verhaltensweisen und Haltungen, die dem falschen Existenz- und Machtanspruch des Ich Ausdruck verleihen und ihn stärken, d) das Verlangen nach „Ich" und „mein", das nun vollständig das Bewußtsein bestimmt.

Das zehnte Glied, Werden *(bhava, srid pa)*, ist Resultat des zweiten (skt. *saṃskārakarma*) und aller seiner Folgen, die wir in den Gliedern drei bis neun finden. Geburt *(jāti, skye ba)* als elftes, sowie Altern und Tod *(jarāmaraṇa, rga shi)* als zwölftes Glied schließen den Kreislauf.

Nāgārjuna, der große Mahāyāna-Philosoph des 2. Jh. n. Chr. und Begründer der Mādhyamika-Philosophie, hat innerhalb der zwölfgliedrigen Kette drei Verblendungen und zwei Handlungskomplexe unterschieden. Die Verblendungen sind Unwissenheit, Anhaften und Begierde, also das erste, achte und neunte Glied, während karmische Bildungen (zweites Glied) und Werden (zehntes Glied) die karmischen Handlungskomplexe ausmachen. Die anderen sieben Charakteristika sind Resultate, die im jeweils zukünftigen Leben erfahren werden.

Es geht hier also um ein gegenseitiges Sich-Bedingen: ein jedes ist Bedingung des anderen und alle Dinge sind gegenseitig voneinander abhängig. Dies ist die allgemeine Struktur der Wirklichkeit, und die Darstellung des Prozesses hinsichtlich des Menschen ist deshalb so wichtig, weil Einsicht in den Kreislauf Voraussetzung seiner Überwindung ist. Denn im Bewußtsein entstehen die karmischen Bildekräfte, die sich auf dem Weg zur Befreiung entweder förderlich oder aber hinderlich auswirken können.

Śūnyata – Leere

In der Mahāyāna-Philosophie, die für den tibetischen Buddhismus verbindlich ist, wird das Entstehen in gegenseitiger Abhängigkeit (skt. *pratītyasamutpāda*) durch die Erfahrung der Leere (skt. *śūnyata*) erklärt und umgekehrt. Leere ist nicht „Nichts", sie hat auch nichts mit Nihilismus zu tun, sondern besagt nichts anderes als: die Dinge – und vor allem das Ich – haben keine Existenz in und aus sich selbst, sondern sie hängen voneinander ab. Und die gegenseitige Bedingtheit aller Erscheinungen der Welt ist nichts anderes als ihre „Leere in bezug auf inhärente Existenz" (skt. *svabhāva*), wie man im Buddhismus sagt.

Anders und einfach ausgedrückt: Alles ist nur, indem es mit allem kommuniziert. Das Sein ist ein ursprüngliches In- und Miteinandersein, ein Netz der Liebe. Unwissenheit und der gesamte Kreislauf des Leidens tritt dort auf, wo das Ich aus sich selbst etwas sein will, getrennt von anderen und gegen sie – und letztlich gegen sich selbst. Aber um zu dieser Erkenntnis zu gelangen, bedarf es tiefer Einsicht.

Die Leere, das Nicht-aus-sich-selbst-Sein der Person und der Dinge, wird im Buddhismus durch logische Argumente nachgewiesen. Betrachten wir zum Beispiel einen Menschen namens Karl, so meinen wir, einen Karl zu sehen, der einen Körper und ein Bewußtsein hat. Was ist aber dieser Karl, der angeblich „hinter" diesen beiden Erscheinungen – Körper und Bewußtsein – ein unabhängiges Ich wäre? Man kann ihn nicht finden, wie lange man auch suchen mag. Das, was wir mit dem Begriff „Karl" benennen, ist das Zusammenspiel vieler Faktoren, körperlicher und geistiger, die beständigem Wandel unterliegen: „Karl" ist *leer* in bezug auf inhärente Existenz. Das gilt für alle Erscheinungen, die wir zwar für Dinge halten, die in Wirklichkeit aber nicht dinglich sind. Substantialität ist die Grundillusion, aus der alles weitere folgt: das Anhaften an den „Dingen", die wir festhalten möchten, die aber zerrinnen, die Frustration daran, der Ärger, der sich daraufhin in Haß entlädt, die ganze Kette des Leidens, die in unserer Projektion wurzelt, daß da etwas unabhängig von unseren Bewußtseinszuständen ist, das wir „haben" wollen, je mehr es sich entzieht, und das wir umgekehrt loswerden wollen, je mehr es uns bedrängt. Man übertrage nur diesen Mechanismus auf zerstörte menschliche Beziehungen, auf die Frustration von Partnern, die ihre wechselseitige Projektion nicht erkennen und darum den anderen beschuldigen, um die tiefe Weisheit dieser Gedanken zu ermessen. Alles Böse in der Welt beruht für den Buddhisten auf dieser elementaren Fehlhaltung. Kann man diese wirklich überwinden, hat sich der Kreislauf des Leidens verwandelt in die wunderbare unbeschreibliche Wirklichkeit, deren Erfahrung reine Seligkeit ist. Der Unterschied zwischen dem Kreislauf des Leidens (skt. *saṁsāra*) und der Erfüllung im *nirvāṇa* ist weder ein räumlicher noch ein zeitlicher. Es handelt sich auch nicht um eine andere Wirklichkeit, denn *nirvāṇa ist saṃsāra* und umgekehrt. Der Unterschied ist allein eine Frage der Erkenntnis, der direkten Erfahrung der Wirklichkeit, wie sie ist. Er ist – so sagt man in der Philosophie – nicht ontologischer, sondern epistemologischer Natur.

Das Aufhören des Wahns der Eigenmächtigkeit des Ich beschert geistigen Frieden, allerdings nicht, wenn dies nur eine intellektuelle Einsicht bleibt, der andere Gemütskräfte widerstreben, sondern nur, wenn eine direkte meditative Erfahrung von der Ganzheit der Wirklichkeit das körperliche, psychische und mentale Geschehen des Menschen in der großen Nicht-Zweiheit aller Lebensvorgänge transformiert. Das nennt man *nirvāṇa,* das Verlöschen des Ich-Wahns, das aber nur dem Unerfahrenen als kalte schwarze Nacht erscheint – die buddhistischen Meister haben von Anfang an dieses *nirvāṇa* auch als reines Licht, unüberbietbare Seligkeit, Hafen des Lichtes und des Friedens beschrieben.

b) Geist, Bewußtseinsebenen und mentale Faktoren

Geist ist die grundlegende Wirklichkeit, ein anfangs- und endloses Kontinuum von Prozessen, das auch mit dem Tod nicht endet. Sowohl auf Grund direkter meditativer Erfahrung als auch mittels logischer Analyse beschreibt der Buddhismus diesen Kontinuumscharakter des Geistes. Da Geist nicht aus nichts und auch nicht aus Materie kommen kann, hängt ein geistiger Vorgang an einem vorhergehenden geistigen Vorgang – und so weiter bis ins Unendliche. Dies ist das wichtigste Argument für die Lehre von der Wiedergeburt, denn im physischen Tod löst sich zwar der Körper auf, die subtileren Wirklichkeitsebenen – das subtile Bewußtsein – dauern aber fort und verbinden sich erneut mit einem materiellen Träger. Dies kann der tibetische Yogi direkt erfahren, und alle fortgeschrittenen Übungen des tantrischen Buddhismus haben mit dieser direkten Erkenntnis des geistigen Kontinuums zu tun, wie wir später zeigen werden.

Um die Natur des Bewußtseins zu analysieren und zu beschreiben, studiert man in Tibet die klassischen indischen Systeme Vaibhāṣika, Sautrāntika, Cittamātra und Mādhyamika. Während in einigen Sutras der Geistgrund *(citta, sems)* mit einem Ozean verglichen wird, auf dem sich die einzelnen Bewußtseinsebenen und mentalen Faktoren *(chaitta, sems byung)* wie Wellen und Kräuselungen abspielen, kann in Anlehnung an die Nur-Bewußtseinsschule *(Cittamātra)* der Geistgrund als Speicherbewußtsein (skt. *ālaya vijñāna*) oder „Universalbewußtsein" gelten, in dem alle geistigen Prozesse verankert, aufgehoben und für erneute Formbildung bereitgestellt sind. Bewußtsein *(jñāna, shes pa)*, Bewußtheit *(buddhi, blo)* und Erkennen *(saṃvedana, rig pa)* werden dann beinahe synonym gebraucht für die Grundfunktion dieses geistigen Kontinuums. Selbst in der Materie, den sogenannten leblosen Formen, ist das Bewußtsein schon keimhaft angelegt, und die Entfaltung dieses Keimes in immer subtileren Wirklichkeitsebenen bis hin zur Buddhaschaft (skt. *buddhatvā*) ist der Evolutionsgedanke im Buddhismus. Der Prozeß folgt einer richtungsgebenden Bewußtseinskraft, die allem Sinn verleiht, und diesem Sinn – ein Wort, das ursprünglich „Richtung" bedeutet – nachzuspüren in allen Ebenen und Verzweigungen des geistigen Universums, ist die Aufgabe des Meditierenden.

Die wesentliche Natur des Geistes ist reine Lichthaftigkeit und Erkennen. Daß das Bild vom Licht gebraucht wird, verwundert nicht, da ja die Erfahrung des Durchbruchs durch den Schleier der Unwissenheit als Er-leuchtung erlebt wird, und nicht von ungefähr beschreiben

Meditierende ihre tiefen Erfahrungen überall in der Welt mit Lichtsymbolen, in Tibet bis hin zum „Geist des Klaren Lichtes" (tib. *'od gsal*), der die unzerstörbare und über den Kreislauf der Geburten hinausragende Kontinuität verbürgt.

Nur dieser tiefste Grund ist überzeitlich, während die Erscheinungen der Bewußtseinsebenen, Bewußtseinsinhalte und mentalen Faktoren dem ständigen Wandel und Zerfall unterliegen. Wer sein Bewußtsein nur einen Augenblick betrachtet, wird der ungeheuren Dynamik, des Springens und der Kurzlebigkeit der Gedanken und Gefühle gewahr.

Die Nur-Bewußtseinsschule hat ihren Namen daher, daß sie behauptet, die materiellen Erscheinungen seien nichts anderes als Reflexe bzw. Bewußtseinsprojektionen. Dem stimmen die meisten tibetischen Buddhisten, die einflußreiche Geluk-Schule zumal, nicht zu. Denn, so argumentierte schon *Śāntideva*, was wird dann von wem erkannt? Obgleich die Wirklichkeit ein unteilbares Ganzes ist, müssen die relativen Unterscheidungen von Materie und Geist, von Individualität und Universalem als Polarität begriffen werden, wobei beide Pole einander aufs innigste durchdringen, ja einander hervorbringen. Aber es ist das Bewußtsein, das allem Form gibt. Die Theorie vom Karma bedeutet ja, daß Bewußtseinstendenzen (Motivationen, Gedanken) Gestaltung im körperlichen Bereich zur Folge haben: unser gegenwärtiger Körper und die allgemeine Situation der äußeren Umstände ist Resultat des Denkens, und zwar aller Bewußtseinsenergien, die gegenwärtig verströmt werden, wie auch all derer, die in der Vergangenheit, ja in vorigen Leben, gewirkt haben. „Dir kann nichts widerfahren, was du nicht selbst bist", sagt ein indisches Sprichwort und meint, recht verstanden, genau diesen Zusammenhang. Deshalb ist es so wichtig, das Bewußtsein von seinen Verunreinigungen zu trennen und zum Geistgrund, dem Klaren Licht, vorzudringen und schließlich zur wahren Natur der Wirklichkeit zu erwachen.

Was ist aber letztlich „Bewußtsein" oder „Geist"? Es ist das, was allem zugrunde liegt. Aber gibt es ein über die individuelle Erfahrung hinausgehendes universales Bewußtsein? Der Buddhist wird diese Frage weder bejahen noch verneinen, denn er will jede Konzeptualisierung vermeiden. Der Begriff verfälscht ja die Sache, weil er auf der Projektion eines momentanen Bewußtseinszustandes beruht. Auch wenn man von einem individuellen oder universalen Bewußtsein spricht, ist das nichts anderes als eine Funktion meines jeweiligen Erkenntnisvorganges, der von dem verschleiernden Netz der Verunreinigungen (skt. *kleśa*) mitbestimmt ist. Aber schon für *Nāgārjuna* wird dieses Netz in dem Moment durchbrochen, da das Wesen der Erscheinung in überrationaler Erkenntnis zutage tritt, wenn also der Schleier der Unwissenheit abfällt und die Wirklichkeit in ihrer Soheit (skt. *tathatā*) und Nicht-Dualität erscheint. Außerdem können ja Begriffe wie Bodhisattvaschaft, *nirvāṇa* und Buddha-Natur allgemein angewendet werden, wenn anders der Buddhismus als *Lehre* nicht ad absurdum geführt werden sollte. Mir scheint also, daß wir begründet von einem überindividuell-transpersonalen „universalen Bewußtsein" sprechen können, ohne fremde Kategorien auf die buddhistische Geisteswelt zu übertragen, obwohl dieser Begriff im Buddhismus so nicht vorkommt. Allerdings muß man im Auge behalten, daß die Vielfalt der Meinungen gerade hinsichtlich des Bewußtseinsverständnisses innerhalb und zwischen den verschiedenen buddhistischen Schulen sehr groß ist.

Jedenfalls ist uns Wirklichkeitserfahrung nie direkt gegeben, sondern nur vermittelt durch Formen des eigenen Bewußtseins. Diese grundlegenden Strukturen des Bewußtseins zu erkennen, die verschiedenen Ebenen und Erkenntnisweisen zu unterscheiden und auf ihren jeweiligen Erkenntniswert zu prüfen, bedeutet dann, die Brille zu untersuchen, die wir ständig tragen, und sie zu putzen, damit wir vergröbernde, verzerrende oder farbstörende Wirkungen korrekterweise der Brille und nicht dem Objekt der Erkenntnis zuschreiben.

Bewußtseinskräfte und ihre Trägerenergien

Bewußtsein, und das ist wiederum eine grundlegende buddhistische Erfahrung, ist nicht nur das, was wir während des Wachens und im analytisch-diskursiven Denken erfahren. Schon in den Träumen meldet sich eine andere Bewußtseinsebene, im Tiefschlaf nimmt das Bewußtsein wieder einen anderen Charakter an, um in verschiedenen meditativen Zuständen erneut ganz anders zu erscheinen, bis schließlich im bewußt erlebten Sterbeprozeß alle Bewußtseinsebenen nacheinander erfahren werden, da sie sich sukzessive auflösen.

In den tantrischen Lehren spricht man nicht nur von den schon erwähnten *skandhas*, sondern von sechs Elementen oder Kräften, die als Bewußtseinsträger im weitesten Sinn gelten können: Erde, Wasser, Feuer, vitale Engergie *(prāṇa, rlung)*, Energiekanäle *(nāḍi, rtsa)* und Energiekonzentrationen *(bindu, thig le)*. Im engeren Sinn ist die jeweilige Trägerenergie für jeden Bewußtseinsimpuls ein *prāṇa*. Wenn man von Bewußtsein spricht, meint man also immer den eigentlichen Bewußtseinsimpuls und seine Trägerenergie. Diese pränischen Kräfte fließen in zweiundsiebzigtausend Kanälen durch den gesamten Körper und erhalten ihn am Leben. Der Meditierende muß diese äußerst subtile „Physiologie" kennen, um mittels der Bewußtseinskraft die Energien stärken zu können, wo sie nicht ungehindert fließen und dadurch

Krankheit verursachen, vor allem aber, um sie im mittleren Hauptkanal *(suṣumna, rtsa dbu ma)* zu bündeln, damit er meditative Konzentration erreichen kann. Diese inneren Energien haben ihre *Entsprechungen* im materiellen Bereich. Es handelt sich *nicht* um einfache Kausalität zwischen beiden Bereichen, so daß etwa *prāṇa* die Ursache für den Atem wäre. Die Wirklichkeit ist viel komplexer: sie läuft gleichzeitig auf verschiedenen subtilen Ebenen ab – von den materiellen bis zu den geistigen –, und Veränderungen auf der einen Ebene *entsprechen* Veränderungen auf allen anderen, weil alle in Wechselwirkung miteinander stehen. So nennt man etwa die Energiekonzentrationen „Tropfen" und denkt dabei an die physische Entsprechung der roten Tropfen des Blutes und der weißen Tropfen der Samenflüssigkeit, die zusammenkommen müssen, um ein energetisches Niveau zu schaffen, das neues Leben ermöglicht. Auf der feinstofflichen Ebene können die Kräfte, die diesen Tropfen entsprechen, durch die Bewußtseinskraft in den Energiekanälen so gelenkt werden, daß sie sich im Hauptkanal auf- und abbewegen, um an bestimmten Stellen konzentrierte Bündel zu bilden, die dem Bewußtsein jene Intensität verleihen, die nötig ist, um in tiefere Bereiche der Geisterfahrung, d. h. in Richtung auf das Universalbewußtsein, vorzustoßen. Diesen Zusammenhang muß man genau verstehen, will man den tantrischen Buddhismus nicht fehldeuten: es handelt sich nicht um Manipulation der sexuellen Kräfte auf der körperlichen Ebene – was schon dadurch klar ist, daß die Energie der weißen Tropfen hauptsächlich an einem Punkt unter der Schädeldecke, die der roten Tropfen im *solar plexus* gesammelt ist, also nicht primär in den entsprechenden physischen genitalen Bereichen –, sondern es handelt sich um den geschickten Gebrauch der mit diesem Bereich verbundenen feinstofflichen Energien, die nun einmal zu den wesentlichen Kräften im Menschen gehö-

43

ren und ohne deren Kontrolle und Konzentration die verschiedenen Bereiche des lebendigen Stromes der Kreativität nicht zu Harmonie und Blüte gebracht werden können.

Die verschiedenen *prāṇas* haben unterschiedliche psycho-physisch-mentale Funktionen. Sie konzentrieren sich in Energiezentren, die man *cakras* (tib. *rtsa 'khor*) nennt. Grundsätzlich gelten alle *cakras*, die von der Basis der Wirbelsäule über das Nabel- und Herzzentrum, über das Kehl- und Stirnzentrum bis hinauf zum „tausendblättrigen Lotos" an der Schädelkrone eine kontinuierliche Linie bilden, als Einstiegszentren in den Energiebereich des Zentralkanals. Lenkt man also die Aufmerksamkeit auf ein bestimmtes *cakra*, wird diese Energieebene aktiviert, was entsprechende Bewußtseinsphänomene auslöst. Ist man einmal – durch welches *cakra* auch immer – in den inneren Kreislauf der Energien im Zentralkanal „eingetreten", kann man nun innerhalb des *cakra*-Systems entsprechende Stufenmeditationen durchführen, die alle Bewußtseinskräfte immer mehr verdichten, so daß man tiefer und tiefer in den geistigen Bereich eindringt.

Gewöhnlich meditiert man über das Nabelzentrum (skt. *maṇipūra cakra*), weil hier die „innere Hitze" (tib. *gtum mo*) erzeugt wird, die für die Intensivierung des Bewußtseins förderlich ist. Man zieht also die *prāṇas* in den Zentralkanal zurück, wodurch die Konzentrationskraft überaus stark und alldurchdringend wird, was wiederum die Intensität des Bewußtseins vermehrt.

Die *cakras* bringen in aufsteigender Folge zunehmende Differenzierung und Vergeistigung der Grundkräfte zum Ausdruck. Die unteren Zentren haben es mit den erdgebundenen regenerativen Kräften zu tun, die allmählich transformiert werden, bis man zu den oberen Zentren, in denen die karmisch-geistigen Kräfte zur Auswirkung kommen, gelangt. Das Herzzentrum ist die eigentliche

Mitte des Menschen, der Schnittpunkt von erdhaften und geistigen Kräften, von Natur und Geist, Gefühl und Verstand. Deshalb beläßt man es nicht bei der Aktivierung der im Kopf gelegenen Zentren, sondern lenkt – immer mittels meditativer Achtsamkeit – die Geisteskraft wieder hinab zum Herzen, das nicht nur als eigentlicher Sitz des Geistgrundes gilt, wie wir in der Betrachtung des Sterbeprozesses noch darlegen werden, sondern auch die Ebene der heilenden Hinwendung und Liebe zu allen Lebewesen ist, womit das Ziel aller Motivation jedes Mahāyāna-Buddhisten erreicht ist.

In den tiefsinnigen Worten von Lama Anagarika Govinda[6]: „Der Durchbruch zur Transzendenz vollzieht sich in der völligen Bewußtwerdung der polaren Einheit der unteren und oberen Zentren, also wenn das Bewußtsein der Tiefe des Ursprungs und der kosmogonischen Gewalten in das Licht der höchsten Erkenntnis gehoben ist. Diese Transzendenz aber würde einer Weltflucht und Auflösung aller Daseinswerte gleichkommen, wenn sie nicht auf der Ebene des Menschlichen zum Brennpunkt einer neuen größeren Lebenserfassung würde, in der beide Pole der Wirklichkeit vereint sind: die lebendige, atmende Gegenwart individuellen Daseins und das überindividuelle, übergegensätzliche Zeitlose."

Bewußtseinsebenen

Die Bewußtseinslehre des tibetischen Buddhismus gründet in einer unüberbietbaren Beobachtungsgabe, die durch jahrhundertelange Meditation und logische Analyse gestützt wird, so daß man in der Klassifikation von Bewußtseinsebenen, geistigen Strukturen, mentalen Prozessen usw. weiter fortgeschritten ist als wohl in irgendeinem anderen Systen in der Welt. Es ist hier nicht möglich, auch nur annähernd dieses mächtige Gebäude darzustellen – man müßte Bände füllen –, wobei wir aber bedenken sollten, daß die Lamas keinen Hehl daraus machen, daß exakte und umfassende Vertrautheit mit all diesen Aspekten des Bewußtseins *Voraussetzung* dafür ist, daß ein Schüler durch Meditation zielstrebig die höheren bzw. tieferen Bewußtseinsebenen erreichen kann, indem er nach einem exakt vorgezeichneten Plan die geistigen Verunreinigungen (die leidverursachenden Emotionen wie Ärger, Haß, Anhaften usw.) allmählich auflöst. Westlichen Meditationsbegeisterten ist oft nicht klar, daß hier eine Aufgabe angesprochen ist, die man nicht im Vorübergehen lösen kann. Wer den buddhistischen Weg des Geistestrainings gehen will, braucht Hingabe, Geduld und Beistand in einem Maße, wie wir es uns kaum vorstellen können. Schnellkurse bescheren bestenfalls ein hübsches Erlebnis, das den Menschen aber nicht wirklich transformiert. Ohne diese Transformation, die man sucht, um heilende Hinwendung und Liebe zu allen Wesen wirklich rein, umfassend und ichlos üben zu können, ist der Sinn der Meditation aber fragwürdig.

Wir müssen einige wichtige Unterscheidungen erläutern, damit deutlich wird, daß die Bewußtseinsphilosophie des tibetischen Buddhismus nichts Nebulöses ist, kein exotischer Rauschtrank, sondern ein äußerst rationales System, wobei Meditation und Rationalität einander nicht ausschließen sondern ergänzen: beide erschließen verschiedene Bewußtseinsbereiche und sind noch viel enger verknüpft, wie wir später zeigen werden.

Bewußtsein ist weder ein bloßes Sammelbecken für Informationen noch ein chemo-elektrisch funktionierender Gehirnmechanismus, sondern das Kontinuum *aktiver* Momente des Erkennens. Deshalb kann man im Tibetischen sagen: Bewußtsein ist das, was klar und erkennend ist. Man unterscheidet Aufmerksamkeit *(buddhi, blo)* und

Erkenntnis *(jñāna, rig pa)*. Nur durch Intensivierung und Reinigung des Bewußtseins, deren Vollendung die Erleuchtung ist, kann Aufmerksamkeit so ungeteilt und Erkenntnis so klar werden, daß die letztgültige Natur des Geistes, das Klare Licht (tib. *'od gsal*) wahrgenommen wird. Das Klare Licht ist aber keine Substanz, denn sein Wesen ist leer (skt. *śūnya*) in bezug auf jede mögliche begrenzende Kategorie – es ist reines Licht, das nicht begrifflich faßbar ist, da es jenseits aller Dualität strahlt. Es hat keinen Anfang und hört nie auf. Es ist im Menschen schon immer gegenwärtig, ohne daß er dies weiß. Die Erfahrung des Klaren Lichtes in der Meditation oder im Sterben hat eine solche Wucht, daß sie das Leben transformiert, was sich bis in den körperlichen Bereich auswirkt.

Das Klare Licht wird verdunkelt durch die Verunreinigungen *(kleśa, nyon mongs)*, die daher rühren, daß anfangslos die wahre Natur der Erscheinungen nicht korrekt wahrgenommen wird *(avidyā, ma rig pa)*. Woher die Unwissenheit, *avidyā*, letztlich kommt, ist eine Frage, die der Buddha nicht beantworten wollte und auf die Buddhisten zwar Antworten versucht haben, die aber nicht befriedigend sind. Der Buddha antwortete mit dem Gleichnis vom brennenden Haus: Wer in einem brennenden Haus eingeschlossen ist, fragt nicht, woher das Feuer kam, wie es gelegt worden sein könnte und vieles mehr, sondern sucht nach einem Weg, herauszukommen. Genau das ist die menschliche Situation. Alle Fragen, die nicht direkt dazu beitragen, das verunreinigte Bewußtsein zu reinigen, Herz und Verstand in Einklang zu bringen, damit selbstlose Hinwendung und begierdefreie Liebe zu allen Wesen geübt werden können, lenken von der eigentlichen Aufgabe ab. Die tibetischen Meister demonstrieren hier eine erfrischende Lebensnähe und engagierten Praxisbezug, wie wir immer wieder besonders in den Begegnungen mit dem Dalai Lama verspüren konnten.

Die Klassifizierung der Bewußtseinsebenen geht zurück auf die indische Sanskrit-Literatur, die bis zum 11. Jh. n. Chr. vollständig ins Tibetische übersetzt wurde. Es seien nur die Namen *Dignāga* (480–540 n. Chr.) mit seiner Schrift *Pramāṇasamuccaya*, der große Logiker und deshalb „buddhistischer Aristoteles" genannte *Dharmakīrti* (600–660 n. Chr.) mit seinem Kommentar zu Dignāga, dem *Pramāṇavarttika*, und *Asaṅga* (um 350 n. Chr.) mit seinem Buch *Abhidharmasamuccaya*, genannt. Die tibetischen Kommentatoren haben die Beobachtungen und Unterscheidungen noch weiter verfeinert, vermutlich weil die Möglichkeit, das System tantrischer Meditation in den abgeschiedenen Schneewüsten Tibets zu praktizieren, einen erheblichen Erkenntniszuwachs brachte. Die großen Namen, die entsprechende klassische Texte in Tibet verfaßt haben, sind *Sakya Paṇḍita* (1182–1251) und natürlich *Tsongkapa* (1357–1419), der Begründer der Geluk-Schule (genannt „Gelbmützen").

Man geht von den fünf *skandhas* (Aggregate) aus, die wir schon beschrieben haben. Die fünfte Ebene *(vijñāna skandha)*, so hatten wir gesehen, ist der Bereich der Bewußtseinskräfte, die wir im folgenden näher erläutern werden. Man unterscheidet *Bewußtseinsformen (citta, sems)* und mentale Faktoren *(caitta, sems byung)*. Eine bestimmte Bewußtseinsform erkennt nur die Wesenheit eines Objektes, während mittels der mentalen Faktoren einzelne Eigenschaften unterschieden werden können. Dennoch haben beide viele Gemeinsamkeiten, entspringen sie doch derselben Basis.

Die Logiker unterscheiden sieben Erkenntnisweisen:
1. direkte Erkenntnis *(pratyakṣa, mngon sum)*
2. Schlußfolgerung *(anumāna, rjes dpag)*

3. Nachfolgende Erkenntnis *(paricchinna-jñāna, bcad shes)*
4. korrekte Annahme *(manaḥ parīkṣā, yid dpyod)*
5. Erscheinungen, die ohne Gewißheit der Feststellung bleiben *(aniyata-pratibhāsa, snang la ma nges pa)*
6. Zweifel *(saṁśaya, the tshom)*
7. Fehlerkenntnis *(viparyaya-jñāna, log shes)*

Um das Verständnis zu erleichtern, sei jeweils ein Beispiel genannt, wobei wir über (1.) direkte Erkenntnis gesondert sprechen werden. Die *Schlußfolgerung* beruht auf dem Zusammenhang von Ursache und Wirkung: ich sehe Rauch und schließe, daß da Feuer ist. Fehlerfrei ist der Schluß nur, wenn keine Fehlwahrnehmung vorliegt und das Zeichen (in diesem Fall Rauch) in das richtige Verhältnis zur Ursache gesetzt wird. Dafür haben die indischen Logiker Regeln aufgestellt, die ebenso exakt wie die der abendländischen Logik sind, wenn sie sich auch vom Schlußverfahren des Aristoteles durchaus unterscheiden. Eine *nachfolgende Erkenntnis* beruht auf direkter Erkenntnis oder Schlußfolgerung, geht aber einen Schritt weiter, ohne daß eine neue Wahrnehmung gemacht würde. Bei *korrekter Annahme* handelt es sich darum, das von anderen vermittelte Wissen, das wir akzeptiert haben (etwa: die Erde ist rund), abzuwägen, ohne es durch direkte Erfahrung zu bestätigen oder in Zweifel zu fallen. *Erscheinungen, die ohne Gewißheit der Feststellung bleiben,* sind solche, die nicht voll bewußt wahrgenommen werden, weil die Aufmerksamkeit nicht darauf gerichtet ist (etwa: ein Auto, das während des Gesprächs draußen vorbeifährt). Der *Zweifel* beruht auf völliger Ungewißheit über eine Sache oder schwankt zwischen zwei Möglichkeiten hin und her. Er kann ein wichtiger Anfang sein, vertraute und lang gehegte Vorstellungen, die falsch sind, zu überwinden. *Fehlerkenntnis* nimmt das Objekt falsch wahr, sieht also zum Beispiel falsche Farben bei Farbenblindheit oder nimmt ein aus sich selbst bestehendes Ich wahr, wo in Wirklichkeit gar keins ist. Hier setzt im Buddhismus die analytische Meditation an, um im Beweisverfahren *(nyāya, rigs pa)* diesen Fehler, der auf falscher Wahrnehmungs- und Denkgewohnheit beruht, zu beseitigen. Die meditative *direkte* Erfahrung dieser Angelegenheit des universalen Zusammenhanges und damit des Nicht-Selbst ist eine vertiefende *Ergänzung* zu der bereits vollzogenen logischen Analyse. Zumindest ist das die Methode der Geluk-Schule. Andere tibetische Orden legen weniger Gewicht auf analytische Meditationsmethoden.

Wie aber ist nun *direkte Erkenntnis* (1) zu erklären? Es werden vier Arten direkter Erkenntnis unterschieden[7]:

1. *Sinnliche Wahrnehmung (indriya-pratyakṣa, dbang po'i mngon sum):* Entsprechend den Sinnesorganen gibt es ein Sehbewußtsein, Hörbewußtsein, Geruchsbewußtsein, Geschmacksbewußtsein, Tastbewußtsein, die jeweils Formen und Farben, Klänge, Gerüche, Geschmack und Berührungsobjekte wahrnehmen. Eine sinnliche Wahrnehmung kommt zustande, wenn a) ein Sinnesobjekt (skt. *ālambana-pratyaya*), b) ein Sinnesorgan (skt. *asādhāraṇa-adhiparipratyaya*), das der am Objekt wahrzunehmenden Eigenschaft entspricht – ein Auge kann nicht Klänge wahrnehmen –, und c) ein unmittelbar vorhergehendes Bewußtseinsmoment (skt. *samanantara-pratyaya*), das die Verbindung von (a) und (b) herstellt sowie dem Vorgang Perzeptionskraft bzw. Bewußtheit verleiht, zusammenkommen. Weil so jedem Bewußtseinsmoment ein anderer vorhergehen muß, ist das Bewußtseinskontinuum unendlich.

2. *Mentale Wahrnehmung (manasa-pratyakṣa, yid kyi mngom sum),* die auch noch zur Gruppe der Sinnesbewußtseine gezählt werden kann. Das Bewußtsein, das der Leerheit der Erscheinungen – entweder direkt oder im Schlußverfahren – gewahr wird, ist ein mentales Be-

wußtsein. Bei Wesen, die nicht Buddhas sind, ist es noch durch Verunreinigungen getrübt. Wer schon auf dem Meditationsweg fortgeschritten ist, erfährt Tiefenwirkungen dieser Erkenntniskraft, wenn erste Bewußtseinsverdichtungen auftreten wie etwa beim Hellsehen *(abhijñā, mngon shes)*, dem Gedankenlesen, der Erinnerungsfähigkeit an frühere Geburten und der Fernwahrnehmung. Dies sind für die tibetischen Buddhisten keine mysteriösen Vorgänge, sondern normale Bewußtseinserfahrungen, die dann möglich werden, wenn die subtilen Ebenen des Bewußtseins aktiviert werden, was gleichbedeutend damit ist, daß das Bewußtsein von den groben und feinen Verunreinigungen (Verdinglichung der Wirklichkeit, Projektion von Gefühlen auf die Umwelt, Ärger, Begierde, Zerstreuung der Bewußtseinskraft) gereinigt sind.

3. *Selbsterkenntnis (svasaṁvedana-pratyakṣa, rang rig mngon sum)*, die ein Bewußtsein ist, das die jeweilige Wahrnehmung beobachtet, ein immer gegenwärtiges „bezeugendes Bewußtsein", das heißt Wahrnehmung der Wahrnehmung, die Eindrücke einordnet und Zusammenhänge herstellt. Selbst die große Einheitsschau, das „Verschmelzen" des Individuums mit dem Klaren Licht, wird von dieser Bewußtseinskraft begleitet, was erklärt, daß dieser letzte Zustand als höchste Seligkeit *erfahren* wird und *nicht* ein totales Aufgehen des wahrnehmenden Bewußtseins in einem ununterscheidbaren Einen ist, wie es das bekannte Bild vom Wassertropfen, der in den Ozean versinkt, nahelegt. Diesbezüglich gibt es Unterschiede und Widersprüche in den buddhistischen Traditionen. Jedenfalls würde auf Grund der hier beschriebenen Selbsterkenntniskraft das in der Individuation gereifte Bewußtsein im Stadium der Buddhaschaft nicht einfach verschwinden, sondern in polarer Einheit mit dem universalen

Bewußtseinsgrund, allerdings in ständiger „Neuschöpfung" des Kontinuums des Klaren Lichtes, die Wahrnehmung und Seligkeit dieses Zustandes ermöglichen – Buddhaschaft nicht als Verlöschen, sondern als Erfüllung! Dies ist die Meinung vieler tibetischer Meditationsmeister, und Gespräche mit dem Dalai Lama sowie mit Lati Rinpoche genau zu diesem Punkt, der für Christen immer eine wichtige Frage beim Verständnis des Buddhismus und der buddhistischen Erlösung darstellt, haben uns gelehrt, Vorurteile und Einseitigkeit fallenzulassen. Allerdings akzeptieren nicht alle Schulen die Existenz dieser Erkenntnisweise[8], und zwar nicht deshalb, weil man dann einen Dualismus im Erlösungsverständnis befürchten müßte, sondern weil man immer weiter zurückgehen könnte, von einem beobachtenden Bewußtsein zum Bewußtsein, das dieses beobachtende Bewußtsein beobachtet – *regressus ad infinitum*.

4. *Direkterkenntnis des Yogi (yogi-pratyakṣa, rnal 'byor mngon sum)* ist eine direkte, nicht begrifflich vermittelte Erfahrung der Leere und des Entstehens in gegenseitiger Abhängigkeit, ein unmittelbares „Schauen" der Wirklichkeit, wie sie ist, das nur nach langer meditativer Übung möglich wird. Die direkte Erkenntnis beruht auf der meditativen Stabilisierung (skt. *samādhi*), die Thema des nächsten Abschnitts ist. Diese Erfahrung ist zu unterscheiden von dem gewöhnlichen Hellsehen, das Eigenart der mentalen Wahrnehmung ist und noch im Bereich verdinglichter Dualität bleibt, also noch eine relativ niedrige Bewußtseins- und Wirklichkeitsebene darstellt. Die Direkterkenntnis des Yogi beruht nicht auf dem Kraftstrom, der mit der Kraft der Sinneswahrnehmung verbunden ist, sondern auf der Energie, die in meditativer Stabilisierung frei wird.

Mentale Faktoren

Die Kenntnis der wichtigsten mentalen Faktoren ist eine Voraussetzung für das Verständnis der Meditation.[9]

Man unterscheidet einundfünfzig mentale Faktoren, die in sechs Gruppen angeordnet werden. Dazu gehören die allgegenwärtigen Faktoren *(sarvatraga, kun 'gro)* wie Fühlen, Unterscheidung, Intention usw., ebenso die sechs fundamentalen Verschmutzungen (Begierde, Ärger/Haß, Stolz, Unwissenheit, Zweifel und leidverursachende Ansichten) sowie die zwanzig sekundären Leidverursacher. Ich möchte kurz auf die Gruppe eingehen, die man die fünf bestimmenden mentalen Faktoren nennt, weil sie zum tieferen Verständnis der Meditationspraxis und des Heilsweges im tibetischen Buddhismus besonders wichtig sind:

1. Trachten *(chanda, 'dun pa)*
2. Glaube *(adhimokṣa, mos pa)*
3. Achtsamkeit *(smṛti, dran pa)*
4. Stabilisierung *(samādhi, ting nge 'dzin)*
5. Weisheit *(prajñā, shes rab)*

Das *Trachten* beruht auf der Beobachtung einer Erscheinung, deren Vorteilhaftigkeit oder Nützlichkeit für den geistigen Entwicklungsprozeß erwogen wird. Verbunden mit der rationalen Erwägung, die den Wandel aller Erscheinungen erkennt, wird somit eine starke Sehnsucht geschaffen, durch Meditation den Geistgrund und damit die Leere selbst zu erfahren. Daraus ergibt sich der *Glaube,* daß der vom Buddha gewiesene Weg richtig und für jeden begehbar ist. Trachten und Glaube erzeugen eine starke Motivation, den Weg der Meditation zu betreten und äußeren wie inneren Widerständen standzuhalten, zum Beispiel alte Gewohnheiten und Trägheit zu überwinden, um die Meditationsübungen zu praktizieren.

Trachten und Glaube werden nicht nur in den Klöstern geübt, sondern spielen im täglichen Leben der Familien eine große Rolle. Durch Gebete, Erzählungen von Heiligen, Schriftlesungen und Zeremonien, die am Familienaltar täglich vollzogen werden, wird der Tagesablauf von der Gegenwart dieser beiden mentalen Faktoren durchtränkt. Auch bei der täglichen Arbeit im Haus oder bei der Bestellung des Feldes sowie auf Wanderungen murmeln die Tibeter unablässig entsprechende Texte, die helfen, die spirituelle Motivation wachzuhalten. Dies verbindet sich mit dem nächsten Faktor, der *Achtsamkeit,* bereits zu einer ersten Grundübung buddhistischer Meditation. Im Buddhismus ist Achtsamkeit entscheidende Voraussetzung und Hilfe bei der Entwicklung der Konzentrationskraft, auf der die Meditation beruht. Achtsamkeit ist die unabgelenkte Aufmerksamkeit auf ein Beobachtungsobjekt. Dies kann ein äußerer Gegenstand sein, ein Klang, oder eine innere Vorstellung, ein Gedanke oder ein innerlich erzeugtes Bild, oder auch ein innerer leiblicher Vorgang wie das Atmen oder die Blutzirkulation. Dabei unterscheidet man drei Merkmale der Achtsamkeit: ein Objekt muß gut bekannt sein, damit man seine Achtsamkeit darauf belassen kann; die Bewußtseinsintensität darf nicht nachlassen; das äußere Objekt muß zur *inneren* Vorstellung werden, auf die sich die Bewußtseinskräfte konzentrieren. *Stabilisierung* ist der Zustand der völligen und andauernden Konzentration auf eine *innere* Vorstellung oder auf ein inneres Bild. Konzentriert man sich mit dem Sehbewußtsein z. B. auf eine Kerze, die vor einem steht, so spricht man noch nicht von Stabilisierung, sondern es handelt sich um eine Form der Achtsamkeit. Das Einwärtskehren des Bewußtseins auf ein vorgestelltes Objekt vertieft nämlich die Konzentration. *Weisheit* schließlich ist die direkte Erfahrung der Leere, die von der Entwicklung der anderen Faktoren abhängt und von der logischen

Analyse der Natur der Erscheinungen wesentlich mit hervorgebracht wird.

Es gibt noch viele andere mentale Faktoren und Bewußtseinsebenen, vor allem hochentwickelte begriffliche meditative Bewußtseinsformen und entsprechende nichtbegriffliche (transrationale) Bewußtseinsformen. Letztere kann man nur durch Meditation erfahren.

c) Meditation

Meditation ist Geistestraining, d. h. Beruhigung der oberflächlichen Ebenen des Bewußtseins, damit sich die subtilen Ebenen manifestieren können, bis der universale Geistgrund erfahrbar wird, in dem sich die Nicht-Dualität aller Ebenen, nämlich ihre substantielle Leere, offenbart. Man kann Meditation auch als Bündelung der Bewußtseinskräfte bezeichnen, als Kanalisierung der normalerweise diffusen Energieströme, als Schweigen der körperlich-psychisch-geistigen Formen, die dadurch zur uneingeschränkten Rezeptivität gebracht werden. Meditation ist also das Mittel zur vollkommenen Integration aller menschlichen Potentiale, damit der Mensch zur letztendlichen Reifung, zu seiner Bestimmung, gelangt.

Im tantrischen Buddhismus unterscheidet man verschiedene Stadien der Meditation, von der anfänglichen rationalen Einsicht in die Leere und gegenseitige Abhängigkeit der Erscheinungen mittels logischer Argumente (erstes Stadium) über die Konzentration des Bewußtseins (zweites Stadium) und die tiefe Einsicht in die Leere vermittels eines Bewußtseins, das bereits erhöhte Konzentrationskraft erlangt hat, also auf einem erhöhten energetischen Niveau operiert (drittes Stadium), bis zu den eigentlichen tantrischen Übungen des Erzeugungs-Stadiums (viertes Stadium) und der vollendeten tantrischen

Einheitsschau (fünftes Stadium), wobei es noch viele Unterteilungen zu beachten gäbe.

In einigen Traditionen und Religionen versteht man unter Meditation die Ablösung des Bewußtseins vom Körper, einen Rückzug in die Innenwelt, d. h. Askese, die das Leibliche zurückläßt. Nicht so im Mahāyāna-Buddhismus, und besonders nicht im tibetischen tantrischen Buddhismus: Da die Wirklichkeit ein Ganzes ist, kann und muß man sich aller Kräfte bedienen, um ihre Vereinheitlichung zu erreichen. Nicht Isolation, sondern die Verwirklichung des ganzheitlichen Wirkungszusammenhanges ist das Ziel. Keine der Wirklichkeitsebenen ist „schlecht", sie darf sich nur nicht verselbständigen und der Funktion im Ganzen entziehen. Dies ist, vereinfacht gesagt, der *sakramentale Charakter* der Wirklichkeit, der im tantrischen Buddhismus so offenkundig ist. Alles ist Symbol für das Ganze, alles partizipiert am Geistgrund, jeder Teilaspekt ist ein Mikrokosmos, der an Komplexität der Strukturen und Zusammenhänge dem Makrokosmos entspricht. Diese universale Einheit gilt es zu erkennen, damit sie sich im individuellen wie kollektiven Verhalten abbilden kann. Diese Lehre ist äußerst optimistisch, denn die Saat für die Buddhaschaft, die Potenz liegt als Schatz, den es zu heben gilt, bereits in jedem Menschen. Hebewerkzeug ist das bis ins kleinste Detail erprobte und beschriebene Netz von Meditationsmethoden. Es seien wiederum nur einige wesentliche Merkmale genannt:

1. *Sammlung* (der karmischen Voraussetzungen im Bewußtsein), *(saṁbhāra-mārga, tshogs lam)*, die vor allem in der Erzeugung des Wunsches und der uneigennützigen Motivation besteht, zur Erleuchtung zu gelangen, damit man allen anderen Wesen vollkommen helfen kann *(bodhicitta)*,
2. *Vorbereitung (prayoga-mārga, sbyor lam)*, bei der durch die Vereinigung von meditativer Stabilisierung (Kon-

zentration) und tiefer Einsicht in die Leere die Voraussetzungen geschaffen werden, daß der Übende fähig wird zu
3. *Direktes Sehen (darśana-mārga, mthong lam)*, wobei die Subjekt-Objekt-Dichotomie schwindet und die grundlegende Einheit der Erscheinungen sozusagen *in* ihrer Leere direkt *geschaut* wird,
4. *Meditation (bhāvanā-mārga, sgom lam)*, die eine Vertiefung von (3) ist, indem der Übende die acht Ebenen der Vollendung der Bodhisattvaschaft durchläuft, wobei immer subtilere Bewußtseinsverunreinigungen beseitigt werden, und
5. *Vollendung (ahaikṣa-mārga, mi slob lam)*.

Bodhicitta – der altruistische Erleuchtungsgeist

Wie beginnt man mit der Meditation? Ich entsinne mich, daß wir diese Frage einem Lama stellten, der als besonders weise und meditationserfahren gilt. Das war vor einiger Zeit in Ladakh, jenem nördlichsten Zipfel Indiens, der bereits hinter der Himalaya-Kette liegt und kulturell zu Tibet gehört. Wir waren tagelang zu Fuß unterwegs gewesen, um, von Zanskar kommend, das berühmte Lamayuru-Kloster zu besuchen. Dort, wo es Straßen gab, hatten wir im Laderaum von Lastautos gesessen, was uns den feinen Staub der Hochtäler noch unerbittlicher als beim Wandern zwischen die Zähne trieb. Dennoch, dem Fahrer waren wir dankbar, denn die verschwielten Füße waren müde, die Schultern konnten den Rucksack kaum noch tragen und der Atem wurde in viertausend Meter Höhe immer kürzer.

Im Kloster empfing uns der Küchenmönch am Herd. Schmunzelnd reichte er Tee. Am Herd saß noch ein zweiter Ladakhi, der aber offenbar kein Mönch war – er trug zwar die weinrote Mönchsrobe über dem gelben Hemd, hatte aber langes geflochtenes Haar – ein Yogi, der als Einsiedler in einer Höhle lebt, dort meditiert und gelegentlich ins Kloster herabsteigt. Er hatte einen festen, durchdringenden Blick. Trotzdem lag in seinen Augen ein freundliches Strahlen. Doch auch für uns brach er sein Schweigen nicht. Der Küchenmönch hingegen war redselig. Fast alle Klosterbewohner waren unterwegs, um Nahrung und Holz für den Winter zu beschaffen. Nur eine kleine Gruppe studierte für einige Monate unter der Leitung des Abtes Puntsog Rabten in strenger Retraite in dem kleinen Atitsi-Kloster oben auf dem Berg, dessen Räume, so hieß es, nur für intensive Meditation bestimmt seien.

Wir stiegen auf den Berg und hofften, vielleicht doch den Khen-Rinpoche – das bedeutet „Abt" – sprechen zu können. Acht Mönchsstudenten hatten sich mit ihm hier in strikte Klausur begeben.

Wir warten draußen. Dann kommt der Lama selbst und zeigt uns die Höhle, in der der große indische Tantriker Nāropa meditiert haben soll. Er läßt sich schließlich an einem schattigen Platz nieder und schaut uns an. Tief ist das Schweigen in ihm. In dieser Welt der Himalaya-Riesen schwingt das Schweigen, denn es ist kein Laut zu hören, der vom Ton der Stille ablenken könnte.

„Nutzt dieses Leben in menschlicher Form, es ist kurz und eine selten kostbare Gelegenheit", beginnt der Rinpoche mit leiser Stimme. „Vergeudet keinen Augenblick mit Unnötigem, denn der Weg zur geistigen Vollendung ist lang. Das Elend in der Welt ist so groß. Arbeitet an Euch, meditiert, damit Ihr mit aller Intensität Liebe und heilende Hinwendung zu allen Lebewesen üben könnt."

Dann schwieg der Lama ein gütiges Schweigen. Ähnliches hatte man schon gehört. Aber diese schlichte Stimme strahlte etwas aus, das tiefer ging. Mir ging ein Wort des Dalai Lama durch den Sinn, das er uns mit auf die Reise gegeben hatte, zum Verständnis dessen, was wir in den buddhistischen Himalaya-Klöstern erleben würden: „Vergeßt nicht, daß das Hauptthema des Buddhismus die uneigennützige Geisteshaltung ist, die auf Liebe und heilender Hinwendung zu allen Lebewesen beruht."

Ich werde aus meinen Gedanken gerissen durch die leise Stimme des Lama, der fortfährt: „Alle Wesen sind unsere Mütter. Im Kreislauf der Geburten sind wir einander alle schon einmal Vater und Mutter gewesen. Alle diese leidenden Kreaturen haben für Dich gesorgt, haben Dich gepflegt und gehütet, und Du hast für sie gesorgt und sie geliebt. Selbst wenn ein Mensch Dir jetzt als Gegner erscheint – er ist in Wahrheit Deine Mutter. Erkennt den großen Zusammenhang und liebt einander. Betet, daß Maitreya (der zukünftige Buddha, den man auf der Erde erwartet) kommt und den üblen Mächten Einhalt gebietet. Meditiert, und erfahrt selbst, was ich sage."

Dhawa, unserem tibetischen Begleiter und Übersetzer, rannen Tränen über die Wangen. Wir saßen noch lange schweigend in der Nāropa-Grotte und lauschten den Wassertropfen, die zu Boden fielen. Die jungen Mönche kamen und brachten uns Tee mit Gebäck. Es waren heitere Leute.

Diese Begegnung ist typisch für viele ähnliche, die wir in den Himalaya-Klöstern hatten. Meditation bedeutet zuerst, die rechte Motivation zu entwickeln. Ohne diese Motivation, so sagen die Tibeter, sind alle Übungen sinnlos, vielleicht sogar schädlich. Sie besteht darin, den festen Entschluß zu fassen, erleuchtet zu werden, um allen anderen wirksam auf dem Weg beistehen zu können. Die Motivation zur Erleuchtung ist im tibetischen Buddhismus ganz und gar altruistisch! Dies nennt man *bodhicitta*.

Selbst einer, der wie ein Raufbold aussieht, hat in Tibet das „alle Wesen sind meine Mütter" beständig auf den Lippen, sagt der Dalai Lama. Es ist der Grund-Satz jedes

Tibeters, der ihn anspornt, allen Lebewesen – das sind Tiere, Menschen, Geister usw. – mit Güte und Freundlichkeit zu begegnen. Hier liegt wohl die Wurzel für den erstaunlichen Frohsinn und die Herzlichkeit, die auch schon dem flüchtigen Besucher der tibetischen Dörfer, Klöster und Flüchtlingslager auffällt. Und das ist ein anderes Argument für den Glauben an die Wiedergeburt: er ermöglicht sittliche Motivation von innen. Dazu sagt der Dalai Lama:[10]

„Da die Kette der Wiedergeburten also notwendigerweise unendlich ist, hat jedes Wesen irgendwann einmal in derselben Beziehung zu uns gestanden wie unsere jetzige leibliche Mutter. Um sich in der Wiedererinnerung daran üben zu können, muß das Bewußtsein zuerst völlig zur Ruhe gelangen. Man beginnt damit, daß man sich darüber klar wird, daß wir die anderen in drei Kategorien einordnen – Freunde, Feinde und neutrale Wesen. Ihnen gegenüber haben wir drei verschiedene Einstellungen: Begierde, Haß und Gleichgültigkeit. Werden diese drei Einstellungen genährt, ist es unmöglich, eine uneigennützige Haltung zu praktizieren. Darum müssen Begierde, Haß und Gleichgültigkeit neutralisiert werden.

Dazu verhilft das Nachdenken über Wiedergeburt. Da unsere Geburten anfangslos sind, sind sie auch unendlich. So ist es keineswegs sicher, daß unsere jetzigen Freunde in früheren Existenzen immer unsere Freunde waren. Selbst in diesem einen Leben sind einstige Gegner später zu Freunden geworden und umgekehrt ... Wenn man in dieser Richtung weiterdenkt und meditiert, wird die falsche Auffassung, daß Personen entweder Freunde oder Feinde sind, sowie das daraus resultierende Entstehen von Begierde und Haß, schwächer ... Betrachten Sie darum, wieviel Freundlichkeit Sie erfahren haben, als diese Wesen Ihre Eltern waren. Als Mutter und Vater, die gewöhnlich unsere besten Freunde sind, haben sie

Sie einst mit ihrer Güte beschützt, gerade so wie es die Eltern in diesem Leben taten."

Diese Güte empfängt man, um sie dann wieder auszustrahlen. Um dieses Strahlen so intensiv, unbedingt und selbstlos wie möglich zu gestalten, muß der Geist von seinen Verschmutzungen gereinigt werden. Dazu dient die Meditation. Wir werden jetzt zwei wichtige Stufen – meditative Stabilisierung und tiefe Einsicht – erläutern, die beide zum Vorbereitungsstadium *(prayoga mārga, sbyor lam)* gehören.

Śamatha – meditative Stabilisierung

Man muß zwischen den Meditationsmethoden, die auf den Sūtras, und denen, die auf den Tantras beruhen, unterscheiden. In Tibet werden beide geübt, wobei die tantrischen Methoden – Yoga der göttlichen Wesenheiten genannt – auf den Sūtra-Methoden aufbauen. Wir wollen uns zuerst mit den Sūtra-Methoden befassen, und hier wiederum mit der zweiten Stufe der Meditation über die Leere, der meistens als erste Stufe die analytische Reflexion über das Entstehen in gegenseitiger Abhängigkeit vorangeht.

Ziel der Meditation ist es, meditative Stabilisierung *(samādhi, ting nge 'dzin)* zu erzeugen, die als Einheit von stetigem Ruhen des Geistes auf einem Punkt *(śamatha, zhi gnas)* und besonders tiefer Einsicht *(vipaśyanā, lhag mthong)* gilt. Auf die körperliche Haltung bei der Meditation möchte ich hier nicht eingehen, denn sie dürfte allgemein bekannt sein, zumal sie sich kaum von den im Yoga und für das Zazen empfohlenen Sitzweisen unterscheidet.

Zuerst also gilt unsere Aufmerksamkeit dem stetigen Ruhen des Geistes auf einem Punkt. Es handelt sich dabei um die Entwicklung der Konzentrationskraft, die auf ein *inneres* Objekt gerichtet wird, wobei das Bewußtsein eine eigentümliche Biegsamkeit erlangt. Beobachtungsobjekt kann entweder das Wesen der Erscheinungen – die Leere – oder auch eine Vorstellung von irgendeinem konkreten Gegenstand oder Vorgang sein. Zunächst muß man das Beobachtungsobjekt klar erkennen. Weil das Bewußtsein beständig von einer oder mehreren der leidverursachenden Emotionen verdunkelt wird, soll man ein Beobachtungsobjekt wählen, das die jeweils vorherrschende Emotion neutralisiert. Wird man etwa fortlaufend durch Begierde nach körperlichem Vergnügen geplagt, soll man die Aufmerksamkeit auf die Vergänglichkeit des Leiblichen richten. Man stellt sich dann die einzelnen Teile des Körpers, das Skelett, den Kreislauf des Blutes usw. deutlich vor und betrachtet deren Vergänglichkeit. Ist das Bewußtsein von Ärger oder Haß getrübt, wird ein liebenswertes Meditationsobjekt vorgestellt. Das kann eine lächelnde Buddhafigur sein, für einen Nicht-Buddhisten ein entsprechendes anderes Symbol, oder auch ein konkretes menschliches Gesicht. Wird man von Zweifel beunruhigt, meditiert man über das Entstehen in gegenseitiger Abhängigkeit, indem man sich zum Beispiel ganz plastisch eine Blume vorstellt und ihren Werdekreislauf vor dem inneren Auge erstehen läßt.

Um das Bewußtsein fest auf diesen betreffenden Vorstellungsinhalt lenken zu können, müssen die Einzelheiten des Bildes oder der Vorstellung genau erkannt werden und bis ins kleinste Detail von Farbe und Form vergegenwärtigt werden können, damit die Vertrautheit mit dem Objekt wächst. Man stellt sich dann vor, das Objekt befände sich in Höhe der Augenbrauen etwa einen Meter entfernt, wobei das Objekt schwer sein soll, was unerwünschte Erregung verhindert, während die vorgestellte helle Leuchtkraft des Objektes Schlaffheit und Trägheit des Bewußtseins unterbindet. Je kleiner das Objekt ist, desto intensiver kann die Konzentration werden. Von dem ehrwürdigen Kalu Rinpoche in Darjeeling wurden wir in einigen Techniken unterwiesen. Er erklärte, daß der in Meditation Fortgeschrittene mehrere Objekte gleichzeitig vorstellen kann, etwa zwei leuchtende Kugeln vor den Augen, in einem gewissen Abstand voneinander, der sich während der Meditation nicht verändern darf. Hier die Konzentration zu bewahren, ohne daß die Aufmerksamkeit von der einen auf die andere Kugel überwechselt, ist schon schwieriger. Noch intensiver wird die Konzentration, wenn man zusätzlich zwei Kugeln hinter dem Kopf „sieht", so daß sich der eigene Kopf gleichsam in der Mitte eines Vierecks von Kugeln befindet, so wie der mittlere Punkt der fünf Augen eines Würfels.

In jedem Falle werden bei der Meditation die Bewußtseinskräfte aus der Zerstreuung zurückgezogen. Das ist ähnlich wie im Schlaf, der nur eintreten kann, wenn sich das Bewußtsein auf sich selbst zurückzieht. Der Unterschied zwischen Schlaf (und schlafähnlichen Zuständen) und der meditativen Konzentration besteht aber vor allem darin, daß bei der Meditation das Zurückziehen der Bewußtseinskräfte von größter Klarheit und Wachheit des Bewußtseins begleitet ist, während im Schlaf die Achtsamkeit verloren geht.

Was immer man meditiert, zwei Eigenschaften des Bewußtseins sind wesentlich: 1. Das Bewußtsein muß größte Klarheit entwickeln, damit das Objekt ganz konkret vorgestellt und später auch innerlich gesehen werden kann. Dem wirkt die Laschheit des Bewußtseins entgegen. 2. Das Bewußtsein muß ohne Flackern auf dem Beobachtungsobjekt über einen längeren Zeitraum hinweg ruhen können. Dem steht die Erregbarkeit des Bewußtseins entgegen.

Laschheit tritt dann auf, wenn sich das Bewußtsein zu sehr entspannt hat, wenn man „döst". Schläfrige Schwere kann Ursache für diesen Fehler sein. Oft wird Meditation auch mit einer falschen Art von Entspannung verwechselt, die ein Sich-gehen-lassen ist. Es kommt jedoch darauf an, ein Gleichgewicht zwischen Laschheit und Erregung zu finden, in dem das Bewußtsein bei glasklarer Bewußtheit ruhen kann. Diesen Punkt kann man durch Übung ohne große Schwierigkeiten selbst herausfinden. Bei Laschheit muß man die Spannung des Bewußtseins erhöhen, bei Erregung muß man sie absenken. Die Erhöhung der Spannung gelingt dadurch, daß man an etwas Schönes denkt, eine helle Farbe, eine beeindruckende Landschaft, den Duft einer Blume, ein freundliches Gesicht. Die Absenkung der Spannung des Bewußtseins erreicht man, wenn man an etwas Ernüchterndes denkt, an einen leidvollen Zustand etwa. Erst wenn man die Mitte gefunden hat, kann das Bewußtsein konzentriert auf den einen Punkt der inneren Vorstellung gerichtet und *śamatha* praktiziert werden.

Interessant ist ein Hinweis, der uns oft von den Lamas gegeben wurde: Die Laschheit oder Schläfrigkeit des Bewußtseins ist nur eine Form von Trägheit. Eine andere Form der Trägheit ist, schlechten Gewohnheiten zu folgen – etwa den Begierden, die sich hartnäckig melden, nachzugeben (dem Drang nach der Zigarette). Durch die eben beschriebenen Übungen kann man diese Trägheiten überwinden. Die dritte Form der Trägheit aber ist das Minderwertigkeitsgefühl, mit dem wir uns einreden: „Ich werde das nie erreichen können." Dieses falsche Gefühl der Inadäquatheit ist weit verbreitet, gerade auch bei Europäern und Amerikanern, die ihre Meditationspraxis mit Enthusiasmus beginnen, aber bald nachlassen, weil *Geduld* und Ausdauer fehlen, wobei anerzogene Minderwertigkeitskomplexe den Verfall der Anstrengung beschleunigen, bevor eine Frucht reifen kann. Um dieser Gefahr zu entgehen, braucht man die Gemeinschaft mit dem Lehrer und den anderen, die sich auf dem Weg des Übens befinden. Dies ist der *Saṁgha*, die spirituelle Gemeinschaft. Ermutigung ist nötig, sie kommt durch den *Glauben (śraddhā, dad pa),* daß der Weg der Meditation sinnvoll und richtig ist. Der Glaube führt zum *Trachten (chanda, 'dun pa)* nach Erleuchtung, was Ausdauer bei der Anstrengung in der Übung *(vyāyāma, rtsol ba)* verleiht. Diese Anstrengung führt, wird sie richtig eingesetzt, nicht zu Verkrampfung und Verhärtung des Bewußtseins, sondern zu einer rezeptiven Biegsamkeit *(praśrabdhi, shin tu sbyangs pa)* des Bewußtseins, ohne die ausdauernde Konzentration nicht möglich ist. Ich möchte diese Biegsamkeit durch einen Vergleich erläutern: Wer in sehr hohen Wellen schwimmt und sich dabei an einem treibenden Baumstamm festhält, muß biegsam in der Anwendung der Muskelkraft sein und auf Gegenbewegungen reagieren, um den Halt nicht zu verlieren. Starre Umklammerung des Holzes führt nicht nur zur Ermüdung, sondern läßt den Halt verlieren. Die in der Meditation erzeugte Biegsamkeit hat zum Ziel, daß man sich ohne jede Anstrengung auf jede konkrete Situation einstellen kann, in der Liebe geübt wird.

Die Biegsamkeit des Bewußtseins ist Ursache für erhöhte körperliche Flexibilität, was Auswirkungen auf das gesamte psycho-somatische System hat und auch die Gleichmäßigkeit des Bewußtseinsstroms verstärkt. Dabei werden die Trägerenergien *(prāṇa, rlung)* harmonisiert und störende Faktoren neutralisiert. Resultat ist ein Zustand unangestrengter und gelassener Heiterkeit, der das gesamte physisch-psychisch-geistige Kontinuum durchdringt. Darin wird vollkommene Rezeptivität möglich, die durch keinerlei egozentrische Projektion mehr getrübt wird. So gelangt man in einen Zustand höchster Harmonie, was zu einem Gefühl der Seligkeit führt. Ist diese Seligkeit geistiger Biegsamkeit andauernd, ruht das

Bewußtsein völlig in sich. Damit ist die erste Stufe der Vorbereitungen für die erste der vier Konzentrationsebenen erreicht – also noch lange keine Vollendung der Meditation erlangt!

Eine Bemerkung zum eben Gesagten ist noch wichtig. Während man das innerlich vorgestellte Objekt mit Achtsamkeit und größtmöglicher Konzentration betrachtet, muß man von Zeit zu Zeit feststellen, ob das Bewußtsein einer Form von Erregung oder Laschheit erlegen ist. Dies geschieht durch einen zusätzlichen introspektiven Bewußtseinsstrom *(samprajanya, shes bzhin)*, der die Konzentration beobachtet und beurteilt, ohne sie zu stören. Hat man darin einige Übung, kann man die Kräfte, die im Begriff sind, das Gleichgewicht zu stören, kurz vor ihrem Ausbruch fassen und das entsprechende Gegenmittel anwenden. Nur dann wird es gelingen, die Konzentration über lange Zeit stabil zu halten.

Man unterscheidet neun Stadien dieser Meditation des beständigen Ruhens des Geistes in einem Punkt. Die Unterscheidung hat mit der jeweils angewandten Bewußtseinskraft, aber auch mit der Wirkung der Meditation zu tun, die vor allem darin besteht, in zunehmendem Grade die leidverursachenden Emotionen, also das Ich-Gefühl, Ärger, Begierde und alle egozentrischen Motivationen zu neutralisieren.

Vipaśyanā – tiefe Einsicht

Dies ist die *dritte Stufe* der auf dem Sūtra-System basierenden Meditation. Es handelt sich um die Erlangung der tiefen Einsicht in die Leere *(śūnyata)* aller Erscheinungen mittels des logischen Denkens, aber nun auf der Basis der vorausgehenden meditativen Stabilisierung. Das geschieht so: Wenn man tiefe Konzentration auf einen Punkt – ein innerlich vorgestelltes Objekt – erreicht hat, wenn also *śamatha* stabilisiert ist, richtet man das Bewußtsein auf die Leere dieses Objektes. Man analysiert also das Objekt im Zustand der äußersten Konzentration mittels der schon bekannten, von *Nāgārjuna* und *Dharmakīrti* entwickelten Logik. Meditative Intensität und logische Rationalität gehen hier Hand in Hand. Daran wird deutlich, daß buddhistische Meditation alles andere ist als Versinken in irrationale Unklarheit, sondern die Kombination der rationalen Bewußtseinskräfte mit einem durch Konzentration an Intensität erhöhten Bewußtsein (es sei hinzugefügt, daß dies in den chinesischen Ch'an bzw. japanischen Zen-Schulen etwas anders ist). Die stabilisierende Meditation spitzt das Bewußtsein für die scharfen logischen Argumente zu, und die logische Analyse vertieft die Erkenntnis und leitet sie an, zum Geistgrund – der Leere – vorzudringen. Daß Rationalität und Meditation einander nicht ausschließen, sondern einander intensivieren, ist nicht nur ein Lehrsatz, der scheinbar Unvereinbares harmonisieren möchte, sondern tägliche Praxis in den tibetischen Klöstern, die als solche im Bewußtsein der Mönche ist: Wir haben in den Jahren 1981–1983 diesbezüglich eine Befragungsaktion unter den Mönchen verschiedener Klöster durchgeführt, und von siebzig Befragten gaben dreiundsechzig an, in ihrer Praxis würden Meditation und Rationalität als einander gegenseitig ergänzend empfunden, fünf wußten keine Antwort, einer meinte, man könnte dies nicht generell beantworten, während nur einer angab, beide schlössen einander aus.

Weil meditative Konzentration und analytisches Denken dem Anfänger nicht gleichzeitig gelingen, pendelt man zunächst zwischen beiden hin und her. Analyse tendiert zur Bewußtseinserregung, was die Konzentration abschwächt, und Konzentration auf einen Punkt erzeugt eine Stabilität des Bewußtseins, die sich der Analyse widersetzen will. Durch das Hin- und Herpendeln zwischen beiden Bewußtseinsformen entsteht aber allmählich eine Intensität, die es erlaubt, Bewußtseinsstabilität *direkt* aus der analytischen Meditation zu gewinnen, wenn nämlich die Leere des betreffenden Objektes – des vorher vorgestellten Buddhabildes, des Ich oder irgend eines anderen Gegenstandes – erfahren wird. Diskursive Analyse der Erscheinungen und meditative Konzentration des Bewußtseins wirken gleichwertig zusammen. Die Analyse vollzieht sich – im Gegensatz zum normalen Tagesbewußtsein – auf einem erhöhten energetischen Niveau des Bewußtseins, das durch die vorher geübte Konzentration willentlich herbeigeführt und auf dem hohen Niveau über lange Zeit stabilisiert gehalten werden kann. Die Einsicht in die Leere ist damit eine Weisheit, die auf der stabilisierenden Meditation und der Analyse beruht. Möglich ist diese Einheit der beiden scheinbar gegensätzlichen Bewußtseinskräfte durch die Biegsamkeit und Flexibilität *(prasrabdhi, shin sbyangs)*, die das Bewußtsein durch die meditative Stabilisierung erlernt hat, die also dann entsteht, wenn das Bewußtsein über längere Zeit hinweg im völligen Gleichgewicht der sich in ihm abspielenden energetischen Bewegungen befindet, wie wir oben dargelegt hatten.

Jeffrey Hopkins sagt dazu treffend[11]:

"Anders als in Bewußtseinszuständen, die auf Hören und Denken beruhen, wobei das Objekt – die Leere – und das Subjekt – das weisheitssuchende Bewußtsein – voneinander getrennt erscheinen, als würden sie einander ausschließen, macht man jetzt die Erfahrung, das Beobachtungsobjekt zu durchbohren, ohne daß Subjekt und Objekt getrennt erscheinen oder einander ausschließen würden. Obwohl noch einige dualistische Erscheinungen zurückbleiben, ist der sehr grobe Dualismus von Subjekt und Objekt, den man sonst während des Hörens und Denkens verspürt, verschwunden."

Die tibetischen Texte vergleichen das Verhältnis von Bewußtsein und seinem Objekt – der Leere – in diesem Zustand mit Wasser, das in Wasser gegossen wird.

Hat man diese Gleichzeitigkeit von meditativer Konzentration und Analyse erlernt, betritt man die *vierte Stufe* der Meditation über die Leere: das direkte Erkennen der Leere (was dem direkten Sehen, dem dritten der fünf Wege, entspricht). Der Meditierende *sieht* die Leere direkt, ohne jede begriffliche oder bildhafte Vermittlung. Spätestens auf dieser Stufe ist es nicht mehr möglich, die Erfahrungen des Bewußtseins sprachlich zu beschreiben, weil Sprache Dualität voraussetzt, die hier gänzlich aufgehoben ist. Die tibetischen Lamas können dennoch Anweisungen geben, wie man Schritt für Schritt diese direkte Erfahrung auf dem Weg der Bodhisattvaschaft entfaltet. Am wichtigsten sind dafür die Zehn Vollkommenheiten der Bodhisattvaschaft (uneigennütziges Geben, tugendhaftes Verhalten, Geduld, Tatkraft, Konzentration, Weisheit, Methode, Wunsch zur Überwindung aller Hindernisse, Kraftentfaltung, Höchste Weisheit), die nacheinander zur Vollkommenheit gebracht werden. Je tiefer der Bodhisattva in diese Bewußtseinsbereiche vordringt, desto intensiver kann er anderen Wesen bei der Überwindung des Leidens helfen.

Auf dieser Stufe des *direkten Erkennens* der Leere gibt es aber noch eine schwerwiegende Unvollkommenheit: man kann nicht in diesem Zustand bleiben, sondern kommt wieder zurück auf die Ebene des dualistischen Tagesbewußtseins, wo der Meditierende diese direkte Erfahrung der Leere wieder verliert. Versetzt er sich dann durch Meditation wieder auf die vierte Stufe, wird er erneut die Erfahrung der Leere machen können, aber die Vielfalt der Erscheinungen entschwindet dabei. Beides zusammen kann noch nicht vom Bewußtsein festgehalten werden, beide Aspekte scheinen einander zu widersprechen. Somit stellt der Meditierende *zwei Wahrheitsebenen* fest. Beide gelten in bezug auf ihre jeweilige Betrachtungsweise: die absolute Wahrheit *(paramārthasatya, don dam bden pa),* die das letztgültige Wesen der Dinge, ihre Leere, erkennt, und die relative Wahrheit *(saṃvṛtisatya, kun rdzob bden pa),* in der die Vielfalt der Erscheinungswelt erkannt wird. Diese Unterscheidung ist für die buddhistische Philosophie von zentraler Bedeutung. Es handelt sich um die zwei grundlegenden Betrachtungsweisen der Welt, die letztlich aber nur beide *zusammen* das Bild des Ganzen ausmachen. Die Gleichzeitigkeit oder das Ineinandersein dieser Aspekte wird erst auf den höchsten Vollendungsstufen erreicht, die vor allem – und zwar besonders schnell und erfolgreich – mittels der tantrischen Meditationstechniken angestrebt werden.

d) Tantrische Praxis

Tantra ist das Kontinuum in allen Erscheinungen der Wirklichkeit, das Bewußtseinskontinuum, das sich von der gewöhnlichen Person bis zum vollendeten Buddha erstreckt. Die fundamentale Ebene dieses Kontinuums ist der „Geist des Klaren Lichtes" (tib. *'od gsal*), den man in der Meditation und im Tod erfährt. Wenn sich der Mensch darauf vorbereitet, kann er dieses Licht im entscheidenden Moment bewußt wahrnehmen und wiedererkennen, gleichsam in es eintauchen und damit die Buddhaschaft erlangen.

In der tantrischen Praxis geht man von denselben Grundlagen aus und strebt dasselbe Ziel an wie in den nicht-tantrischen Mahāyāna-Schulen. Die Methode ist verschieden. Tantra gilt als der schnellere Weg, weil man hier von vornherein alle Meditationspraktiken mit einem Bewußtsein ausübt, das ein ungleich höheres Energieniveau hat als die Bewußtseinsformen des Tagesbewußtseins. Dieses erhöhte Energieniveau wird erzeugt durch Identifikation mit den göttlichen Wesenheiten *(deva, lha)*.

Obgleich Tantra als der schnellere Weg zum Ziel gilt, ist es nicht der einfachere. Wer glaubt, Tantra üben zu dürfen, weil er nicht die Geduld aufbringt, sich dem Stufenweg der oben beschriebenen Meditationspraktiken unterziehen zu können, irrt. Denn erstens sind *śamatha* und *vipaśyanā* Voraussetzungen für die erfolgreiche Übung des tantrischen Yoga – sie werden auch hier geübt, wenn auch mit Unterschieden im Detail –, und zweitens verlangt der tantrische Weg eine noch reinere und intensivere Motivation, die Erleuchtung zu erlangen um der anderen willen, sie nur deshalb schnell zu erlangen, weil man das Leiden der Lebewesen nicht länger ertragen kann. Um Tantra zu praktizieren, bedarf es noch größerer Liebe und heilender Hinwendung als bei der gewöhnlichen Bodhisattva-Motivation ohnehin schon nötig ist.

Der tantrische Weg ist gefährlich, wenn die Motivation nicht lauter ist. Denn man benutzt hier Bewußtseinsenergien für die Meditation, die normalerweise mit den leidverursachenden Emotionen verbunden sind. Ein Bewußtsein, das Ärger entwickelt, setzt zweifellos eine immense innere Kraft frei. Diese „Ärger-Energie" entwickelt der Meditierende bewußt, um die entsprechende Bewußtseinskraft für die Meditation zu nutzen – ein paradoxer Vorgang, der wohl letztlich nur durch Praxis beurteilt werden kann. Man identifiziert sich auch mit zornvollen göttlichen Wesenheiten und auf Grund der Identifikation werden die subtileren Bewußtseinsebenen geöffnet, bis man alle Bewußtseinskräfte auf den Grund – die Leere, die das Wesen des Klaren Lichtes ausmacht – richten kann. In gleicher Weise wird auch die Seligkeit des sexuellen Erlebens für die Bewußtseinsintensivierung benutzt, damit eben dieses Seligkeits-Bewußtsein viel intensivere Konzentration und intensivere Einsicht in die Leere gewinnen kann, als es dem Normalbewußtsein möglich ist. Wehe aber dem, der noch ich-verhaftet ist und an diese Übung mit egozentrischer Motivation herangeht! Er wird – so heißt es in den Texten – in einer der heißesten Höllen wiedergeboren werden. Aus diesem Grund sind die tantrischen Übungen mit Initiationen verbunden, die entsprechende Gelübde einschließen. Nur der reife Schüler darf den tantrischen Weg betreten, weshalb man die einzelnen Anweisungen zur Übung jahrhundertelang geheim gehalten hat. Um Mißbrauch aber noch weiter auszuschließen, übt man meist nicht mit einem körperlich anwesenden Partner oder Partnerin, sondern mit einer visualisierten Gestalt, wobei ohnehin das innerlich Geschaute größere Bewußtseinsintensität erzeugt als das äußerlich Gesehene. So gibt es Tantriker, die entsprechend praktizieren, aber mit Sicherheit ist Mißbrauch nicht auszuschließen. Diese Übungen im einzelnen darzustellen, ist hier nicht der Ort, und dies würde auch unsere Kompetenz überschreiten.

Yoga der göttlichen Wesenheiten

Es gibt vier Tantraklassen, von denen uns hier nur die höchste beschäftigt, das Höchste Yoga Tantra (*anuttarayogatantra, bla med kyi rgyud*), zu dem die *Guhyasamāja*-Literatur, das *Kālacakra*-System, *Hevajra*-Tantra und *Mahāmudrā* gehören. Allen Tantrasystemen ist gemeinsam, daß man die Einheit von konkreter Gestalt und Leere (als letzter Wirklichkeit des Konkreten) wahrnimmt. Universalität und Individualität, Geistgrund und Manifestation in einer göttlichen Gestalt, Universalbewußtsein und Person sind hier keine Gegensätze, sondern Polaritäten, deren äußerst subtile Einheit in der ständigen

Dynamik des geistigen Kontinuums erfahren wird. Das hat weitreichende weltanschauliche Konsequenzen, über die wir mit gelehrten Lamas wie Lati Rinpoche und Zong Rinpoche vom Gaden-Kloster immer wieder gesprochen haben. In Kürze: die personale Individuation hat auch im letztgültigen Zustand der Buddhaschaft ihre Bedeutung. Buddhaschaft ist zwar durch Nicht-Dualität ausgezeichnet, in der die Leere erscheint. Doch gleichzeitig erscheinen in dieser Leere die konventionellen Phänomene, d. h. es gibt Unterscheidung in der Nicht-Unterscheidung. Nur so ist ein Buddha befreit von allen Illusionen der Egozentrizität (inhärenter Existenz) und fähig zur völlig uneigennützigen Liebe zu allen Wesen.

Wie wir schon sagten, spielt im tantrischen Buddhismus der Aspekt des Leiblichen, das der Verwandlung in geistige Formung bedarf und gleichzeitig zu dieser Verwandlung benutzt wird, eine entscheidende Rolle. Nichts ist „schlecht", es sei denn, unsere eigenen Bewußtseinsverunreinigungen projizierten diese Schlechtigkeit auf die Dinge. In diesem Zusammenhang zitiert der Dalai Lama einen Spruch aus dem *Kāśyapaparivartasūtra:* So wie der Abfall der Städter vom Bauern, der Zuckerrohr anbaut, als Dung benutzt werden kann, so können selbst die Verunreinigungen des Bewußtseins als Dung für das Geistestraining des Bodhisattva dienen, der nach den Qualitäten eines Buddha strebt.

Das einzigartige Charakteristikum der Tantra-Praxis ist der schon erwähnte Yoga der göttlichen Wesenheiten. Es handelt sich um eine meditative Identifikation mit subtil-körperlichen Wesen, die im Bewußtseinskontinuum auftreten bzw. durch gezielte Projektion aus tieferen Bewußtseinsschichten zur Anschauung gebracht werden. Sie entsprechen den Form-Qualitäten eines Buddha. Je intensiver diese Identifikation in äußerster Konzentration des Bewußtseins gelingt, um so schneller werden die eigenen

Qualitäten in die des Form-Körpers eines Buddha transformiert. Es entsteht ein „spiralförmiges Feedback", durch das die Meditationsmethoden des stetigen Ruhen des Geistes in einem Punkt und der tiefen Einsicht auf einem ständig höheren Niveau ausgeübt werden können: der Meditierende visualisiert eine göttliche Wesenheit, bis sie in allen Details vor dem inneren Auge steht, identifiziert sich mit ihr und benutzt jetzt das Bewußtseinsniveau dieser göttlichen Wesenheit für die Übung von *śamatha* und *vipaśyanā*, wobei er mit diesem energetisch erhöhten Bewußtsein eine noch subtilere Wesenheit vorstellen kann, die eine noch tiefere Einsicht in den Bewußtseinsgrund erlaubt. Es ist eine „Kettenreaktion" von Bewußtseinsintensitäten, wobei die äußerst lebhafte Erscheinung der göttlichen Wesenheit und die Einsicht in ihre Leere Hand in Hand gehen. Es ist ein und dasselbe Bewußtsein, das die Identifikation mit der göttlichen Wesenheit und die Einsicht in die Leere vollzieht, oder anders ausgedrückt, es ist *ein* Bewußtsein, das die ganz konkrete sublime Manifestation des Geistigen und den dieser Manifestation transzendenten Geistgrund *gleichzeitig* schaut.

Im Yoga der göttlichen Wesenheiten arbeitet man mit Formen, Farben und Klängen bis ins kleinste Detail. Zuerst visualisiert der Tantriker die normale Umgebung, in der er sitzt, als Buddha-Feld oder als Palast der zu meditierenden Wesenheit (skt. *maṇḍala*). Danach visualisiert er alle Freuden (wie Speise und Trank) als Genüsse der Gottheit und bringt sie ihr als Opfer dar. Und schließlich werden die eigenen Handlungen als Handlungen der göttlichen Wesenheit und der eigene Körper als Körper des göttlichen Wesens visualisiert. Der zukünftige Zustand der Buddhaschaft wird also in meditativer Konzentration vorweggnommen, was eine gewaltige Bewußtseinsintensität erzeugt, die für die *gleichzeitige* Meditation über die Form (Körper) der göttlichen Wesenheit und ihre Leere benutzt wird. Das ist das eigentliche Spezifikum von Tantra.

Maṇḍalas sind dreidimensionale kreisförmige Konstruktionen oder zweidimensionale Bilder, die Diagramme von Ebenen und Zuordnungen dieser in tieferen Bewußtseinsebenen residierenden Symbole sind. Dabei spielt die Farbsymbolik eine entscheidende Rolle. Farben und Formen sind nicht zufällig. Klänge sind als *Mantras* diesen Bewußtseinsebenen zugeordnet, denn Bewußtsein ist Energie, und Energie ist Schwingung, die sich auch als Klang (oder Farbe) manifestiert. Bestimmten Bewußtseinsstufen entsprechen also bestimmte (Farb)Klänge, und jene können durch diese induziert werden. Mantras sind also keine „Zauberformeln" – wie leider immer wieder fälschlich behauptet wird[12] –, sondern sie sind Aspekte von Kosmo-Psychogrammen, die im Zusammenhang mit den Mandalas als Landkarten für die tieferen Bewußtseinsschichten bezeichnet werden können. Das Bewußtsein ist nicht statisch, und die subtilen Ebenen sind über Jahrtausende von Bewußtseinsentwicklung geformt worden. Archetypische Bilder sind entstanden als Engramme, die auch mit der kulturellen und religiösen Entwicklung jener Kulturen zu tun haben. Sie sind daher nicht einfach austauschbar und bleiben vermutlich in einem gewissen Sinn teilweise auf einen bestimmten Kulturkreis beschränkt, während die subtilsten Symbole und geistigen Formen aber wahrscheinlich transkulturell gleich sind. Hier wissen wir – trotz der Forschungen seit C. G. Jung – noch zu wenig, um urteilen zu können.

Um wenigstens eine Grundvorstellung dieses subtilen Systems zu erlangen, ist es hilfreich, die Lehre von den drei oder auch vier Körpern eines Buddha zu erörtern, die sich bereits im mittleren Mahāyāna herausgebildet hat und im tantrischen Buddhismus Tibets voll ausgeprägt ist.

Danach ist die grundlegende Wirklichkeit jenes Geistkontinuum, dessen Basis – wie wir schon mehrmals sagten – der Geist des Klaren Lichtes ist[13]. Dieser Geist manifestiert sich auf unzähligen Wirklichkeitsebenen, und unsere Erfahrungen im Tiefschlaf, Traum und Wachbewußtsein sind nur wenig subtile Formen davon. In den subtilen Bereichen sind die göttlichen Wesenheiten oder „Gottheiten" angesiedelt.

Sie können als Konzentration von Bewußtsein im subtilen Bereich vorhanden werden, wobei es hier aber auch wieder viele Ebenen gibt. Die Grundebene, der Geist des Klaren Lichtes, ist der „Ort" der vollendeten Geist-Wesenheit, der Buddhas. Ihr geistiges Kontinuum besteht in völliger Nicht-Dualität, im reinen So-Sein der Wirklichkeit, ohne Unterschiede und limitierende Bestimmungen. Von diesen subtilen Ebenen aus wirken sie in die weniger subtilen Wirklichkeitsbereiche hinein, auf denen sich auch die Menschen mit ihrem dualistischen rationalen Bewußtsein bewegen. In völliger Freiheit emanieren sie aus sich heraus geistige Wesenheiten mit „feinstofflichen" Körpern: die zahllosen Schutz- und Hilfsgottheiten des tibetischen Pantheons, die man in gewisser Weise mit Engelwesen vergleichen kann. Sie erscheinen in meditativen Zuständen, und der Meditierende identifiziert sich mit ihnen, wenn er sein Bewußtsein sozusagen auf die Bewußtseinsebene „eingestellt" hat, auf der die betreffende göttliche Wesenheit erscheint. Sie sind also Manifestationen des Bewußtseinskontinuums *(citta, sems)* und der energetischen Grundkräfte *(prāṇa, rlung)*, die im Bewußtseinskontinuum auftreten. Solche geistig-feinstofflichen Körper können überall und zu allen Zeiten konkrete menschliche Gestalt annehmen: dies sind die sichtbaren Buddhas oder auch Bodhisattvas, von denen *Buddha Śākyamuni* der letzte war, während man *Maitreya* (von skt. *maitrī:* „Liebe") erwartet. Diese inkarnierten Gestalten sind nichts anderes als weniger subtile Formen der geistigen Wesenheiten im feinstofflichen Bereich.

Den letztgültigen Wahrheits-Körper nennt man *dharmakāya* (tib. *chos sku*), der gelegentlich noch unterteilt wird in Weisheits-Wahrheits-Körper (*jñānadharmakāya, ye shes chos sku*) und Wesens-Wahrheits-Körper *(svabhāvikakāya, ngo bo nyid sku),* um den Unterschied zwischen durchgereifter und naturhafter Vollendung anzudeuten. Der Weisheitskörper ist sozusagen das allwissende Bewußtsein eines Buddha, das alle Erscheinungen und ihre Leere gleichzeitig erkennt. Der Seligkeits-Emanationskörper im feinstofflichen Bereich heißt *sambhogakāya* (tib. *longs sku*). Er wird angesiedelt im „Höchsten Reinen Land", um von dort aus die vollkommene heilende Hinwendung und Liebe in die Welt zu strahlen. Er kann sich in vielen Formen als grobstofflicher Manifestationskörper *(nirmāṇakāya, sprul sku),* d. h. als Mensch, äußern. Die Strahlungen der Buddhas, Bodhisattvas und göttlichen Wesenheiten überschütten in unzähligen Formen die niederen Daseinsbereiche – insbesondere den Bereich der Begierde, der aufgeteilt ist in die Bereiche der niederen göttlichen Wesen, der halbgöttlichen Wesen, der Menschen, der Tiere, der Hungergeister und der Höllenwesen – um das Leiden zu mildern und zu überwinden. Ob ein Lebewesen diese Strahlungen wahrnimmt oder nicht, hängt an seiner Rezeptivität, die zwar von den karmischen Voraussetzungen bestimmt wird, aber doch in freier Entscheidung erhöht werden kann.

Identifikation

Die Praxis des Höchsten Yoga Tantra teilt man in zwei Stadien ein: das Erzeugungsstadium (tib. *bskyed rim*) und das Vollendungsstadium (tib. *rdzogs rim*). Im Erzeugungsstadium visualisiert der Meditierende zuerst das vorgegebene göttliche Wesen vor dem inneren Auge, woraufhin er sich mit dieser Wesenheit identifiziert und nun selbst dieses göttliche Wesen *ist*. Im Vollendungsstadium benutzt er die Kräfte dieser geistigen Ebene (das Bewußtsein der göttlichen Wesenheit), um die noch subtileren Bewußtseinsebenen und ihre Leere zu erkennen.

Es gibt sehr viele dieser Meditationsgottheiten: Kālacakra, Guhyasamāja, Vajrayoginī, um nur einige der bedeutendsten zu nennen. Ein erfahrener Meditationsmeister weiß die dem Schüler entsprechende Form auszuwählen.

Im Erzeugungsstadium[14] nähert sich der Meditierende zunächst an die Bewußtseinsform an, die als göttliches Wesen (durch ein Bild, eine Statue, ein Mandala) zuerst äußerlich vorgestellt wird.

Er identifiziert sich selbst in allen Details mit dieser göttlichen Wesenheit, bis er zu ihr wird. Dies beruht auf uralter indischer Meditationserfahrung, daß man zu dem wird, was man mit aller Intensität meditiert, wie es in den *Upaniṣaden* heißt. Danach aber wird die göttliche Wesenheit wieder nach außen projiziert, damit sie verehrt und angebetet werden kann. Die göttliche Wesenheit soll sogar auch in ein äußerliches Ding (z. B. einen Opferkuchen aus Butter und Mehl, tib. *gtor ma*) transferiert werden können, damit sie im physischen Universum zu wirken vermag. Wie dem auch sei, man meditiert nun über die Leere dieses göttlichen Wesens. Mit dieser Bewußtseinshaltung ehrt man es erneut, bringt Blumenopfer dar, spricht Gebete, beichtet und nimmt Zuflucht. Danach meditiert man sich selbst als das göttliche Wesen und identifiziert sich ganz und gar. Durch diesen Vorgang der geistigen Projektion und späteren Identifikation wird das Bewußtsein tatsächlich auf die entsprechende Ebene versetzt. Man wendet dabei Atemtechniken an, die der Introspektion und Konzentration förderlich sind. Da zu jeder dieser göttlichen Wesenheiten bestimmte Mantras und die

Formen ihrer Silben gehören, werden auch diese Aspekte für die meditative Identifikation benutzt. Zuerst beobachtet man die Formen der mantrischen Silben (OṀ, HŪṀ usw.) im Herzen der göttlichen Wesenheit stehend, die vor dem inneren Auge des Meditierenden anwesend ist. Danach verschmilzt diese Form mit dem eigenen Herzen, und schließlich wird nur noch der Klang des Mantra im eigenen Herzen beobachtet.

Hat man ein sehr subtiles Bewußtsein erreicht, wird nun mit dem Ziel weiter geübt, die subtilen Bewußtseinskräfte und ihre Trägerenergien im Zentralkanal *(suṣumna, rtsa dbu ma)* und in den jeweiligen Cakras zu konzentrieren. Auf diese Weise erreicht man schließlich den subtilsten Geistgrund, wobei sich letztlich diese subtilen Bewußtseinskräfte und ihre Trägerenergien in den Geist und Körper eines Buddha verwandeln. Damit sind die Verunreinigungen beseitigt, und die gereinigten Bewußtseinskräfte sowie die Aggregate erscheinen in Form der Buddhas der Fünf Linien: Akṣobhya, Ratnasambhava, Amitabha, Amoghasiddhi und Vairocana. Sie repräsentieren die gereinigten Aspekte der Wirklichkeit (und damit die Überwindung einer je spezifischen Verunreinigung), weshalb sie auch zu den Elementen Wasser, Erde, Feuer, Luft und Raum sowie zu den Cakras in Beziehung gesetzt werden. Diese Entsprechungen schaffen eine verblüffende Klarheit aller Aspekte der tibetischen Philosophie und Anthropologie, ja, sie bauen ein übersichtliches System auf, das in seiner Ordnung Schönheit erkennen läßt. Die Ordnung der Welt, die eine geistige ist, kommt darin zum Ausdruck. Die Komplexität der einzelnen Meditationsmethoden im Vollendungsstadium des Höchsten Yoga Tantra zu beschreiben, ist hier nicht möglich[15].

Die göttlichen Wesenheiten erscheinen auf zweierlei Weise: friedvoll und zornvoll. Die zornvollen sind oft als so schreckliche Erscheinungen dargestellt, daß einige Erklärungen notwendig sind. Einerseits wehren sie in dieser Form den negativen Kräften, die sie mit in der Ikonographie genau festgelegten Waffen und Symbol-Attributen bezwingen. Anderseits aber werden, wie wir bereits gesehen hatten, die zornvollen Zustände des Bewußtseins für die tantrische Praxis nutzbar gemacht, weil sie eine hohe Bewußtseinsenergie enthalten. Nicht nur, um den Menschen zu erschrecken und so vielleicht auf einen tugendhaften Pfad zu bringen, sondern um dieser tantrischen Praxis der Integration des „Negativen" willen identifiziert sich der Meditierende mit den zornvollen göttlichen Wesenheiten. Ohnehin sind das Negative und das Positive, das Schreckliche und das Schöne, das Zornvolle und das Friedvolle Aspekte oder Polaritäten des einen Lebensgrundes. Werden und Vergehen, Leben und Sterben bedingen einander. So sind die zornvollen göttlichen Wesenheiten in ihrer zerstörerischen Kraft auch Symbole der Wandlung und Lebensveränderung. Religionsgeschichtlich gesehen finden wir in den zornvollen Gottheiten die alten vorbuddhistischen Geister und Numina wieder, die der Buddhismus (unter Korrekturen wie etwa dem Verbot des Blutopfers) aufnehmen und integrieren konnte, damit sie nun als Beschützer des neuen Glaubens dienen sollten. Die „Domestizierung" dieser Geister oder Kräfte wird *Padmasambhava* zugeschrieben. Es handelt sich aber um einen jahrhundertelangen Assimilationsprozeß, der eigentlich noch heute andauert.

Der Sterbeprozeß

Das in Europa bekannteste Dokument tibetischer Literatur ist wahrscheinlich das sogenannte „Totenbuch" (tib. *bar do thos grol*), das aber weder ein Buch für die Toten noch über die Toten ist, sondern treffender als „Buch der spontanen Befreiung vom Zwischenzustand" (Lama Anagarika Govinda) bezeichnet werden kann.

Man spricht in Tibet von sechs Bardos, drei gehören zum Leben, drei gehören zum Tod. Die Bardos des Lebens sind: der Prozeß der Geburt (unser gesamtes Leben), der Traum (alle Bewußtseinsbewegungen während des Schlafs) und der Bardo der Meditation (der Zustand von *samādhi*). Die drei Bardos des Todes sind: der Augenblick vor dem Tod, der Moment, in dem man das Klare Licht, d. h. das Wesen der Wirklichkeit (skt. *dharmatā*) schaut, und der Bardo des neuen Werdens, der Wiedergeburt. Die Kontinuität von Bewußtseinsvorgängen während des Lebens und des Todes ist offensichtlich.

Die tibetischen Lehren über das Sterben beruhen auf der Beobachtung, daß in den tieferen Zuständen der Meditation die gleichen Prozesse ablaufen wie im Sterben, nämlich die sukzessive Ablösung des subtilen Körpers vom materiellen Körper, wobei sich am Schluß die Trägerenergien und Bewußtseinskräfte der subtilen Geistebenen dergestalt auflösen, daß sie an einem Punkt (im Herzen) konzentriert werden, was die Schauung des Klaren Lichtes auslöst. Der Tod ist also die Trennung des Bewußtseins vom grobstofflichen Körper, während die äußerst subtile Ebene des Körperlichen – die Trägerenergien *(prāṇa, rlung)* – mit der subtilsten Ebene des Geistigen verbunden bleiben. Danach verweilt der Mensch – je nach individuellen Voraussetzungen verschieden, am längsten neunundvierzig Tage – in dem Zwischenzustand *(antarābhava, bar do)*, bis der zum Sterben umgekehrte Prozeß abläuft und sukzessive eine Neuverbindung mit den weniger subtilen Wirklichkeitsebenen eintritt, der Mensch also wiedergeboren ist.

Wer in der Meditation diese Stadien kennengelernt und ihre Kontrolle durch aufmerksame Lenkung der Bewußtseinskräfte in dem jeweiligen Stadium geübt hat, kann den gesamten Sterbeprozeß mit bewußter Klarheit vorweg erleben, so daß alles Sich-Klammern an zerfließende Formen aufhört, was dann im Sterbeprozeß äußerst wichtig ist. Denn das Festhaltenwollen und nicht -können erzeugt Angst. Diese Angst prägt sich in das Bewußtseinskontinuum ein und läßt bestimmte Phänomene während des Sterbens als schreckliche Wesenheiten erscheinen, wodurch die Angst noch vermehrt wird. Statt sich nach dem Licht auszustrecken, verkrampft sich das Bewußtsein des Sterbenden und wendet sich zurück zu den ihm bekannten leidverursachenden Bewußtseinskräften, was karmische Wirkungen hervorruft, die eine ungünstige Ausgangsbasis für die nächste Wiedergeburt schaffen. Die unmittelbare Periode vor dem Sterben und die Zeit während des Sterbeprozesses verdienen größte Aufmerksamkeit, weil hier Weichen für die künftige geistige Weiterentwicklung gestellt werden. Aus diesem Grund legen die Tibeter Wert darauf, die äußeren Umstände des Sterbens harmonisch und friedvoll zu gestalten. Ein Lama steht dem Sterbenden bei, indem er die entsprechenden Texte aus dem „Totenbuch" liest, damit er wiedererkennen kann, was er im Prozeß der Auflösung erlebt. Dies ist aber nur sinnvoll, wenn er zu Lebzeiten an Hand des „Totenbuchs" geübt und womöglich die einzelnen Phasen des Sterbeprozesses in der Meditation bereits erlebt hat.

Wir hatten bereits von dem System der Energiekanäle, der Trägerenergien der Bewußtseinskräfte und der Kraftkonzentrationen (Tropfen) gesprochen. Von den zweiundsiebzigtausend verzweigten Kanälen, die sich über den gesamten Körper ausdehnen, ist der Zentralkanal *(suṣumnā, rtsa dbu ma)*, der entlang der Wirbelsäule verläuft, besonders wichtig. In ihn werden nämlich im Sterben die prāṇischen Kräfte zurückgezogen, sie werden aus der Zerstreuung über den Körper „eingesammelt".

Dabei wird den Gliedern und Organen die Lebenskraft entzogen. Die prāṇischen Kräfte bündeln sich dann zu einer Energiesäule, die sich im Zentralkanal entlang der Cakras entweder von oben nach unten oder von unten nach oben bewegt. Dies wird vom Sterbenden – oder auch vom Meditierenden – zunächst als Konzentration der inneren Wärme empfunden. Das Zentrum dieser Wärme ist das *maṇipūra cakra* in der Gegend unterhalb des Nabels, dessen Aktivierung in der sogenannten Dummo-Meditation der inneren Hitze (tib. *gtum mo*) geübt wird, damit die Energiekonzentration erzeugt wird, die für das Sammeln der *prāṇas* im Zentralkanal unerläßlich ist. Bewegt sich beim Sterben die Wärme aufwärts, gilt dies als gutes Zeichen, sinkt sie abwärts, so ist das weniger vorteilhaft.

Man unterscheidet bei den vitalen oder Träger-Energien fünf Hauptenergien und fünf Nebenenergien[16]. Jede dieser Energien ist bestimmt durch ihre Funktion, die einem der Grundelemente entspricht. Sie ist jeweils in einem bestimmten Cakra konzentriert und durch Meditation aktivierbar. Die Cakras sind durch Farbsymbole gekennzeichnet. Die gereinigte subtilste Form dieser Energien wird einer der Buddha-Linien zugeordnet, die den jeweiligen Wirklichkeitsaspekt im feinstofflichen Bereich symbolisieren.

1. Die *lebenserhaltende Energie* hat ihren Sitz im Herzzentrum und entspricht dem Wasserelement. Sie fließt, von beiden Nasenlöchern ausgehend, sehr langsam nach unten. Sie wird in gereinigter Form als *Akṣobhya*-Buddha-Linie durch die weiße Farbe bezeichnet, was dem höchsten der Aggregate, dem *vijñāna-skandha* der reinen Bewußtseinskräfte, entspricht. Die Reinigung überwindet die Unwissenheit.
2. Die *abwärts sich verströmende Energie* hat ihren Sitz in den Cakras an der Basis der Wirbelsäule und im Geni-

talbereich und entspricht dem Erd-Element. Sie fließt, von beiden Nasenlöchern ausgehend, kraftvoll horizontal nach vorn. Ihre besondere Aufgabe hängt mit den Vorgängen der körperlichen Ausscheidungen sowie dem Blutkreislauf und der Regulation der geschlechtlichen Kräfte zusammen. Sie wird in gereinigter Form als *Ratnasambhava*-Buddha-Linie durch die gelbe Farbe bezeichnet, was dem Aggregat der Empfindungen und Gefühle, *vedanā-skandha,* entspricht. Die Reinigung überwindet den Stolz.

3. Die *aufwärtsstrebende Energie* hat ihren Sitz im Kehlkopfzentrum und entspricht dem Feuer-Element. Sie fließt vom rechten Nasenloch ausgehend, sehr kräftig nach oben. Sie dient als Grundenergie für das Sprechen, Schlucken usw. Sie wird in gereinigter Form als *Amitābha*-Buddha-Linie durch die rote Farbe bezeichnet, was dem Aggregat der unterscheidenden Wahrnehmungen und Vorstellungen, *saṁjñā-skandha,* entspricht. Die Reinigung überwindet die Gier.

4. Die *gleichmäßig bleibende Energie* hat ihren Sitz im Nabelzentrum und entspricht dem Luft-Element. Sie fließt, vom linken Nasenloch ausgehend, nach links und rechts. Sie dient der Erzeugung der schon erwähnten inneren Hitze und ist Basis für die Verdauungsvorgänge. Sie wird in gereinigter Form als *Amoghasiddhi*-Buddha-Linie durch die grüne Farbe bezeichnet, was dem Aggregat der karmischen Bildekräfte, *saṁskāra-skandha,* entspricht. Die Reinigung überwindet die Eifersucht.

5. Die *durchdringende Energie* hat ihren Sitz überall, verteilt über die dreihundertsechzig Gelenke. Sie fließt nicht durch die Nasenlöcher, außer im Sterbeprozeß. Sie erlaubt dem Körper die Bewegung. Sie wird in gereinigter Form als *Vairocana*-Buddha-Linie durch die blaue Farbe bezeichnet, was dem Aggregat der sinnlich

wahrnehmbaren Formen, *rūpa-skandha,* entspricht. Die Reinigung überwindet den Zorn.

Man muß diese Energien, ihre Formen und Wirkungen sowie die Zuordnung zu den leidverursachenden Emotionen und ihrer Überwindung (wobei die Zuordnungsmuster zu *Akṣobhya* und *Vairocana* gelegentlich vertauscht sind) genau kennen, um in der Meditation sowie im Sterbeprozeß damit umgehen zu können und um feststellen zu können, in welchem Stadium der Auflösung oder auf welcher subtilen Ebene man angekommen ist.

Es gibt ferner zwei Arten von Kraftkonzentrationen, die roten und weißen „Tropfen" *(bindu, tig le),* die wiederum jeweils subtile und grobstoffliche Formen haben. Auf der materiellen Ebene erscheinen sie als Blut bzw. Samenflüssigkeit. Ihre subtilsten Erscheinungen befinden sich im Herzzentrum. Dort formen sie eine Art „Kapsel", die als Ort des subtilsten Bewußtseins und seiner Trägerenergie gilt, die unzerstörbar sind und als das bezeichnet werden, was von Leben zu Leben wandert und die Basis für das Buddha-Wesen abgibt.

Im Sterbeprozeß lösen sich nacheinander die verschiedenen Faktoren (Aggregate, Elemente, Bewußtseinskräfte), die eine Person ausmachen, auf. Es gibt äußere und innere Anzeichen für die Stadien des Auflösungsprozesses, der aber nur dann in geordneter Reihenfolge und ohne Irritationen der subtilsten Bewußtseinskräfte ablaufen kann, wenn der Betreffende nicht eines gewaltsamen Todes (durch Mord oder Unfall) stirbt. Der Dalai Lama weist darauf hin, daß ein gewaltsam Sterbender doppelt leidet: er wird nicht nur seines Lebens beraubt, sondern ihm ist auch die Möglichkeit genommen, daß der Prozeß des Sterbens Quelle spiritueller Reifung werden kann.

Man unterscheidet acht Stadien der Auflösung, entsprechend den acht Energien und Bewußtseinsformen, die nacheinander in den Zentralkanal zurückgezogen werden und sich auflösen.

Zuerst lösen sich die mit dem Formaggregat verbundenen Phänomene, d. h. die zum Erd-Element gehörenden Kräfte, auf. Das Seh-Bewußtsein wird zurückgenommen. Äußeres Anzeichen für dieses Stadium ist, daß die Glieder schmaler werden und der Körper schwach wird. Das Sehen wird verschwommen und verdunkelt, und man hat das Gefühl, unendlich tief unter den Boden zu sinken. Es wird immer schwerer, die Augenlider zu heben oder zu senken. Als inneres Zeichen meint man, eine Luftspiegelung zu sehen, die mit einer Fata Morgana in der Wüste verglichen wird, in der man Wasser zu sehen glaubt. Durch die Auflösung des Erdelementes ist nun das Wasserelement als Träger aller Prozesse dominierend.

Danach lösen sich im zweiten Stadium die mit dem Gefühlsaggregat verbundenen Kräfte auf, d. h. die sich auf das Wasserelement stützenden Funktionen werden schwach. Man empfindet jetzt weder Vergnügen noch Schmerz. Äußeres Anzeichen ist die Austrocknung der Körperflüssigkeiten. Inneres Anzeichen ist die Vision von blauen Rauchwolken. Durch die Auflösung des Wasserelementes wird das Feuerelement dominierend.

Danach lösen sich im dritten Stadium die mit dem Aggregat der Wahrnehmung verbundenen Kräfte auf, d. h. die sich auf das Feuerelement stützenden Kräfte werden schwächer. Die Körperwärme vermindert sich, und der Sterbende nimmt die umstehenden Verwandten nicht mehr als Individualitäten wahr; er kann sich auch nicht mehr an ihre Namen erinnern. Nahrungsaufnahme ist nicht mehr möglich, und der Atmungsvorgang wird schwerfällig, wobei die Einatmung immer kürzer und die Ausatmung stoßend lang wird. Der Sterbende hat die visuelle Erscheinung von leuchtkäferartigen Lichtern oder roten Lichtreflexen. Durch die Auflösung des Feuerelementes gewinnt das Luftelement an Bedeutung.

Danach lösen sich im vierten Stadium die mit dem Aggregat der karmischen Bildekräfte verbundenen Prozesse auf, d. h. die sich auf das Luftelement stützenden Kräfte werden schwächer. Der Sterbende kann sich nicht mehr bewegen. Die Zunge wird schwer und läuft blau an. Der Atem kommt zum Stillstand. Der Sterbende kann die Aufmerksamkeit nicht mehr auf ein äußeres Objekt lenken. Die inneren Lichtreflexe sind dem rötlichen Glühen einer verlöschenden Butterlampe gewichen. Alle mit den Sinnen verbundenen Bewußtseinskräfte sind jetzt aufgelöst, aber das mentale Bewußtsein ist noch aktiv.

Danach lösen sich im fünften Stadium die mit dem Aggregat des mentalen Bewußtseins verbundenen Gruppen der achtzig begrifflichen Vorstellungskomplexe auf (wie etwa Freude, Zufriedenheit usw.). Wenn sich diese Bewußtseinskräfte und ihre Trägerenergien aufgelöst haben, erscheint ein weißes Licht, das mit einem klaren herbstlichen Nachthimmel verglichen wird, über den sich das Mondlicht ergießt. Man nennt dies die lebendige *Erscheinung im weißen Spektrum.* In diesem Stadium sind alle Energien aus den linken und rechten Kanälen oberhalb des Herzens in den Zentralkanal eingetreten. Dies verursacht eine Intensität, die jene Energiekonzentration des „weißen Tropfens" im Zentrum an der Schädeldecke *(skt, sahasrāra cakra)* auflöst, so daß sie bis zum Herzen hinabfließt, was die Lichterscheinung im weißen Spektrum zur Folge hat.

Danach löst sich im sechsten Stadium die Bewußtseinskraft des Lichtes im weißen Spektrum sowie seine Trägerenergie auf, wodurch sich die noch subtilere Ebene des *Anwachsens im roten Spektrum* manifestiert. Man vergleicht dies mit einem Herbsthimmel, über den sich rötlich-oranges Sonnenlicht ergießt, wobei die Erscheinung aber noch viel klarer ist als im vorangehenden Stadium. In diesem Stadium sind alle Energien aus den linken und rechten Kanälen unterhalb des Herzens in den Zentralkanal eingetreten, und zwar durch das unterste Cakra *(muladhāra cakra)*. Dadurch öffnen sich die Energiezentren des unteren Bereichs, und die Energiekonzentration des „roten Tropfens", die im *manipura cakra* (Nabelzentrum) geruht hatte, steigt bis zum Herzzentrum *(anāhata cakra)* nach oben. Dies hat die Lichterscheinung des Anwachsens im roten Spektrum zur Folge.

Danach löst sich im siebenten Stadium die Bewußtseinskraft des Lichtes des roten Spektrums sowie seine Trägerenergie auf, wodurch sich die noch subtilere Ebene der *Vollendungsnähe im schwarzen Bereich* manifestiert. Die erste Hälfte dieses Zustandes wird verglichen mit der völligen Dunkelheit eines herbstlichen Nachthimmels zu Beginn der Nacht, wobei die Schwärze noch als eine Art „Objekt" erscheint. Die zweite Hälfte dieses Zustandes ist gekennzeichnet durch den völligen Verlust jeder Bewußtheit. In diesem Stadium sind die bereits im Herzzentrum versammelten weißen und roten Energiekonzentrationen in der „mittleren Kapsel" der dort schon immer existierenden weißen und roten Tropfen angekommen und durchdringen sie, was die Erscheinung der *Vollendungsnähe im schwarzen Bereich* zur Folge hat.

Danach löst sich im achten Stadium die Bewußtseinskraft der Vollendungsnähe im schwarzen Bereich sowie seine Trägerenergie in das nun erscheinende *Klare Licht* auf. Damit verschwindet die in der zweiten Hälfte des siebenten Stadiums erfahrene Bewußtlosigkeit, und eine äußerst subtile Bewußtheit, die von der Bewußtseinskraft des *Klaren Lichtes* hervorgerufen wird, erscheint. Man vergleicht dies mit einer völlig ungetrübten Morgendämmerung am Herbsthimmel, ohne jede fluktuierende Störung von Mondlicht, Sonnenlicht oder Dunkelheit. Hier gibt es keinerlei dualistische Erscheinung, und das Bewußtsein befindet sich in einem Zustand der ähnlich ist dem Bewußtsein, das im meditativen Gleichgewicht die Leere direkt erfährt. In diesem Stadium sind die durch den Zentralkanal ab- und aufsteigenden weißen und roten Tropfen der Energiekonzentrationen völlig mit den unzerstörbaren weißen und roten Energiekonzentrationen in der Mitte des Herzzentrums verschmolzen, und alle Trägerenergien sind in den allersubtilsten lebenstragenden *prāṇa* aufgelöst. Dadurch wird die allersubtilste Bewußtseinsform und ihre Trägerenergie, die von Anfang an im Herzzentrum existiert hat, aktiviert. Dies ist die Ursache für die Erscheinung des *Klaren Lichtes*.

Diesen Zustand nennen die Tibeter das *Klare Licht des Todes*. Erst jetzt kann man sagen, daß der Mensch tot ist, während westliche Ärzte den Sterbenden gewöhnlich bereits nach dem vierten Stadium für tot erklären würden. Dieses letzte Stadium ist nun auch die Basis für die weitere Reinigung des Bewußtseins in den Wahrheits-Körper eines Buddha, wenn die Voraussetzungen dafür gegeben sind.

Das *Klare Licht* gilt als der Grund der Wirklichkeit überhaupt. Aus ihm entsteht alles. Die Tantras sprechen von einem objektiven Aspekt, das ist die subtile Leere der Wirklichkeit, und einem subjektiven Aspekt, das ist das Weisheitsbewußtsein, das diese Leere erkennt. Also gibt es auch hier eine Bewußtheit, die in höchster Klarheit diesen universalen Geist-Grund bzw. die tiefste Ebene des Bewußtseinskontinuums erfährt. Der Dalai Lama gab anläßlich der Kālacakra-Initiation weitere Erläuterungen zum Wesen des Klaren Lichtes[17]:

"Der fundamentale ursprüngliche Geist des Klaren Lichtes wohnt dem Herzen jedes Lebewesens inne und durchdringt es. Es ist auch die letzte Essenz und der Schöpfer aller Wesen

und der Dinge, die sie umgeben. Es ist die Grundlage für das Entstehen des Geburtenkreislaufs und für das Nirvana. Denn alle Erscheinungen – Wesen und die sie umgebenden Dinge – sind das Spiel oder Kunstwerk des fundamentalen ursprünglichen Geistes des Klaren Lichtes, das als Grundlage von allem bezeichnet wird. Es ist die Grundlage der Emanation aller fünf Überwinder-[Buddha-]Linien [Akṣobhya, Ratnasambhava, Amitābha, Amoghasiddhi und Vairocana] und daher der ‚höchste Herr aller Linien', denn dem fundamentalen ursprünglichen Geist des Klaren Lichtes eignen die fünf erhöhten Weisheits-Aspekte, auf Grund derer die fünf Überwinder-Linien erscheinen. Es ist auch der ‚Ahne alles Lebendigen', da es alle reinen und unreinen Bewußtseinsformen hervorbringt. Es ist der Grund dafür, daß man Personen als solche bezeichnen kann."

Das Klare Licht, so fügte der Dalai Lama bei der Kālacakra-Initiation in Rikon/Schweiz 1985 hinzu, sei so etwas wie ein „Schöpfer" im Buddhismus. Und weiter: „Es ist dieser Geistgrund, der anfangs- und endlos kontinuierlich in jedem Individuum von Leben zu Leben, ja bis in die Buddhaschaft hinein, existiert."[18]

Das Klare Licht, das der Sterbende im Tod erfährt, heißt *Mutter-Klares-Licht*, während das in der Meditationsübung geschaute Klare Licht als *Sohn-Klares-Licht* bezeichnet wird, womit eine entsprechende Abhängigkeit ausgedrückt werden soll. Hat der Meditierende in der Meditationsübung Kontrolle über die Energien und Bewußtseinskonzentrationen erlangt, kann er die meditative Bewußtseinskraft auch im Sterben anwenden. Wenn er dann also das Klare Licht erkennt und seine Aufmerksamkeit ganz und gar darauf richtet, kann er lange in diesem Zustand bleiben und durch weitere Übung in der tantrischen Praxis des Vollendungsstadiums[19] die dabei aktivierten Kräfte für den Aufstieg zur Buddhaschaft nutzen.

Die meisten Menschen bleiben aber nur drei Tage in diesem Zustand. Weil ihre karmischen Bewußtseinseindrücke das Bewußtsein in den weniger subtilen Bereich ziehen, werden sie vom Klaren Licht abgelenkt und tauchen allmählich wieder in den Prozeß ein, der zur Wiedergeburt führt. Für den Unvorbereiteten sind die Lichterscheinungen im Zwischenzustand so ungewohnt, daß er erschrickt. Dieses Erschrecken verdichtet sich zu Bewußtseinsprojektionen, die als schreckliche und zornvolle göttliche Wesenheiten erscheinen. Wer dies nicht zu deuten weiß, glaubt sich dem Bösen ausgesetzt, obwohl ihm nur der Spiegel vorgehalten wird. Sein eigenes Bewußtsein zieht ihn in diesen Schrecken, den es gleichzeitig produziert. Auch dies sind aber Erfahrungen, die der in Meditation Geübte kennt und darum auch wiedererkennen und einordnen kann. Der gesamte Prozeß vollzieht sich nun erneut in umgekehrter Richtung, die acht Stadien laufen von hinten her nacheinander ab, und der Mensch wird wiedergeboren.

Lama Anagarika Govinda beschreibt dieses vom Karma bestimmte Geschehen im Zwischenzustand: „Wer das Höchste in sich gepflegt hat, wird vom Höchsten angezogen. Wer aber am Niedrigsten hängt, wird vom Niedrigen angezogen. Und wer nicht während seiner Lebenszeit sich der Ausübung der Meditation gewidmet hat, ist nicht imstande, lange in diesem Reich reinen Lichtes zu verweilen. Er wird sich angezogen fühlen von den trüben, aber um so vertrauteren Ausstrahlungen und Reflexen niederer Bewußtseinsimpulse wie Gier, Haften, Neid, Stolz, Zorn, Selbstgefälligkeit, Trägheit, Stumpfheit und ähnlichen Folgen von Unwissenheit und Selbstsucht."[20]

Es wäre hinzuzufügen: Der Meditierende kennt den Moment, in dem das Bewußtsein gleichsam in ein strahlendes Licht hineingezogen wird. Wer zögert oder zweifelt, bleibt zurück, bis sich die subtile Geistebene wieder verschließt. Vermutlich ist es im Prozeß des Sterbens ähnlich.

Erinnern wir uns an den Abt des Atitsi-Klosters bei Lamayuru, hoch in den Himalaya-Bergen von Ladakh:

„Nutzt dieses Leben in menschlicher Form. Es ist kurz und eine selten kostbare Gelegenheit."

Man muß die Intensität erlebt haben, mit der tibetische Meditationsmeister und ihre Schüler diesem Rat folgen. So wie in Europa ein eifriger Wissenschaftler Tag und Nacht über seinen Experimenten brütet, um Wahrheit zu finden, stürzt man sich dort in das Abenteuer der Erforschung des Bewußtseins, gleichsam im Selbstexperiment, und man nähert sich dabei dem Grund der Existenz.

Wir haben tantrische Initiationen unter Kalu Rinpoche in seinem kleinen Kloster bei Darjeeling miterlebt, bei denen es um Dinge ging, die das eben Gesagte anwenden. Einige hohe Lamas der Kagyü-Schule hatten um diese Einweihungen gebeten, aber sie waren offen für jedermann. Auch Frauen mit Kindern saßen in der überfüllten Gompa (Kloster-Tempel). Die Unruhe konnte die Meditierenden nicht stören. Und wurde die Meditation unterbrochen, so stimmten auch die Mönche in das Lachen und Schwatzen ein. Trotz der komplizierten Praxis des Geistestrainings steht man mit beiden Beinen auf der Erde, vielleicht viel verwurzelter als einer, der nur in Gedankenkonstruktionen und in der Projektion seiner Bewußtseinskräfte nach außen lebt, zu denen auch die eigene Gewichtigkeit, das Sich-allzu-ernst-Nehmen und das Übersehen der kleinen alltäglichen Dinge gehören. Als wir nach langer Busfahrt ankamen, unterbrach Kalu Rinpoche seine Übungen, um sich persönlich um unser Abendessen zu kümmern, wobei alles von herzlicher Selbstverständlichkeit begleitet war, die den Schluß nahelegt: Er unterbrach seine Übungen nicht, sondern setzte sie auf andere Weise fort.

e) Ein Universum voller Gnade

Manchen mag ein Schwindelgefühl befallen bei diesem Netzwerk von Ebenen, Stufen, Vorstellungen, Meditationsanweisungen und komplizierten Entsprechungsverhältnissen. Wer kann das überhaupt überschauen, auch wenn er ein ganzes Leben nichts anderes als diese Geisteswelt studieren würde?

Nein, antworten die tibetischen Meditationsmeister, nicht ein Leben, sondern unzählig viele Leben des Studiums und der Praxis sind notwendig, um den Weg zu Ende zu gehen. Resignation also, oder Ermahnung zu unermeßlicher Geduld? Tantra, so heißt es weiter, sei allerdings ein schneller Pfad, durch den man das Ziel noch in diesem Leben erreichen kann. Steckt aber nicht in diesem ganzen System ein Zwang zur Vollkommenheit, ein Druck, sich anzustrengen, wo man doch um die Schwachheit des Menschen weiß? Weiß man im Buddhismus nichts von Gnade, der *unbedingten* Liebe, die den Menschen umfängt?

So einfach ist das nicht. Viele Aspekte der asiatischen Kulturen mögen uns Abendländern, denen die Erforschung des Bewußtseins und klare Methoden des Geistestrainings aus ganz anderen Gründen etwas suspekt waren, fremd erscheinen. Was aber ist das Geheimnis der Gelassenheit und Freude jener buddhistischen Meister, die uns das Herz erwärmte, wo immer wir mit ihnen zusammentrafen? Was ist das Geheimnis ihrer Sicherheit, die man beinahe – in christlicher Terminologie – Heilsgewißheit nennen könnte?

Gnadenvolle Wesen

Wir waren erst wenige Monate in Indien gewesen, als auf Anregung des Dalai Lama der Rat für Religiöse Angelegenheiten der tibetischen Exilverwaltung anfragte, ob es nicht möglich sei, eine Reihe von Vorträgen über das Christentum und vielleicht auch den Hinduismus in den großen tibetisch-buddhistischen Kloster-Universitäten zu organisieren, die dem gegenseitigen Verständnis der Religionen dienen könnten. Man habe großes Interesse am interreligiösen Dialog, doch sei die Kenntnis der anderen Religionen zu gering, und die wenigen Vorstellungen, die man habe, seien aus zweiter Hand und gewiß von Vorurteilen belastet (eine Befürchtung, die sich ganz und gar bestätigte, als mir ein Mönch des Sera-Klosters sagte, er habe immer geglaubt, das Christentum sei eine Religion, die Gewalt predigt, denn in der Missionsschule, die er besucht habe, sei jeden Morgen das Lied „Vorwärts, christliche Soldaten" gesungen worden [„Onward, Christian soldiers, Marching as to war"]!). Diese Gelegenheit gab uns die Möglichkeit, mit den Lamas – bedeutenden Meistern wie Schülern – an Ort und Stelle ins Gespräch zu kommen. Dankbar nahmen wir also die Einladung an, nicht ohne entsprechende Gegeneinladungen an Lati Rinpoche und andere Lamas auszusprechen, an unser Lutherisches College in Madras zu kommen. Später konnte auch noch das katholische Dharmaram-College in Bangalore in den Austausch einbezogen werden.

Die Gastgeber hatten das Sera-Kloster ausgewählt, und wir fuhren in einer kleinen Gruppe – zu Anfang nur Christen aus Europa, später wurden indische Christen in die Programme einbezogen – in die Gegend von Maisur im südindischen Bundesstaat Karnataka, wo die größte Siedlung der Exiltibeter (Bylakuppe, seit Dez. 1960) ständig wächst. Unter sehr bescheidenen, aber erträglichen Verhältnissen konnten auch einige der in Tibet zerstörten Klöster (Sera und Tashilhünpo sind die wichtigsten bei Maisur, während Drepung und Gaden im Norden desselben Bundesstaates angesiedelt sind) neu aufgebaut werden. Sera beherbergte mit seinen zwei Fakultäten in Tibet freilich etwa siebentausend Mönche, heute sind es nur einige hundert. An Novizen, die bereits im Kindesalter zwischen fünf und sieben Jahren aufgenommen werden und dann allmählich in das klösterliche Leben hineinwachsen, fehlt es nicht. Die Atmosphäre ist ganz und gar tibetisch – von der Architektur bis zu den Studienplänen, nur in den Speisegewohnheiten mußte man sich teilweise umstellen. Der unvermeidliche Buttertee darf aber bei keinem Empfang und keinem der stundenlangen Gebete fehlen, und dampfende Schalen mit dieser merkwürdigen salzigen Teesuppe wurden uns denn auch mit viel Fröhlichkeit zur Begrüßung kredenzt. Nachdem die erste Reihe von Vorträgen einen ganzen Abend gedauert hatte, bei denen das gesamte Kloster versammelt war und die Geshes (Doktoren der tibetischen Philosophie) nicht nur mit den Ohren, sondern mit dem ganzen Körper zuhörten – so sehr bogen sie sich herüber, um die wohl doch recht fremden Ausführungen über christliche Theologie und Geschichte zu verstehen, nachdem von den sechs- bis siebenjährigen Mönchsschülern einige schon selig eingeschlafen waren, ohne aus dem Hocksitz am Boden zu rutschen (die kleinen Novizen entwickeln eine gewisse Meisterschaft darin, im Hocksitz zu schlafen, ohne daß es jemand bemerkt, was bei den langen Gebeten von großem Vorteil ist), vertagten wir uns auf den nächsten Morgen zum Gespräch. Nur die Geshes und gebildeten Lamas sollten daran teilnehmen, damit der Kreis überschaubar bliebe. Etwa zwanzig Lamas saßen uns gegenüber, und unter viel Lachen und gegenseitiger Information über weniger bekannte Aspekte der Religion des anderen – die Tibeter haben meist eine fast kindliche Neugierde – kam es zu hochinteressanten Fragen, die anzeigten, daß die Geshes in den wenigen Stunden vom Christentum Wesentliches erfaßt hatten.

Ich erzähle dies, weil eine der Fragen den Kern der Sache traf, die sich im Titel dieses Buches ausdrückt. Einer der Lamas fragte mich nämlich:

„Wie stellen sich die Christen denn konkret den Zustand nach dem Tod vor?"

Ich antwortete, daß es diesbezüglich verschiedene Ansichten gäbe, daß uns genaue Kenntnisse darüber nicht zur Verfügung stünden, verwies aber darauf, daß der Mensch als Leib und Seele verwandelt würde, um sich so der ewigen Gemeinschaft mit Gott zu erfreuen, solange er sich dieser Einladung Gottes nicht widersetze.

Es folgte ein langes Schweigen, und ich glaubte, Betroffenheit darin hören zu können.

„Ja", fragte sehr leise und nach langem Zögern der Lama, „wie könnt Ihr dann aber den zahllosen Wesen helfen, die auf der Erde leidend umherirren?"

Hier spricht das Herz des tibetischen Buddhismus. Keiner derer, die zu Bodhisattvas oder Buddhas gereift sind, hat dies nur um der eigenen Seligkeit willen getan. Sie werden wiedergeboren oder wirken aus höheren Sphären in diese Welt zurück, um durch ihre heilende Kraft den lebenden Wesen auf dem Weg zur Vollendung beizustehen. Auf allen subtilen und noch subtileren Ebenen der Wirklichkeit leben Wesen, die ihre Gnade über die Welt ausschütten, die Liebe und heilende Hinwendung auf Grund ihres höheren Bewußtseins viel wirkungsvoller ausüben können, als dies Menschen möglich ist. Jeder Tibeter hat sein *yidam,* eine Schutzgottheit, der er sich nicht nur in diesem, sondern über mehrere Leben hinweg verbunden weiß. Jedes Kloster, jedes Dorf, jede Gegend, ja ganz Tibet haben entsprechende Schutzgestalten. Je höher die

Verwirklichungsgestalt dieses Wesens ist, um so universaler kann es wirken. Für bestimmte Tätigkeiten, für bestimmte Meditationsübungen, als Neutralisierung negativer Kräfte – überall greifen diese Wesenheiten durch ihre universale Präsenz ein und bilden einen schützenden Schirm über alle, die sich ihnen anvertrauen. Dies meinen wir, wenn wir sagen, die tibetische Welt sei ein Universum voller Gnade.

Gewiß, es hängt am Menschen selbst, ob er sich für diese Kräfte öffnen will oder nicht (und deshalb kann man nicht vorbehaltlos von einer reinen Gnaden*religion* sprechen). Neben den komplizierten Meditationswegen sind vor allem Gebet, Beichte und auch Opferriten zu nennen, bei denen die göttlichen Wesenheiten gebeten werden, niederzusteigen und zu wirken, damit man ihrer Gnadenwirkung teilhaftig wird. Sehr beliebt ist *Tara*, die gnadenvolle Mutter, die ihre schützende Hand besonders auch über die Dalai Lamas hält. Wenigen Menschen ist es beschieden, direkt als Sprachrohr, als physische „Stütze" (tib. *kuten*) dieser Wesen zu dienen: sie sind die „Orakel", durch die jene Wesen Rat geben und heilen.

Die tibetische Kosmologie kennt drei große Bereiche des Kreislaufs der Wiedergeburten: den Bereich der Begierden, den Bereich der Form und den Formlosen Bereich. Zum Bereich der Begierden zählen die sechs Daseinsbereiche: Hölle, hungrige Geister, Tiere, Menschen, Halbgötter, Götter. Diese Halbgötter und Götter sind aber sehr niedrig stehende Geistwesen, die keineswegs Kontrolle über ihre Begierden erlangt haben. Darüber aber, im Bereich der Form und im Formlosen Bereich, wölben sich Geistebenen, die von Wesen besiedelt werden, die von größerer Subtilität und Macht sind und die nun ihre gnadenhafte Strahlung in die unteren Bereiche lenken. Im Bereich der Form zählt man siebzehn und im Formlosen Bereich vier Hauptgruppen göttlicher Wesenheiten.

„Oberhalb" dieser drei Bereiche des Kreislaufs der Wiedergeburten befinden sich die „Buddha-Sphären", in denen die allwissenden, höchsten göttlichen Wesenheiten angesiedelt sind. Sie kennen keinerlei Beschränkungen und können darum auf vollkommene Weise unbedingt Liebe üben und heilende Hinwendung gegenüber wirklich allen Wesen praktizieren. Sie erscheinen auch im zornvollen Aspekt als Schützer der Gerechtigkeit und des Gesetzes gegen dämonische Kräfte, von denen sich die Tibeter seit alters umgeben und bedroht fühlen.

Daß hier viel Bildmaterial, Mythologien und Gottesvorstellungen aus der vorbuddhistischen Zeit Tibets und ganz Zentralasiens eingeflossen sind, weiß die religionsgeschichtliche Forschung nur zu gut. Auch die tibetischen Lamas wissen es. Nur – daß sich daraus ein geordnetes Universum ineinandergreifender geistiger Kräfte und Strukturen gebildet hat, das den tibetischen Menschen in ihrem täglichen Leben Halt gibt, ihnen eine heitere Gelassenheit verleiht gerade auch angesichts der überall lauernden Gefahren und dämonischen Kräfte (der Volksglaube ist voll davon), die man keineswegs verdrängt, ist wohl Ausdruck einer tief verwurzelten und einzigartigen Weisheit.

Viele der hohen geistigen Wesenheiten wirken aber nicht nur aus himmlischen Gefilden heilbringend in diese Welt hinein, sondern sie manifestieren sich in zahllosen Inkarnationen: die leiblichen Gestalten der Buddhas und Bodhisattvas. Sie sind die Tulkus (tib. *sprul sku*), von denen mehrere Hundert immer wiederkehren und offiziell anerkannt sind – nach dem Tode eines solchen Tulku (meist Lamas und Meditationsmeister, selten Frauen) betet man tagelang um die baldige Wiedergeburt und für die schnelle Auffindung derselben. Die bedeutendsten sind der Dalai Lama – als Inkarnation des Bodhisattvas der Barmherzigkeit *Avalokiteśvara* – und der Panchen Lama – als Inkarnation des Buddhas *Amitābha*. Der Bodhisattva der Barmherzigkeit blickt gleichzeitig in alle Richtungen der Welt und hilft auf tausendfache Weise, was ikonographisch durch die elf Köpfe und tausend Arme der Figur veranschaulicht wird. Daß der Dalai Lama als Inkarnation der Barmherzigkeit *die* Integrationsgestalt, der „wunscherfüllende Edelstein", wie ihn die Tibeter nennen, ist, kann kaum verwundern.

Sind aber diese Wesen nun reale, von uns unabhängige Existenzen, oder sind sie Projektionen unseres Bewußtseins? Für wohl die meisten, philosophisch nicht geschulten Tibeter existieren diese Wesen so wie der Mensch, der mir gegenüber am Tisch sitzt. Der in der Meditation Geübte weiß aber, daß alle diese Wesen dem unermeßlichen Bewußtseinskontinuum entspringen, daß sie für Meditationszwecke projiziert werden können, wobei diese Projektion, wenn sie mit größter Intensität vollzogen wird, ein gewisses Eigenleben führen kann. Geistige Projektion schafft Realität: Es gibt Erzählungen, daß Yogis so intensiv meditiert haben, daß die göttlichen Wesenheiten auch für Außenstehende sichtbar wurden oder daß sie aus einem Mandala heraustraten und umherwanderten. In der Legendenbildung stellt man sich die Dinge also durchaus sehr „real" vor. Da ja aber alle Erscheinungen letztlich leer sind, existiert nichts unabhängig vom anderen; die subtilen Geistebenen und feinstofflichen Körper sind dann ebenso real wie dieser Mensch vor mir am Tisch – alles hängt miteinander zusammen, alles hat am anderen Anteil, spiegelt sich im anderen und gewinnt erst dadurch das Charakteristikum seiner Existenz. Existenz ist Beziehung, nicht unabhängiges Sein. Auf dem Hintergrund der buddhistischen Weltanschauung ist die Frage nach Projektion *oder* Eigenexistenz jedenfalls nicht mit einem einfachen Entweder-Oder zu beantworten. Solche Fragen sind für Buddhisten aber ohnehin von zweitrangiger Bedeutung, denn es kommt allein auf das Bewußtseinstraining an. Wichtig ist deshalb, welche Wirkungen bestimmte Vorstellungen haben, und die sind in bezug auf die göttlichen Wesenheiten um so spürbarer, je intensiver man sich ihnen öffnet. Wer sich freilich aus Unwissenheit diesen Wirkungen verschließt, wandelt in den unteren Gefilden des Bereichs der Begierden.

Gebet

Die Literatur über den Buddhismus schweigt meist über Gebet und Gebetspraxis. Manche bestreiten sogar, daß Buddhisten beten. Das Beten ist aber die tägliche und neben dem Studium und der Meditation wichtigste Praxis in den Klöstern, und es ist *das* Mittel religiösen Lebens in den Familien.

Die Morgendämmerung zog silbrig über den schneebedeckten Gipfeln herauf. Das Kiefernholz roch kräftig vom Tau der Nacht, und der Kälte konnten wir nur Herr werden, indem wir schnellen Schrittes den steilen Weg zum Kloster hinauf eilten. Es war Zeit, denn pünktlich um sechs Uhr beginnt das Morgengebet der Klosterschüler in der Schule für Dialektik in Dharamsala. Die ersten rötlich-goldenen Sonnenstrahlen lassen die Bergketten draußen hinter den Fenstern aufleuchten und werfen ein warmes Licht in den Versammlungsraum. Etwa achtzig Novizen und Geshes haben sich versammelt. Zuerst üben sie etwa zwanzig Minuten lang die Prostrationen, d. h. sie werfen sich immer wieder in voller Körperlänge vor der großen Buddhastatue auf den Boden, eine körperliche Anstrengung ohnegleichen, die in Aufmerksamkeit und in Demut einübt. Das Buddhabild strahlt golden im Licht der Butterlampen. Wasseropferschalen werden gefüllt, denn das Wasser ist das reinste Element, klar wie das nichtverschmutzte Bewußtsein. So stellt man jeweils sieben täglich neu zu füllende Schalen vor die Statue Śākyamuni Buddhas und anderer buddhistischer Meister, allen voran *Tsongkapa* (1357–1419), der Begründer der Gelukpa. An den Wänden hängen Rollbilder (Thangkas) von den bedeutendsten indischen Lehrern des Mahāyāna-Buddhismus, den „Sechs Ornamenten des Südens": *Nāgārjuna, Āryadeva, Asaṅga, Vasubandhu, Dignāga* und *Dharmakīrti*[21]. Die Mönche sitzen jetzt in buddhistischer Weise, d.h. in Längsreihen zur Hauptrichtung, einander gegenüber. Sie stimmen ihren unnachahmlichen melodischen Murmelgesang an, der begleitet und gelegentlich auch unterbrochen wird von den gewaltigen Klängen der Gongs, Trommeln, großen Becken, Hörner, tibetischen Schalmeien und Muschelhörner.

Zuerst erklingen Beichtgebete. Die Beichte wird in den tibetischen Klöstern ernst genommen, da sie Voraussetzung für die Tilgung der begangenen Sünden ist, indem sie positive karmische Spuren hinterläßt und den Verunreinigungen entgegenwirkt und sie gar auslöschen kann. Meist werden die Beichtzeremonien zweimal monatlich abgehalten, und es genügt ein allgemeines Beichtgebet. Wir haben aber auch Einzelbeichte erlebt, bei der die jüngeren Novizen den älteren Lamas beichteten. Berühmt ist das Tung-shak-Gebet (tib. *ltung bshags*) an die fünfunddreißig Tathāgatas, aus dem wir hier zitieren[22]:

„Ich, der ... heißt, nehme allzeit Zuflucht bei meinen Meistern, bei dem Buddha, dem Dharma und dem Saṃgha.

Vor ihm, der der Herr ist, der Tathāgata, der Arhant, der vollkommen Erleuchtete, vor dem Guru Śākyamuni Buddha beuge ich mich.

... [es folgen die Namen der fünfunddreißig Tathāgatas]
In diesem Leben und von anfangslosem Anbeginn im

Kreislauf der Geburten, im Leben vor diesem und in allen Bereichen der Wiedergeburt habe ich viel negatives Karma geschaffen, habe andere angehalten, das gleiche zu tun oder mich an der Erzeugung desselben erfreut. Ich habe Verehrungsgegenstände in ichhafter Weise besessen und Gegenstände des Saṁgha benutzt, habe Dinge, die dem Saṁgha gehören, gestohlen und mich ihrer gewaltsam bemächtigt. Ich habe die fünf äußeren schlechten Handlungen begangen und auch die fünf negativen Handlungsweisen, die ihnen nahekommen. Ich habe andere ermutigt, dieselben zu begehen, und mich daran erfreut ...

Jetzt, da sie verborgen sind, fürchte ich, daß diese Karmas bewirken, daß ich und andere in Höllenbereichen wiedergeboren werden, als Tiere oder als hungrige Geister, in irreligiösen Ländern, als Barbar oder als göttliches Wesen im Begierdebereich oder als verstümmeltes Wesen, als einer, der falsche Ansichten hat oder nicht auf das Kommen des Buddha hofft.

All diese negativen Handlungen bekenne ich jetzt. Ich bekenne, daß sie schlecht sind. Ich werde sie nicht geheimhalten, indem ich sie nicht beichte. Ich verberge sie nicht. Von jetzt an will ich mich abwenden von der Erzeugung solcher negativer Handlungen. In Gegenwart der Buddhas und himmlischen Herren, die die transzendentale Weisheit der Allwissenheit erlangen ... Euch gegenüber lege ich diese Beichte ab ...

In diesem Leben und von anfangslosem Anbeginn im Kreislauf der Geburten, im Leben vor diesem und in allen Bereichen der Wiedergeburt – was immer ich an positiven Bewußtseinsformungen hervorgebracht habe selbst durch kleine Handlungen, da ich etwa einem Wesen im Bereich der Tierwelt eine Handvoll Speise gab, was ich an positiven Bewußtseinsformungen hervorgebracht habe, da ich die Mönchsdisziplin einhielt, die geistigen Übungen praktiziert habe, anderen auf dem Weg des Geistestrainings beigestanden habe ...

All diese genannten positiven Bewußtseinsformungen zusammen mit all meinen Tugenden, zusammengebracht mit all den Tugenden aller anderen Wesen, und somit die guten Bewußtseinsformungen in ihrer Gesamtheit, bringe ich dar dem Höchsten, über dem nichts Höheres ist, ja dem, der selbst über dem Höchsten ist, dem Höchsten der Höchsten, ihm, dem Nirmāṇakāya, der selbst höher als das Nirvāṇa ist, bringe ich sie alle dar ...

Alle negativen Karmas, aus denen das Leiden in den unteren Bereichen des Kreislaufs resultiert, bekenne ich gesondert. Ich erfreue mich all der positiven Bewußtseinsformungen. Ich flehe alle Buddhas an, meine Bitte zu erhören: Möge ich die höchste, allersublimste, transzendentale Weisheit empfangen."

Man muß die heilige Scheu auf den Gesichtern der Betenden gesehen haben, um die Tiefe dieser buddhistischen Beichtpraxis ermessen zu können. Nichts wird in Eile abgespult, sondern die dreißigminütige Beichte ist ein Gesang voller Konzentration.

Nachdem das Gebet verklungen ist, schweigen die Mönche. Nur das Miauen einer Katze draußen im Hof ist zu hören – sie war im Gebet mitgemeint. Zwei Mönche tragen schwere Kannen mit Pö-cha, dem tibetischen Buttertee, herein. Alle holen die Teeschale unter ihrem Gewand hervor, die jeder Mönch ständig bei sich trägt. Einige sind aus wertvollen Himalayahölzern gedrechselt, manche sogar mit Silberbändern verziert, die mit Türkisen und Korallen besetzt sind. Andere fördern nur ein zerbeultes Aluminiumtöpfchen zutage. Zwei weitere Mönche bringen Tabletts mit tibetischen weißen Brotfladen, zu denen noch ein Ei gereicht wird. Zunächst wird aber das Triratna-Gebet, die Anrufung des Buddha, des Dharma und des Saṃgha, gesungen, jene Zufluchtsformel, die durch die gesamte buddhistische Welt tönt:

Buddham śaraṇam gacchami,
Dharmam śaraṇam gacchami,
Saṁgham śaraṇam gacchami.

Ich nehme Zuflucht beim Buddha, der Lehre und der Gemeinschaft. Im Mahāyāna-Buddhismus wird das Gebet aber immer sogleich mit dem Bodhisattva-Gelübde verbunden: „Mögen alle lebenden Wesen frei von Leid sein ... möge ich sie alle befreien." Dies ist die grundlegende Motivation zur Selbstlosigkeit, zu heilender Hinwendung und Liebe, die alles bestimmt.

Die kleine Mahlzeit wird nach einem Dankgebet schweigend eingenommen, mit einer Andacht, die den Vergleich mit einem sakramentalen Mahl nicht abwegig erscheinen läßt.

Es folgen der Lobpreis an Mañjuśrī, der als Buddha-Aspekt und Herr der Weisheit natürlich in dieser Schule der Dialektik eine besondere Rolle spielt. Das nächste Gebet wendet sich an den Buddha selbst. Der Ton, auf dem das Gebet gesungen wird, klingt besonders innig, so will uns scheinen. Das tibetische Singen atmet Harmonie und einen Hauch des Grenzenlosen. Der monoton-harmonische Gesang, der immer in seiner Form bleibt, in der er gerade entsteht, ist nicht festgelegt. Er schwingt aus sich selbst, geht durch die Gemeinschaft der Mönche hindurch und erzeugt sich dadurch erneut. Dabei passiert nichts, es gibt keine interessanten Modulationen, denn der Klang steht, indem er fließt[23]:

Huldigung den drei Juwelen!
Jenseits der Welt gegangen, dient er als ein Licht der Welt;
Für das Wohl der Welt wirkend, ist sein Geist ganz erhaben.
Zur höchsten Erleuchtung gelangt, hat er den Schmutz des Wahns abgewischt.
Huldigung dem Buddha, dem Erleuchter der Welt.
...

Zum anderen Ufer gegangen, inspiriert er andere zur Vollkommenheit.

Die Myriaden schädlicher Geister zerstört er und wendet sie ab.

Tüchtig ist er, die Wege und Gedanken anderer zu kennen. Ihm, der Negativität und Übel zerstört, beuge ich mich immer wieder.

...

König der großen Arhants, Zerstörer der Male von Verunreinigungen,

Der auf vollkommenem Pfad geht und Disziplin wie Gutes übt, Höchster der Herren, Untadeliger, frei von Makel, Dir, der Du ungeteilt heilende Hinwendung übst, beuge ich mich.

...

Danach folgen Gebete an die „Sechs Ornamente", die mit Tibet verbundenen Meister *Padmasambhava, Kunga Gyaltsen, Marpa, Milarepa* und *Tsongkapa*, sowie das Herz-Sutra. Immer wieder werden die guten Bewußtseinsformungen, die man durch diese Gebete und Rezitationen erzeugt, allen lebenden Wesen dargebracht, damit sie deren Leiden erleichtern und abwenden mögen. Die Mönche schlagen mehrmals die Hände mit lautem Klatschen zusammen, was böse Geister vertreiben soll. Dann fährt man fort mit dem Gebet für das lange Leben des Dalai Lama, und die Zeremonie schließt nach fast zweistündiger Dauer mit dem Gebet an *Palden Lhamo*, die allgemeine Schutzgottheit Tibets. Sie ist niemand anders als die zornvolle Gestalt der grünen Tara, die als Beschützerin des Lehrens und Lernens des *dharma* gilt.

Die Buddhas, Bodhisattvas, göttlichen Wesenheiten, Schutzgeister und Gurus werden angerufen, um jedes Lebewesen zu beschützen, die Verbreitung der Lehre zu fördern, damit alle ungehindert das Geistestraining vollziehen können, das sie zur leidfreien Seligkeit bringen soll.

Wie aber kann man das Gebet im tibetischen Buddhismus verstehen? Wer betet zu wem? Der Buddha wird verehrt, weil er den Weg gewiesen und mit seinem Beispiel gezeigt hat, daß in jedem Menschen die Möglichkeit zur Vollkommenheit, zur Buddhaschaft ruht. Aber ist er ein persönlicher Gott, den man als „Du" ansprechen kann? Auch das Fürbittgebet für alle lebenden Wesen wird mit Inbrunst gesprochen. Es schließt die Bitte ein, daß der Betende ständig neu die Kraft bekommen möge, alle Wesen vom Leid zu befreien. Auch derer, die in der Hölle ihr schlechtes Karma ableben oder im Zwischenzustand zwischen Tod und Wiedergeburt schweben, wird fürbittend gedacht. Über allem möge *Avalokiteśvara,* der Herr der Barmherzigkeit, der auf die Welt herabblickt, seinen Gnadenstrahl leuchten lassen.

Diese Gebetswünsche können auch sehr konkret sein: für Gesundheit und besonders auch für langes Leben des Dalai Lama und anderer Lamas. Eine solche Zeremonie für das lange Leben eines Meisters beinhaltet dann auch die entsprechenden Visualisationen, die dramatisch dargestellt werden. Im Jahre 1981 erlebten wir im Gaden-Kloster in Mundgod eine derartige Zeremonie für den ehrwürdigen Zong Rinpoche mit, die von Lati Rinpoche, dem Abt des Klosters, geleitet wurde. Die Ḍākinīs (eine Gruppe weiblicher geistiger Wesenheiten, die Schutz und Beistand gewähren) zogen in prachtvollen Gewändern mit tantrischen Kronen und Farbschärpen ein. Sie wurden von Mönchen dargestellt. Sie waren entsprechend den fünf Überwinder-Buddha-Linien gekleidet und umstellten den Thron, auf dem Zong Rinpoche saß. Nachdem sie eine enge Verbindung zu ihm hergestellt hatten, indem sie die farbigen Stoffschärpen ausgerollt und am Thron befestigt hatten, kam der Abt des Klosters und betete, unterstützt von den vierhundert versammelten Mönchen, die Ḍākinīs möchten den Meister noch unter den Lebenden lassen, denn man brauche seine Gegenwart im Kloster, um *dharma* zu lernen und zu praktizieren. Es sei nur am Rande erwähnt, daß dieser Brauch auf uralte vorbuddhistische schamanische Vorstellungen zurückgeht, da man glaubte, daß zwischen Erde und Jenseits ein sehr enger Zusammenhang bestehe, wobei der Tote über eine Brücke (altiranische Vorstellung) oder einen Regenbogen bzw. über die Stoffschärpe in die andere Welt gelange[24]. Die Schärpen wurden schließlich zerschnitten, und die Ḍākinīs zogen – den Rinpoche im Kloster zurücklassend – wieder ab. Hier wird der Mythos rituelle Wirklichkeit.

Eine andere Begegnung wirft Licht auf die Praxis des Betens und deren Verständnis im tibetischen Buddhismus. Anläßlich des bereits erwähnten Besuchs im Sera-Kloster kamen wir auch auf die Gefahren der gegenwärtigen Weltsituation, besonders auf die Möglichkeit eines nuklearen Holocaust, zu sprechen. Die Mönche waren sich des Ernstes der Lage voll bewußt. Als ich fragte, ob sie nicht auch etwas tun könnten, um für den Frieden zu wirken, war die prompte Antwort: „Wir beten täglich. Wären unsere Gebete nicht so intensiv, wäre der Krieg schon längst ausgebrochen." Im selben Sinne hat der Dalai Lama die Kālacakra-Initiation 1985 in der Schweiz „für den Weltfrieden" zelebriert.

Man muß zwei Dimensionen des Gebetes im tantrischen Buddhismus unterscheiden. Zum einen erzeugen positive und heilende Gedanken einen entsprechenden Eindruck im Geistkontinuum. Da alles mit allem vernetzt ist, haben solche Eindrücke ihre unmittelbaren Wirkungen im subtilen Bereich. Gebet ist in diesem Sinne Geistestraining, Formung positiver Bewußtseinsbildungen, die sich im eigenen Kontinuum wie im universalen Bewußtseinsfeld auswirken. Zum anderen – und daran ließ der ehrwürdige Ling Rinpoche, einer der Tutoren des Dalai Lama und Haupt des Gelukpa-Ordens, als wir ihn im September 1983 wenige Monate vor seinem Tod ausdrücklich danach fragten, keinen Zweifel – ist Gebet ein Gebet zu dem, was Christen Gott nennen würden. Die verschiedenen Aspekte der Buddha-Wirklichkeit, die angesprochen werden, so fügte Ling Rinpoche hinzu, sind Aspekte oder „Subtilitätsgrade" *eines* geistigen Kontinuums, das sich gleichsam auffächert wie die Farben eines Regenbogens, um verschiedenen Wesen auf unterschiedliche Weise entsprechend ihren Nöten helfen zu können. Gebet könne man also durchaus als Gespräch mit „Gott" bezeichnen. Aber man müsse einen gewissen Grad an geistiger Intensität und Bewußtseinsklarheit durch Meditation erreicht haben, um sich mit der konkret visualisierten göttlichen Wesenheit tatsächlich vereinigen zu können. Gebet sei letztlich Vereinigung mit den Gnadenstrahlungen, die leibhaft-konkret aus dem transzendenten Buddha-Geist hervortreten.

Gebet und Meditation sind nicht dasselbe. Während das Gebet Anrufung des Höchsten in der Vielfalt seiner Formen darstellt, ist Meditation die in der Konzentration des Geistes gesuchte Identifikation mit dem göttlichen Wesen sowie die Einsicht in die Leere. Das Gebet ist Vorbereitung für den Weg der Meditation. Umgekehrt kann aber ein von egozentrischen Motiven freies Gebet letztlich nur aus dem meditativen Schweigen erwachsen. Vielleicht kann man sagen: In der Meditation erfährt der Buddhist sein wahres Wesen, die Seligkeit des in ihm angelegten *Klaren Lichtes,* letztlich die Buddha-Natur. Im Gebet beugt er sich vor dem Höchsten und bekennt seine Schwachheit.

Man könnte hier noch feinere Unterscheidungen anführen, aber der Buddhist würde abwinken – Praxis ist entscheidend, denn nur durch Praxis erlangt man die unzerstörbare Gewißheit und – noch wichtiger – die aus dem

Leid befreiende Transformation des eigenen Bewußtseins, in der alle Unterscheidungen zerschmelzen.

Heilende Hinwendung – Überwindung des Leidens

Der Buddhismus geht davon aus, daß alle lebenden Wesen im Leid umherirren, da sie von den karmischen Befleckungen ihres Bewußtseins geplagt werden und nach Befreiung aus diesem Zustand streben. Um ihnen helfen zu können, muß man die Umstände ihres Leidens, die subtilen Ursachen ihrer geistigen Verwirrung, genau und in jedem Fall konkret kennen. Das kann ein Mensch nicht, denn er müßte allwissend sein, um einem anderen Menschen in die Tiefe des Herzens blicken zu können. Um diese Allwissenheit zu erlangen, muß man zum Buddha erwachen, und darum legt der Mahāyāna-Buddhist das Bodhisattva-Gelübde ab: zur Erleuchtung zu gelangen, damit er alle lebenden Wesen aus dem Kreislauf der Wiedergeburten befreien kann. Man nennt diese Motivation *bodhicitta,* die uneigennützige Absicht, zur Erleuchtung zu gelangen. Erst im Zustand der Buddhaschaft kann man unbedingte und unbegrenzte heilende Hinwendung (skt. *karuṇā*) und Liebe (skt. *maitrī*) üben.

Dies gibt uns einen tieferen Einblick in das Verständnis der „Gnade" im Mahāyāna-Buddhismus. Man vertraut mit unbedingter Gewißheit in die allüberwindende Kraft der Buddha-Natur, zu der man erwacht, und zwar mittels des Loslassens der eigenen Ich-Kräfte, wodurch die Buddha-Natur selbst wirkt. Es ist eine Anstrengung zur Nicht-Anstrengung. Aber man vertraut nicht auf einen von außen her wirkenden Gott, der letztlich auch ohne menschliche Anstrengung das Leiden beseitigen würde. Der Mensch hat Anteil an der Er-lösung, d. h. Befreiung der Welt aus ihren Fesseln. Es ist sein höchstes Ideal, die Verschmutzungen des Bewußtseins zu überwinden, damit er seinerseits, gleichsam als Glied im Strom der Gnadenstrahlungen, heilschaffend wirkt. Im tibetischen Buddhismus befreit die Gnade den Menschen dazu, ein Gnadenstrahl zu werden. Dadurch füllt sich das Universum mit Gnade.

Der Bodhisattva nimmt das Leid anderer bewußt auf sich, um es zu transformieren und den anderen heilende Kraft entgegenzustrahlen. *Jede* Meditationsübung oder tantrische Initiation beginnt im tibetischen Buddhismus damit, daß die Schutzgottheiten und Buddhas um Beistand angerufen werden – eben die Geistkräfte, die im eigenen Bewußtseinskontinuum anwesend sind. Wer um Erleuchtungsbeistand bittet, bittet um die Öffnung des Auges, diese Wirklichkeit zu erfahren. Nach dieser Anrufung läßt man in der ersten Übung die leidenden Wesen vor dem geistigen inneren Auge erscheinen. Dann visualisiert man ein strahlend-klares Buddha-Bild, das weißes, rotes und blaues Licht in das Stirn-, Kehlkopf- und Herzzentrum ausstrahlt, wobei Körper, Rede und Bewußtsein des Individuums gereinigt werden. Diese Reinigungskraft wendet der Meditierende an, um die Leiden der anderen Wesen zu lindern. Er meditiert den Austausch der Kräfte und visualisiert sich selbst *als* die anderen, und so strahlt er heilende Kräfte zu ihnen aus. Das Leiden wird nicht verdrängt, sondern bewußt angenommen, um es zu transformieren. Wer in der Meditation zu der tief-verwandelnden Ansicht gelangt, daß er mit allen Wesen eins ist, kann gar nicht anders, als ihr Leiden als das seine zu empfinden und alles zur Überwindung zu tun.

Oft wird diese Praxis auch hinsichtlich ganz konkret vorgestellter Menschen geübt, deren Gesichtszüge dann bis in die kleinste Einzelheit visualisiert werden. Es gibt viele solcher Übungen, die nicht nur von Lamas und Mönchen, sondern auch von in der Philosophie wenig geschulten Laien praktiziert werden.

Besonders bekannt sind die Acht Strophen über das Geistestraining, die von dem Meister der Kadampa-Schule *Lang-ri-tang-pa* (1054–1123) gedichtet worden sind. Sie erfreuen sich bis heute in der Geluk-Schule größter Beliebtheit und werden von sehr vielen Tibetern täglich nicht nur rezitiert, sondern in meditativer Konzentration durchlebt. Menschen, die nach diesen Versen üben, haben es in Tibet früher z. B. übernommen, sich der Pflege der Leprakranken anzunehmen [25].

Fest entschlossen, das höchste Wohl für alle lebenden Wesen zu erlangen,
die großartiger sind als selbst ein wunscherfüllender Edelstein,
möchte ich lernen, sie zutiefst zu lieben.

In der Gemeinschaft mit anderen werde ich lernen, von mir als dem Niedrigsten von allen zu denken und die anderen achtungsvoll hochzuschätzen aus der Tiefe meines Herzens.

Bei allem Tun will ich lernen, meinen Geist zu erforschen. Und sobald sich Leidenschaften erheben, die mich und andere gefährden,
werde ich ihnen fest entgegentreten und sie abwenden.

Ich will lernen, mich um Wesen mit schlechter Natur zu kümmern,
und um jene, die von schlimmen Sünden und Leiden bedrückt werden,
als ob ich einen kostbaren Schatz gefunden hätte, den man nur sehr selten finden kann.

Behandeln mich andere aus Eifersucht schlecht, mit Beschimpfung, Verleumdung und noch mehr, will ich lernen, den Verlust zu ertragen und ihnen den Sieg anzubieten.

Wenn jemand, dem ich mit großer Hoffnung Wohltaten erwiesen habe, mich grundlos verletzt, so will ich lernen, diesen Menschen als vortrefflichen geistigen Lehrer zu betrachten.

Kurz, ich will lernen, alle diese Übungen rein zu halten von den Befleckungen der acht weltlichen Auffassungsweisen [26]*, und indem ich alle Erscheinungen als Illusionen durchschaue, von der Fessel des Anhaftens erlöst zu werden.*

3. Medien und Trancen

a) Tibetische Schamanen

Was das menschliche Bewußtsein sei, ist eine uralte Frage der Menschen, die wir auch heute noch nicht eindeutig beantworten können. Es gibt viele Möglichkeiten, dem Geheimnis des Bewußtseins nachzuspüren: von Messungen der Gehirnwellen über anatomische Studien des Zentralnervensystems bis zu Beschreibungen der Bewußtseinsphänomene, die durch intensive Meditation oder künstlich herbeigeführte chemische Veränderungen in den Gehirnsubstanzen erzeugt werden können. Eine wichtige Wissensquelle ist die Geschichte der Menschheit, besonders religionswissenschaftliche Beschreibungen von Bewußtseinsphänomenen, die als intensivierte Bewußtseinszustände gelten können, weil sie sich vom „energetischen Niveau" des normalen Tagesbewußtseins unterscheiden und in vielen Kulturen als Mittel zur Wahrnehmung anderer Wirklichkeiten genutzt werden.

In schamanischen Kulturen Asiens, Amerikas und Afrikas, aber auch in den asiatischen Hochreligionen wie Hinduismus und Buddhismus widmet man diesen Phänomenen seit alters große Aufmerksamkeit, beschreibt sie, ordnet sie in weltanschauliche Systeme ein und trainiert Methoden zu ihrer regelmäßigen Reproduzierbarkeit. Schamanen sind „Techniker der Ekstase"[27], und der „Schamanismus ist eine ekstatische Religionsform mit sehr eigenen, festen Elementen und einer bestimmten

Ideologie ... Die Schamanen sind Heiler, Seher und Visionäre, die den Tod bezwungen haben."[28]

Besonders in den dünnbesiedelten Hochebenen Tibets, in der Einsamkeit der Bergwelt und auf der Grundlage uralten vorbuddhistischen schamanischen Wissens hat sich hier eine einzigartige Kenntnis der Bewußtseinskräfte entwickeln können, die durch den Buddhismus mit seinen systematischen Meditationsmethoden und seinem Ideal der Vervollkommnung des Menschen durch Integration aller seelischen und leiblichen Kräfte nur noch verstärkt wurde. Die Bewußtseinserfahrung und Geistesphilosophie des tibetischen Buddhismus beruht einerseits auf dem genauen Studium der veränderten Bewußtseinszustände wie etwa Trancen, die durch meditative Techniken verursacht werden, und andererseits auf der Geschichte der Verschmelzung vorbuddhistischer geistiger Erfahrungen mit der buddhistischen Systematik eines Bewußtseinskontinuums, die wir bereits dargestellt haben.

Im tibetischen Buddhismus ist Trance die Manifestation höherer Bewußtseinskräfte, die als „gnadenhaftes Herabkommen" erfahren wird. Während gewöhnliche Bewußtseinszustände durch räumlich-zeitliche Beschränkungen gekennzeichnet sind, tritt durch das Eintauchen in eine universale(re) Bewußtseinsebene raum-zeitliche Entschränkung ein, die gleichsam den Durchblick durch die Wirklichkeit, geistige Transparenz, gestattet.

Den verschiedenen Bewußtseinsebenen ordnet man geistige Kraftzentren zu, die als göttliche Wesenheiten *(deva, lha)* vorgestellt werden. Diese Bewußtseinspotentiale erschließen sich nicht nur schrittweise in der Meditation, sondern auch plötzlich in Trancen, in die das Medium (tib. *sku rten*) fällt, indem es von einer solchen göttlichen Wesenheit oder geistigen Kraft „besessen" wird. Das Orakel wirkt zum Wohl der Mitmenschen, der *kuten* ist Seelsorger, Priester und Heiler zugleich. Wird durch ein

Orakel ein Blick in die Zukunft möglich, so ist damit nicht gesagt, daß alle Ereignisse unabänderlich vorherbestimmt seien und der Mensch keine Freiheit zu eigenverantwortlicher Lebensgestaltung habe. Im Gegenteil: Der tiefere Einblick in die subtileren Zusammenhänge der Wirklichkeit, in das Geflecht von Abhängigkeiten und Möglichkeiten, erlaubt eine sachgemäße Erfahrung der Welt, „wie sie ist". Das Tagesbewußtsein ist zerstreut und projiziert Wünsche auf die Dinge, die der Mensch dann gerade nicht vorurteilsfrei wahrnehmen kann. In der Trance hingegen sind derartige Störfaktoren weitgehend ausgeschaltet. Sagt etwa ein Orakel voraus, daß ein Feind anrückt, so ist dies unausweichlich. Aber wie man dieser Tatsache begegnet, obliegt der eigenen Verantwortung und Willensentscheidung: man kann Vorkehrungen treffen und sich gegebenenfalls verteidigen.

Es gibt verschiedene Arten von Trancen. Je universaler die in das Medium eintretende „Gottheit" ist, desto bedeutender ist sie, bis hin zur vollkommenen Allwissenheit, die an die universale Bewußtseinsebene, den tiefsten Grund des geistigen Kontinuums, gebunden ist.

Das Nechung-Orakel

Berühmtestes Beispiel ist das tibetische Staatsorakel, der Nechung-*kuten*[29]. Als im siebenten und achten Jahrhundert n. Chr. der Buddhismus in Tibet eingeführt wurde, mußte nicht nur der Widerstand der Bon-Priesterschaft, sondern auch die Herrschaft der im Geisterreich angesiedelten Kräfte gebrochen werden. *Śāntarakṣita* und vor allem der als Tantriker über magische Kräfte gebietende *Padmasambhava* unterwarfen, so heißt es, unzählige lokale und auch bedeutendere Geister, die in den Buddhismus eingegliedert wurden, um dem *dharma* zu dienen und als Schutzgottheiten aufzutreten. Bis heute stehen diese geistigen Kräfte vermittels ihrer Medien den Tibetern zur Verfügung. Die wichtige Gottheit *Pehar Gyalpo* geht in das Nechung-Orakel ein und gilt als Beschützer ganz Tibets. Sie hat deshalb eine besondere Verbindung zu den Dalai Lamas. Pehar taucht bereits als Schutzgottheit des ersten buddhistischen Klosters in Tibet, *Samye* auf und ist offenbar eine mächtige vorbuddhistische, wenn auch lokal begrenzte, Gottheit gewesen [30]. *Dorje Drakden* gilt als besonderer Botschafter Pehar Gyalpos. und kann daher als spezifischer geistiger Aspekt des universalen Bewußtseinskontinuums gelten. Die Hierarchie der göttlichen Wesenheiten entspricht den irdischen Hierarchien in der tibetischen Gesellschaft, was nicht verwunderlich ist, da materielle und geistige, soziale und himmlische Kräfte ohnehin in Entsprechungsverhältnissen bzw. als Kontinua gedacht werden. Als im Jahre 1416 das Drepung-Kloster – jahrhundertelang mit bis zu siebentausend Mönchen das größte Kloster Tibets – gegründet wurde, war das Orakel von Dorje Drakden entscheidend, und als 1642 der als der „Große Fünfte" bekannte V. Dalai Lama an die Macht kam, wurde Pehar Gyalpo offiziell zur Schutzgottheit für die neue Zentralregierung erklärt.

Das zwölfte Medium dieser Gottheit, Lobsang Jigme, ein Mönch des Nechung-Klosters, wurde 1930 geboren. Durch dieses Medium werden alljährlich anläßlich des Neujahrsfestes die Staatsorakel gegeben. Das etwa achtstündige Ritual für diesen feierlichen und politisch bedeutenden Anlaß war bereits vom V. Dalai Lama niedergelegt worden. Das Medium sowie alle anwesenden Mönche visualisieren die ikonographisch genau festgelegten Aspekte der betreffenden göttlichen Wesenheit, wodurch die Verbindung zu den subtileren Wirklichkeitsebenen, zu feineren Formen im Bewußtseinskontinuum, hergestellt werden soll. In Tibet waren anläßlich des Neujahrsfestes und des damit verbundenen Gebetsfestes *Monlam*

Chenmo bis zu zwanzigtausend Mönche versammelt, was zur besonderen Intensität des Staatsorakels beitrug. Man feierte den *Tsog,* ein Dankopferritual für Pehar Gyalpo, am dritten Tag des tibetischen Neujahrsfestes. Aber auch zu anderen Anlässen und in schwierigen politischen Situationen wird das Staatsorakel von dem Dalai Lama persönlich oder von der tibetischen Regierung befragt. Als 1950 der chinesische Einmarsch nach Tibet bevorstand, hatten viele Orakel entsprechende Warnungen geäußert. Die Arroganz bestimmter Adelskreise in Lhasa sowie die Zerstrittenheit mehrerer politischer Parteien, die während der Minderjährigkeit des XIV. Dalai Lama den Handlungsspielraum der politischen Zentralgewalt lähmte, hat nicht unwesentlich zur Katastrophe beigetragen.

Zurück zur Geschichte des letzten Nechung-Orakels. Lobsang Jigme wurde im Alter von etwa zehn Jahren krank und litt an psychischer Unausgeglichenheit sowie an Halluzinationen. Oft war er geistig abwesend und konnte die klösterlichen Pflichten eines Mönches kaum noch erfüllen, was ihm Schwierigkeiten eintrug. Man brachte ihn in das Zentralkloster des Geluk-Ordens, Gaden. Allmählich läuterten sich die spontanen Anfälle zu echten Trancen, die sich bis fünfmal täglich wiederholten. Der Unterschied besteht in der geistigen Klarheit der Schauung bzw. der Botschaft sowie in der allmählich zunehmenden Kontrolle, die das Medium über den Eintritt oder Nichteintritt der Trance hat. Wie uns Lobsang Jigme im Nechung-Kloster zu Dharamsala erklärte, war dieser Prozeß notwendig, da zunächst unbedeutende und „kleine Gottheiten" vom Medium Besitz ergriffen, um die psychischen Energiekanäle zu reinigen. Erst dann könnten bedeutendere geistige Kräfte in den *kuten* eintreten und wirken. In einer der Trancen im Vorstadium kündigte sich schließlich *Dorje Drakden* selbst an. Das Medium Lobsang Jigme wurde sodann von erfahrenen Lamas einigen Tests unterzogen, denn an der Verläßlichkeit des Staatsorakels hängt viel. Die Unterscheidung der Geister wird vermittels dreier Arten von Tests vollzogen: äußere, innere und verborgene Prüfungen. Im äußeren Test (1) legt man dem Medium in Trance verschiedene verschlossene Behälter vor. Der Inhalt muß fehlerfrei bezeichnet werden, was aber prinzipiell auch durch Hellsehen möglich wäre und darum allein kein ausreichender Anhaltspunkt für genuine Trance ist. Deshalb folgt der innere Test (2), bei dem die das Medium besitzende Gottheit gebeten wird, wortwörtlich Prophezeiungen zu zitieren, die sie in der Vergangenheit gegeben hat. Diese Prophezeiungen werden versiegelt von der Regierung aufbewahrt, und kein Mensch, auch kein Medium, kennt die meist in hochkomplizierten Versmaßen geoffenbarten Sprüche wörtlich. Hunderte derartiger Orakel sind allein von Dorje Drakden überliefert, und die Tibeter glauben mit Gewißheit, daß dieser Test nur gelingen kann, wenn jene Gottheit tatsächlich anwesend ist. Um ganz sicher zu gehen, schließt man den verborgenen Test (3) an, der mit der Geschichte dieses Orakels zusammenhängt. Man prüft (a) den Atem des Mediums vor der Trance. Er muß klar und ohne jeden Geruch sein. Während der Trance verändert sich der Atem und nimmt einen scharfen, alkoholartigen Geruch an, der als Geruch himmlischen Nektars gedeutet wird, den Padmasambhava jenem zunächst widerspenstigen Geist gereicht haben soll, als er ihn zum Buddhismus bekehrt hatte. Als Zeichen seiner Treue, für immer dem buddhistischen *dharma* zu dienen, atmet Dorje Drakden bis heute den Nektargeruch. Weiterhin (b) heißt es, daß Padmasambhava dem in der Gestalt eines achtjährigen Knaben erschienenen neubekehrten Geistwesen zum Siegel ein Diamantszepter *(vajra, rdo rje)* auf das Haupt gedrückt habe. Der stigmatische Abdruck dieses Gegenstandes soll bei dem Medium, das wirklich von Dorje

Drakden besessen wird, ebenfalls in jeder Trance erneut sichtbar sein.

Nachdem Lobsang Jigme all diese Tests erfolgreich abgeschlossen hatte, wurde er im Frühjahr 1945 zum Staatsorakel Tibets erklärt und hat dieses Amt bis zu seinem Tode im Jahr 1985 inne gehabt.

Wie schon erwähnt, entspricht dem unermeßlichen Bewußtseinskontinuum mit seinen immer subtileren Ebenen und geistigen Kräften eine Hierarchie von Medien und Orakeln, die alle dem „gnadenhaften Herabkommen" der einen und doch vielfältigen Kraft des Geistes dienen. So spielen die Orakel in den Dörfern eine ebenso wichtige Rolle für das Leben der Menschen wie die in den Klöstern, und dort sind es Laien, hier aber Mönche, die als Medien dienen.

Das Orakel von Tikse

Auf einem Bergrücken, der sich weit über dem Industal erhebt, thront das Kloster von Tikse in Ladakh. Von weitem ähnelt das Gebäude dem Potala in Lhasa. Ein kleines Nonnenkloster liegt dem gewaltigen Bau zu Füßen, und ganz unten im Tal wohnen die Bauern. Es ist kein gewöhnliches Dorf, denn hier lebt ein weitberühmter Mann. Nach langem Suchen in Häusern und Höfen finden wir ihn auf dem Feld: den Schamanen Sonam, der viele andere Orakel am oberen Indus ausgebildet hat und einen untadeligen Ruf genießt. Er hilft bei der Ernte auf den Feldern, die ihm selbst gehören. Es ist ein warmer Nachmittag im späten August 1982, und das Singen der Schnittergruppe läßt keinen Zweifel daran, daß es bei der Arbeit fröhlich zugeht. Uns ist sofort deutlich: *dieser* Mann ist es. Sein Blick ist durchdringend, aber er hat ein freundliches Lachen und einen kräftigen Händedruck für uns. Wir zeigen den Empfehlungsbrief aus dem Büro des Dalai Lama vor und bitten darum, eine Trance miterleben zu dürfen. Abends sei sein Geist nicht frisch genug, wie sollten am nächsten Morgen kurz nach Sonnenaufgang wiederkommen. Doch daraus wird nichts. Er ist schon vor Sonnenaufgang in die Stadt gefahren, offensichtlich, um sich uns zu entziehen.

Wir versuchen es am nächsten Tag erneut. „Wer nur aus Neugier und nicht mit einem wirklichen Anliegen kommt, läuft Gefahr, von der Gottheit geschlagen zu werden. Dies ist kein Showgeschäft, sondern eine ernste, heilige Sache", werden wir schroff abgewiesen. Man müsse erst die Motivation genau prüfen. Nach einigen Tagen könnten wir ja noch einmal wiederkommen. Als die Frist abgelaufen war, versuchten wir erneut, mit Sonam zu sprechen. Er sei in ein anderes Dorf gegangen, um ein todkrankes Kind zu heilen. Wir dürften nicht in die Nähe kommen, um den Kräftestrom nicht zu stören, hieß es. Am Abend ist er zurück. Er lehnt sich aus dem Fenster im ersten Stockwerk, während wir durch unseren Übersetzer-Mönch Tsewang Norbu, einen Lama aus dem Nachbarkloster, der die Kinder im Dorf in Englisch unterrichtet, mit ihm zu sprechen versuchen. Erneut lehnt er es ab, in Trance zu gehen, obwohl wir doch nun mehrere Tage gewartet haben. Wir blicken ihm lange in die Augen, bis er unverwandt zurückblickt. Dann nickt er leicht und schließt das Fenster.

Am nächsten Morgen sind wir um vier Uhr zur Stelle. Der Sternhimmel ist noch klar, ein grandioses millionenfaches Funkeln in dreitausendfünfhundert Metern Höhe. Bis fünf Uhr meditieren wir, eingehüllt in Decken und Schlafsäcke, um der beißenden Kälte zu begegnen. Eine halbe Stunde später stehen wir wieder vor dem Fenster, mit Dhawa Dhondup, unserem tibetischen Begleiter, und Tsewang Norbu, dem Ladakhi-Mönch. Der Schamane heißt uns, die Treppe hinaufzukommen. Mit einem freundlichen „Dschüläh" begrüßt er uns, während er gleichzeitig die vielen Kultgegenstände ordnet. Wir setzen uns auf Matten nieder, und sofort wird tibetischer salziger Buttertee gereicht. Dabei murmelt Sonam unablässig die vorgeschriebenen Gebete. Als Altar dient eine Bank, die etwas erhöht steht. Schalen mit Wasser und andere mit Gerstenkörnern gefüllte Gefäße stehen neben Butterlämpchen und einer kleinen Buddha-Figur. Der Schamane entzündet ein Räucherstäbchen, das er vor uns hinstellt. Links steht ein größerer Topf mit schwelendem Reisig als Räuchergabe. Dies duftet frisch und würzig.

Der Schamane intensiviert die Gebete und kniet nun, das Gesicht zum Altar gewandt. Er holt ein Bündel hervor, dem er ein Diamantszepter *(vajra, rdo rje)* und die Handglocke *(ghaṇṭa dril bu)* entnimmt. Dann kommt ein Tuch zum Vorschein, eine Art Latz mit runder Öffnung. Unter weiteren Gebeten wirft er sich das Tuch blitzartig über den Kopf, läutet mit der Glocke, um das göttliche Wesen, das von ihm Besitz ergreifen soll, einzuladen, und trommelt schließlich mit der kleinen tantrischen Doppeltrommel (skt. *ḍamaru*). Sein Körper fällt allmählich in Zuckungen. Er schüttelt sich immer heftiger: zuerst die Beine, dann der gesamte Körper, die Arme und der Kopf, wie eine elektrische Strömung, die von unten nach oben fließt. Er niest in hohen Tönen, gähnt mehrmals und stößt gellende Schreie aus. Dann bindet er ein Tuch über die Ohren rund um den Kopf, während ein zweites über das Kinn verläuft und ebenfalls am Hinterkopf zusammengebunden wird. Zum Schluß bindet er sich die fünfzackige tantrische Krone um den Kopf. Die fünf Zacken symbolisieren die Totalität der Wirklichkeit – die fünf Daseinsfaktoren und die fünf Gruppen der Überwinder-Buddhas. Nachdem die Trance vollkommen über ihn gekommen ist, wendet er sich zu uns und wirft uns, zum

Zeichen des Segens, eine Handvoll Körner ins Gesicht. Aber wer ist jetzt „er"?

Die Augen sind völlig verändert, nach innen gedreht, so daß man nur das Weiße sieht. Seine Stimme klingt nun anders, merkwürdig gespalten: nacheinander sprechen abwechselnd eine hohe piepsige und eine tiefe knarrende Stimme. Beide Stimmen fragen, was wir wollen. Tsewang übersetzt aufgeregt, auch Dhawa ist voller Furcht. Uns ist unheimlich zumute. Fraglos liegt jetzt eine große Kraft im Raum, scheinbar unkontrollierbar. Jedenfalls ist hier nichts gewollt oder gemacht. Es geht aber dennoch fast geschäftsmäßig nüchtern zu, ohne jede Pose. Die Fragen werden präzise beantwortet, mit der Auflage, daß über den Inhalt zu schweigen sei. Das Gespräch dauert etwa drei bis fünf Minuten. Zum Zeichen der Freundschaft hängt uns die „Gottheit" einen alten schmutzigen *Kata* um den Hals, den tibetischen Begrüßungs- und Glücksschal. Zum Abschluß wird noch ein äußeres Zeichen für die Kraft und Wahrhaftigkeit der Gottheit demonstriert: eine Telekinese. Ein Reiskorn bewegt sich auf einer Schale mehrmals um die eigene Achse, während alle anderen Reiskörner, die ringsum mandalaförmig angeordnet sind, in ihrer Ruhelage verbleiben. Eine mechanische Krafteinwirkung können wir nicht ausmachen, messen dieser Demonstration aber nicht allzuviel Bedeutung bei, denn der Inhalt des Orakels ist numinos genug, um alle Aufmerksamkeit zu beanspruchen.

Abrupt wendet sich der Schamane wieder zum Altar, stößt Schreie aus und niest. Er reißt sich ruckartig die Krone vom Kopf, zieht das latzartige Tuch über die Schultern und entfernt mit einem Riß die anderen Tücher. Der Körper zittert wieder, dann fällt er kopfüber zu Boden. Das Ende der Trance scheint physisch noch anstrengender zu sein als der Eintritt in den veränderten Bewußtseinszustand. Nach einer kurzen Ruhepause erhebt sich das Medium, dreht sich zu uns und sagt mit matter Stimme „Dschüläh" – guten Tag! Er fragt, ob wir mit den Antworten zufrieden seien und ob es hilfreich gewesen ist. Sonam läßt sich nun noch überblicksartig erklären, was der Inhalt von Fragen und Antworten gewesen sei, denn er hat keinerlei Bewußtsein von den Vorgängen während der Trance. Den Namen der Gottheit darf er uns nicht sagen. Doch, so fügt er hinzu, manchmal sei die Gottheit zornig, manchmal freundlich, je nach der geistigen Verfassung des Bittstellers. Ganz spontan und mit gelöstem Humor verabschiedet er sich. Er läßt sich fotografieren, hält dies aber für töricht, denn schließlich habe doch er in der Trance nur seinen Körper zur Verfügung gestellt, gehandelt und gesprochen habe ein anderer. Nachdenklich und mit vielen Fragen steigen wir die Treppe hinab und sitzen noch lange am Indus, jenem Fluß, der für die Geschichte der menschlichen Zivilisationen (Indus-Kultur) eine bedeutende Rolle gespielt hat.

b) Das Medium Choeyang Dulzin Kuten

Mit „unserem" Kuten-Lama verbindet uns seit Jahren eine ganz besondere Freundschaft, getragen von Respekt für seine geistige Integrität und Bereitschaft, das Leiden seines Volkes zu teilen und auf sich zu nehmen. Bescheiden lebt er in einer Hütte des Gaden-Klosters, das heute bei Mundgod im indischen Bundesstaat Karnataka wiedererstanden ist. Uns ist der 24. Januar 1983, der Tag unseres ersten Besuches in Gaden, in lebhafter Erinnerung. Wir konnten den Kuten-Lama damals zu einem christlich-buddhistisch-hinduistischen Gespräch einladen, das unter der Leitung von Pater Bede Griffiths im christlichen Shantivanam-Ashram im Dezember 1983 zum Thema „Bewußtsein" stattfand. Des Kuten-Lamas Aufgeschlossenheit, auch von der christlichen Erfahrung zu hören und zu lernen, hat uns tief bewegt. Was wir in den folgenden Abschnitten berichten werden, geht auf diese Gespräche in Shantivanam sowie auf spätere Begegnungen bei unseren Besuchen in Gaden in den Jahren 1984 und 1985 zurück.

Kindheit und Initiation

In dem kleinen Dorf Yangtse Tanga in der tibetischen Provinz Ü Tsang wurde am neunundzwanzigsten Tag des zwölften tibetischen Monats im Jahr des Erd-Schafes der Knabe Migmar Tsering geboren. Seine Eltern waren gewöhnliche Bauern, doch hatte es der Vater durch günstige Handelsgeschäfte zu einem bescheidenen Einkommen gebracht. Als Migmar sieben Jahre alt war, wurde er von den Eltern zum Studium in das berühmte Tashilhünpo-Kloster geschickt, genauer: in eines seiner Unterklöster namens Ngarim Choede. Er galt, wie er noch heute mit Schmunzeln erzählt, als freundlich doch über die Maßen temperamentvoll, ja ausgelassen, was einem tibetischen Klosterknaben durchaus gut ansteht. Bis zum dreizehnten Lebensjahr studierte er die heiligen Texte und Gebete, übte sich in der Rezitation und ersten Meditationsübungen. Dann verließen die Eltern die Gegend, und er zog mit ihnen nach Phari, etwa zwanzig Tagesreisen zu Pferde entfernt. Dort gab es ein Zweigkloster des wichtigen Gaden-Klosters bei Lhasa. Migmar, der inzwischen den Klosternamen Yonten Phuntsog angenommen hatte, lebte hier bis zum siebzehnten Lebensjahr, wobei er oft auch das nahe gelegene Tomo-Kloster besuchte. Im Jahre 1934 machte er sich mit einer Gruppe von Mönchen nach Bodh Gaya auf, um an der Stätte der Erleuchtung des Buddha in Nordindien die wichtige *Tsog-Pūjā* zu feiern. Während der Zeremonie fiel er bewußtlos um. Seine Begleiter glaubten, dieser Zustand rühre von der brennend heißen Sonne her. Man versuchte, ihn im Schatten zu kühlen. Allmählich aber wurde deutlich, daß er wie ein Besessener reagierte, und zwar über mehrere Stunden hinweg. Erstmals hatte eine göttliche Wesenheit von ihm Besitz ergriffen, ohne daß er das Ereignis schon zu deuten wußte. Spontan war es über ihn gekommen, und ebenso plötzlich kehrte er in seinen normalen Bewußtseinszustand zurück. Den Rückweg der Pilgerfahrt nahm er über Darjeeling, Kalimpong und Sikkim. Wieder und wieder fühlte er sich unwohl und wurde erneut besessen. Die Leute sagten, er sei wohl unter einen bösen Zauber geraten, andere meinten, daß er von einem bösen Geist besessen sein müsse, während wieder andere glaubten, ein wirkliches göttliches Wesen benutze ihn, um sich mitzuteilen. Er wußte damals nichts von alledem und war verwirrt. Erst rückblickend kann er sagen, daß schon damals dieselbe Gottheit durch ihn sprach, deren Medium er später wurde.

„Von meinem siebzehnten bis zum einundzwanzigsten Lebensjahr wurde ich von einem solchen Geist ergriffen – obwohl die wirkliche Identifizierung des Geistes erst viel später erfolgte, wie ich noch erläutern werde. Während dieser Zeit wußte ich oft nicht, ob ich normal oder verrückt war. Unter seinem Einfluß war ich nicht einmal in der Lage, die Menschen, die mir täglich begegneten, zu erkennen. Ich konnte weder richtig sitzen noch stehen. Mit einem Wort, mein normales Leben war durch diese Einflüsse unterbrochen, und zwar vollständig. Zu dieser Zeit lebte ich im Phari Goensar Kloster. Dies ist ein Zweig des Shartse-Klosters in Gaden. Als die Erscheinungen nicht aufhörten, führte das Gaden-Shartse Kloster gewisse Prüfungen durch. Das gesamte Kloster betete unter der Leitung seiner Äbte tagelang ohne Pause. Dann folgten intensive Prüfungen. Vorbereitungen wurden getroffen, mich zwei Gottheiten als Medium vorzustellen. Dazu hielt man vor allem strikte Retraits ab. Und nun wandte man sich an Puti Khangsar Kuten, der als bedeutendstes Medium des göttlichen Wesens *Shugden* galt. Verschiedene herausragende Persönlichkeiten wurden hinzugezogen, damit man herausfände, ob ich von Schutzgottheiten oder von gewöhnlichen Geistern besessen war: unter ihnen war Taktra Rinpoche, der von 1941–1950 Regent Tibets war, ferner Reting Rinpoche, der nach dem Tod des XIII. Dalai Lama im Jahre 1933 der Regent Tibets war, nämlich von 1934–1941, dann auch Phurbhu Chog Jampa Rinpoche vom Sera Kloster, der ehrwürdige Ling Rinpoche (1905–1983), der später der ältere Tutor des Dalai Lama wurde und zum Drepung-Kloster gehörte, und vor allem Trijang Rinpoche (1901 bis 1982), der zum jüngeren Tutor des jetzigen Dalai Lama bestellt wurde."

Auch Zong Rinpoche, den wir – inzwischen hochbetagt – noch mehrmals in Südindien trafen und befragen konnten, war damals bereits ein berühmter Gelehrter und Abt des Klosters Gaden und bei diesen Zeremonien zugegen gewesen. Diese Namen stehen, wie jeder Tibeter und an tibetischer Kultur Interessierte weiß, für sehr hohe und kundige spirituelle Meister.

„Man hieß mich, Prostrationen und Mandala-Opfer vor dem Schrein Tsongkapas (1357–1419) im Gaden-Kloster, der die sterblichen Überreste des großen Reformators und Begründers von Gaden enthielt, zu vollziehen. Alle Lamas kamen nach gründlicher Analyse zu dem Schluß, daß die Geister, die in mich fuhren, Gottheiten seien, die das Versprechen abgegeben hatten, allen Lebewesen hilfreich beistehen zu wollen. Als die Prüfungen abgeschlossen waren, trat die Vollversammlung des Gaden-Shartse Klosters in seiner Haupthalle zusammen. Ich wurde formell gebeten, das Kleid der ersten Gottheit anzulegen. In Harmonie von Körper und Geist sowie mittels verschiedener Visualisationen der Gottheit wurde diese nun eingeladen, vom neuen Medium Besitz zu ergreifen.

Als die Gottheit in mich eingetreten war, reichte man ihr drei identische Papierstücke. Das erste trug den Namen *Gyaltsen Dorje Shugden*. Das zweite repräsentierte einen übermenschlichen Geist, und das dritte stand für ein Wesen im Zwischenzustand zwischen Tod und Wiedergeburt. Die Gottheit ergriff das Papier mit dem Namen Shugden und verschluckte es, während sie die beiden anderen Stücke fortwarf. Dann kam noch eine andere Gottheit über mich, unmittelbar nachdem die erste mich verlassen hatte. Ihr diene ich seither ebenfalls als Medium. Sie erklärte, daß sie *Setrab* heiße. Dies ist ein Wesen, das besonders eng mit dem Shartse Kloster verbunden ist. Als auch ihr drei ununterscheidbare Papierstücke vorgelegt wurden und sie dasjenige wählte, das den Namen Setrab trug, galt dies noch nicht als zureichender Beweis. Man führte noch eine andere Probe durch. In den Klöstern gibt es Räume, die besonderen göttlichen Wesenheiten geweiht sind. Dort versammeln sich Mönche, denen speziell diese Aufgabe obliegt. Im *Setrab Khang* (Halle des Setrab) des Shartse Klosters wurden nun wiederum auf ununterscheidbare Papierstücke die Namen zweier Gottheiten bzw. Geister und eines Wesens im Zwischenzustand sowie mein eigener Name geschrieben. Nach sieben Tagen besonderer Vorbereitung lud man die mit dem Kloster besonders verbundenen Gottheiten erneut ein, von mir Besitz zu ergreifen. Auch diesmal verschluckten sie die Zettel, die die Namen *Shugden* und *Setrab* trugen, während die anderen Papiere weggeworfen wurden. Das ist also in Kürze die Art und Weise, wie man mich offiziell als Medium für Shugden (oder auch *Dulzin*, die friedvolle Form dieser Gottheit) und Setrab anerkannt hat."

Die Zeit zwischen dem siebzehnten und einundzwanzigsten Lebensjahr war für den Kuten-Lama eine Zeit körperlicher und psychischer Belastung ohnegleichen. Denn vor der offiziellen Einsetzung als Medium durch die Autoritäten des Klosters wurde er von den geistigen Wesen unwillkürlich und unter unvorhersehbaren Umständen besessen, ganz plötzlich, wenn er gerade mit den Verrichtungen des Alltags beschäftigt war. Er war der „Gottheit" ausgesetzt. Man nennt das *thog pheb*, plötzliches Kommen. Das Verhältnis von gewollter zu spontaner Trance ist etwa dreißig zu eins.

Er fährt in der Erzählung fort: „Nach meiner Bestätigung als Medium kamen diese spontanen Zustände zu einem natürlichen Ende durch ein Übereinkommen meiner geistlichen Meister mit den göttlichen Wesenheiten. Unter anderem gibt in einer solchen Übereinkunft die Gottheit ihr Wort, ständig verfügbar zu sein und nur dann vom Medium Besitz zu ergreifen, wenn eine Einladung ausgesprochen wird. Außerdem verspricht sie, auf jede echte und ehrliche Frage eines Bittstellers eine klare und eindeutige Antwort zu geben, und zwar unabhängig davon, ob der Bittsteller die tibetische Regierung, eine noble Privatperson, ein Kloster oder ein einfacher Bauer vom Lande ist. Aber dennoch kann unter dringenden Umständen die Gottheit vom Medium auch ohne spezifische Einladung Besitz ergreifen.

Die Form der Einladung kann verschieden sein. Normalerweise ist sie verbunden mit allen Zeichen eines ausgefeilten Rituals in Gegenwart von Hunderten von Mönchen und Laien in der geweihten Halle eines Klosters. Aber die gleiche Einladung kann auch unter wenigen Gebeten und im Beisein des Bittstellers erfolgen, wobei das Medium sogar seine gewöhnliche Tageskleidung trägt. Der einzige Grund für das ausgedehnte Ritual ist, der Bedeutung der Gottheit gebührenden Ausdruck zu verleihen und ihr Ehrerbietung zu zollen.

Verantwortung für die Leidenden

Nach meiner Bestätigung als Medium bekam ich einen neuen Namen, den Initiationsnamen, der mich mit der Gottheit unauflöslich verbindet: *Choeyang Dulzin Kuten*. Choeyang ist der Name des Klosters, in dem ich nach meiner Entdeckung als Medium zunächst mehr als zehn Jahre lang gelebt hatte. Dulzin ist der Name jenes Zeitgenossen und Schülers Tsongkapas, der die Form der Gottheit angenommen hat, und Kuten heißt Medium. Dulzin und Shugden bedeuten dasselbe: Dulzin ist der friedvolle Aspekt und Shugden ist der zornvolle Aspekt der einen göttlichen Wesenheit, die sich uns gnadenvoll zuwendet. Das geistige Wesen Dulzin/Shugden wirkt wie eine göttliche Person, indem es Orakel gibt. Diese Gottheit ist auch verbunden mit Pa-bong-ka (tib. *Pha bong kha*, 1878 bis 1941), der als einer der bedeutendsten Meister der Geluk-Schule gilt. Er war ein Zeitgenosse des XIII. Dalai Lama, und sein Einfluß kommt fast dem Tsongkapas gleich. Der schon erwähnte Trijang Rinpoche war sein Schüler. Aus all diesen Sukzessionslinien, auf die wir größten Wert legen, kann man erkennen, daß ein Schüler von seinem Meister nicht nur Wissen bekommt, sondern daß er auch dessen spezifische Beziehung zu seiner Schutzgottheit ererbt, und das ist viel wichtiger als äußerliches Wissen. Es schmiedet ein sehr inniges Band zwischen Meister und Schüler."

Im allgemeinen wird durch das Medium eine präzise gestellte Frage auch präzise beantwortet. Im Falle des spontanen Eintritts des geistigen Wesens in das Medium heißt es in Tibet, daß sich die Gottheit so offenbart, daß der Spruch oder die Warnung etwa in einer besonderen

Gefahr solchen Menschen zuteil wird, die Einfluß genug haben, die Dinge zu ändern, um damit der Warnung zu entsprechen.

„Wie verhält es sich dann aber mit der Invasion Tibets durch China", fragen wir. „Hätten in diesem Fall nicht auch die göttlichen Wesenheiten Warnungen geben und Unheil abwenden können?"

„Tibet ist dünn besiedelt", antwortet der Kuten-Lama. „Auf einer riesigen Fläche leben nur etwa sechs Millionen Menschen. Die Region, die unmittelbar an China grenzt, heißt Amdo, und daran schließt sich Kham an. Viele verschiedene Stämme mit unterschiedlichen Interessen leben in diesem Gebiet. Als die Chinesen in Tibet einfielen, hatte die tibetische Regierung alle bedeutenden Orakel befragt, mich auch. Auch Klöster und einzelne Familien haben damals durch mich das Orakel gesucht. Alle gaben Hinweise auf die kommende Aggression, und zwar ohne Ausnahme. Und doch konnte man sich nicht auf einen gemeinsamen Aktionsplan einigen. In Tibet waren leider nicht alle Menschen eines Sinnes, obwohl sie doch alle zu derselben Religion gehören. Das hat zu der Katastrophe wesentlich beigetragen."

Während des chinesischen Einmarsches und vor dem Auszug ins Exil im Jahre 1959 waren Ratlosigkeit und Verzweiflung der tibetischen Bevölkerung besonders groß. Um zu helfen, zu trösten und Beistand zu geben, ging Choeyang Dulzin Kuten oft bis zu zehnmal täglich in Trance, was ihn außerordentlich beanspruchte. Noch schlimmer wurden die ersten Jahre des Exils. In einem ehemaligen Strafgefangenenlager in den bengalischen Urwäldern bei Buxa Duar hatte man Tausende von Mönchen untergebracht. Die klimatischen Bedingungen waren mörderisch. Die aus dem kalten Hochland kommenden Tibeter hatten keinerlei Abwehrkräfte gegen Bakterien und Viren, Moskitos und Stechfliegen, die in Schwärmen über die Neuankömmlinge herfielen. Malaria, Tuberkulose, Cholera und andere Krankheiten rafften Unzählige dahin, die eigentlich dazu bestimmt gewesen waren, der Kern für eine in Indien neu aufzubauende tibetische Kultur zu sein. Unermeßliches Leid hatten diese Menschen zu ertragen, viele nahmen sich in ihrer Verzweiflung das Leben. Choeyang Dulzin Kuten harrte bei den Leidenden aus. Angebote, nach Europa oder Amerika zu gehen, lehnte er mehrmals ab. Sein Platz als Orakel sei bei den Mönchen seines Klosters; ihnen zu helfen und beizustehen, sei seine Aufgabe gewesen. Und so lebte er 10 Jahre an diesem Ort. Erst als im Jahre 1970 bei Mundgod im südindischen Karnataka Gaden und Drepung neu gegründet werden sollten[31], ging er mit etwa sechshundert Mönchen dorthin und lebt bis heute, fast siebzigjährig, in ihrer Mitte. Beinahe täglich geht er in Trance, um Tibetern und Ausländern mit Rat und Tat zur Seite zu stehen. Korrespondenz verbindet ihn mit ehemaligen und zukünftigen Bittstellern – sie geht in viele Länder. Der Kuten-Lama lebt in einer bescheidenen Hütte. Doch immer, wenn wir kamen, bot er uns und vor allem den Kindern Tee und Süßigkeiten an. Alle Ehrungen verweist er an seine Gottheit *Shugden* weiter, so daß er endlich nach langem Sammeln einen kleinen Tempel bauen konnte, in dem neben *Shugden* Statuen von Buddha Śākyamuni und Tsongkapa stehen.

Er fühlt sich verantwortlich für seine tibetischen Landsleute, im spirituellen wie im weltlichen Sinn. So hat er drei Jahre lang auch in der Kooperative der Lamas und zwei Jahre im Komitee für tibetische Unabhängigkeit gewirkt. Auch in wirtschaftlichen Fragen ist sein Rat gefragt, und im Jahre 1979 erhielt er dafür vom Indischen Siedlungsbüro eine Auszeichnung.

Er sagt, er sei ein gewöhnlicher Mensch, mit Fehlern und Schwierigkeiten wie jeder andere. Er betet täglich, daß er sein Heimatland Tibet wiedersehen darf. Tiefster Wunsch ist ihm, daß Tibet noch zu Lebzeiten des jetzigen Dalai Lama die volle Unabhängigkeit wiedererlangen kann. Um seinen Mund und seine Augen hat sich die Verantwortung tief eingegraben, die er seit Jahrzehnten trägt. Leid und ungewöhnliches Wissen sprechen aus diesem Gesicht. Er hat Tieferes gesehen und lebt daraus – für andere.

c) Hierarchie der geistigen Wesen

Die Anzahl geistiger Ebenen und Bewußtseinskräfte jenseits des normalen menschlichen Tagesbewußtseins ist für die tibetischen Buddhisten unermeßlich. Wie wir schon erläuterten, werden diese Bewußtseinsernergien als personale Kräfte erfahren, die gnadenhaft in die Welt der Menschen eingreifen und auf dem Weg zur vollendeten Buddhaschaft Schutz und Beistand gewähren. Die Bewußtseinskräfte oder -ebenen, die, als göttliche Wesenheiten oder „Gottheiten" angeschaut, das tibetische Pantheon ausmachen, werden auf Grund ihrer Subtilität voneinander unterschieden. Je subtiler sie sind, desto größer ist ihre „Reichweite" und Bedeutung.

Stark verallgemeinernd kann man von vier Gruppen sprechen:

1. Unfreie Geistwesen, die keine Kontrolle über sich selbst haben auf Grund schlechter karmischer Bedingungen. Das können zum Beispiel Wesen sein, die eines gewaltsamen Todes gestorben sind. Sie spuken auf der Suche nach Wiedergeburt und können in das Bewußtsein eines lebenden Menschen eindringen. Sie fordern Tieropfer (wie etwa Hühner) zu ihrer Besänftigung, was allein schon Grund genug ist, ihnen den niedrigsten Rang zuzuweisen: ein buddhistischer Lama

wird diese Forderung nie erfüllen, sondern den Wesen mit Gebeten beistehen. Sie sind nicht hilfreich, sondern bedürfen der Hilfe.
2. Wesen im feinstofflich-psychischen Bereich, die in unterschiedlichem Grade frei über sich selbst verfügen können. Sie bedienen sich eines Mediums, um für die Menschen hilfreich zu sein.
3. Geistkontinua von Bodhisattvas, die auf dem Weg zur Buddhaschaft weit fortgeschritten sind. Es handelt sich um die geistigen Potentiale von historisch feststellbaren Meistern der Vergangenheit, die nun auf tieferen geistigen Ebenen weiter wirken. Sie stehen jenseits unserer raum-zeitlichen Bedingungen, sind also frei, befinden sich aber in diesem Universum. Deshalb können sie durch ein Medium segensreich wirken.
4. Geistige Wesen von höchster Vollendung, die sich jenseits unseres Universums befinden und deshalb nicht in ein Medium eingehen.

Als wir Choeyang Dulzin Kuten nach dem Charakter der geistigen Kontinua und dem philosophischen Verständnis der göttlichen Wesenheiten überhaupt fragten, zögerte er zunächst. Daß es sich in seinem Fall um Wesen der dritten Kategorie handele, war nicht schwer zu erschließen, aber die Konsequenzen seiner geistigen Erfahrung für das Verständnis von Religion und Welt, ja für das Wesen des Menschseins aufzuzeigen, scheute er sich, denn diese Dinge trägt man nicht zu Markte. Nachdem das Vertrauen durch die Gemeinschaft im Shantivanam-Ashram gewachsen war und wir lange schweigend unter dem aus Bambus und Palmenwedeln geflochtenen Dach der Meditationshalle gesessen hatten, die sich kreisrund um das Bild des Christus im Meditationssitz ordnet, fing er behutsam zu sprechen an:

Helfer auf dem Weg zum Heil

„Weder bin ich Tibetologe noch besitze ich die Anerkennung als inkarnierter Lama. Zuallererst bin ich Tibeter, und dann auch das Medium für eine Gottheit, die Beschützer der Religionen ist. Allein deswegen empfinde ich es als meine Pflicht, über das zu sprechen, was ich über die Beziehung von Bewußtsein und Religion weiß. Das Wesen wahrer Religiosität ist, ruhig, liebevoll und hilfreich zu sein, ein freundliches Gemüt zu haben und demütig Dienst zu üben. Ob man an Reinkarnation oder ein ewiges Leben im Himmel glaubt, ist zweitrangig. Was zählt, ist der Glaube an ein zukünftiges Leben und daran, daß das, was wir *jetzt* sind und tun, unendliche Bedeutung hat. In Tibet gibt es ein Sprichwort, das vom Buddha selbst stammt: „Enthalte dich schlechter Handlungen, stelle dich heilsamen Taten zur Verfügung, meistere deinen Geist – das ist die Lehre des Buddha!" In diesen Worten also ist das Wesen des Buddhismus zusammengefaßt.

Wenn wir tief genug nachdenken, wird klar, daß Religion nicht identisch ist mit den Schriften, die wir lesen, mit den Bildern und Statuen, die wir in unseren Klöstern aufstellen, oder mit Tempeln und Institutionen. Es ist vielmehr etwas, das viel inniger mit unserem Geist und unserer Person zusammenhängt. Im Grunde der religiösen Erfahrung sollte ein Mensch fähig sein, mit einem anderen den Platz zu tauschen und dadurch des anderen Leid, Wünsche und Hoffnungen von innen zu verstehen. Dadurch kann man begreifen, wie dieser Person am besten geholfen werden kann. Der Buddhismus lehrt, daß keiner von Anfang an vollkommen ist. Jeder Heilbringer, auch der historische Buddha, ist einmal so wie wir gewesen. Aber durch Übung, durch ganzheitliche Entwicklung der Persönlichkeit und des Verhaltens, konnten diese Meister den Geist entwickeln, bis sie schließlich zur Erleuchtung gelangt sind. Sie haben eine Ebene des Bewußtseins erreicht, wo es keine Grenze der Weisheit mehr gibt. Die Vollendeten sind fähig, durch die drei Zeiten Vergangenheit, Gegenwart und Zukunft hindurchzublicken und die zehn Richtungen gleichzeitig zu überschauen. Dieser Geisteszustand wird durch nichts getrübt. Dies ist das letzte Stadium der Vollkommenheit, das von jedem Lebewesen dieser Welt erreicht werden kann, von jedem. Die Buddhas haben diesen Grad der Vollkommenheit erreicht durch Güte, grenzenlose heilende Hinwendung zu allen Wesen, Entwicklung ihrer Fähigkeit, mit anderen den Platz zu tauschen und von daher dann zu wissen, was am besten für die große Zahl der Lebewesen sei. Auf Grund dieser Hinwendung und Sympathie blieb der Buddha nach der Erleuchtung ein gewöhnlicher Mensch und hatte Anteil am normalen Leben, damit er die beste Gelegenheit hätte, mit seinen Zeitgenossen in Gemeinschaft zu treten, um ihnen zu helfen.

Im gegenwärtigen Zeitalter gibt es tausend Buddhas, die kommen, gekommen sind und wiederkehren, um alle Lebewesen zu befreien. Der historische Buddha Śākyamuni ist der vierte in dieser Reihe. Während der Lebenszeit dieser Buddhas kommen Menschen zur Erleuchtung und werden dadurch ebenfalls zu Rettern der Menschheit. Einige von ihnen gehen direkt ins Nirvāṇa ein, während andere den Dharma gemäß dem Sūtrayāna lehren. Davon unterscheiden sich andere, die gemäß dem Tantrayāna lehren. Dies ist der gleiche Dharma, aber eine andere Methode, die der Buddha Śākyamuni zur vollständigen Befreiung vom Leiden empfohlen hat. Für eine umfassende geistige Praxis der Lehre des Buddha sind diese beiden Aspekte des Weges unabdingbar. Sie komplementieren einander. Da der große Meister selbst den einen Pfad unter zwei Aspekten gelehrt hat, gilt dies auch für den Schüler, so meine ich, der beide inkorporieren sollte, um so von größerem Nutzen für andere zu sein. Aber auch für den Übenden selbst gilt, daß man schneller zum Ziel kommt, wenn man den Pfad vollständig in beiden Aspekten geht.

Die Methoden, die im Tantrayāna gebraucht werden, sind als dynamisches Mittel für die geistige Verwirklichung einzigartig. Sie sind umfassender, und dennoch führen sie schneller zum Ziel. Sūtrayāna komplementiert diesen überaus komplexen Pfad, indem es den notwendigen Hintergrund vermittelt, auf dem der Tantra-Weg erst Bedeutung gewinnt. In der Praxis des Sūtrayāna ist der Meditierende gleichzeitig ein Gelehrter, der in der Lage ist, auch andere zu unterrichten. Wer im Buddhismus ein Gelehrter sein will, muß die Lehre makellos predigen und die Voraussetzungen, Einstellungen und Verhaltensweisen der Hörerschaft richtig einschätzen können, damit ein jeder von der Predigt den größtmöglichen Nutzen empfängt. Er muß empfindsam sein für das Glück der Gesellschaft, in der er lebt. Er sollte nie für Unruhe, die den Frieden in der Gesellschaft stört, mitverantwortlich werden. Diese Qualitäten müssen in täglicher Praxis eingeübt werden.

Letztlich hängt alles, was wir unternehmen, an der inneren Einstellung. Wer eine gesunde Geisteshaltung hat, wer eine freundliche und mitfühlende Natur kultiviert, dem wird bei jedem Unternehmen und jeder Begegnung mit anderen Harmonie widerfahren. Dies bestimmt auch die Praxis des Geistestrainings. Dazu haben die Schüler des Meisters *Atīśa* (982–1054) folgendes zu sagen: „Überlaß Profit und Sieg den anderen. Dir selbst behalte Verlust und Niederlage vor." Dies kann inneren Frieden bringen, denn nur so wird die Ursache von Konflikten überwunden. Letztlich kann man alle Lehren des Buddha so zusammenfassen: Freundlichkeit und Mitleiden mit anderen. Aber „Mitleiden" ist zu schwach ausgedrückt – das buddhistische Wort *karuṇā* meint auch die aktive Solidarität mit allen Wesen. Ohne Freundlichkeit kann letztlich kein Lehrer bei seinen Schülern Wirkung hinterlassen. Was nicht durch heilende Hinwendung und Liebe motiviert ist, kann nicht die Bedeutung einer echten religiösen Handlung haben.

Auf dem Weg zur Vollendung stehen uns aber nicht nur Menschen und Bodhisattvas in Menschengestalt bei, sondern auch sehr hoch entwickelte Wesen im geistigen Kontinuum, die ihre heilenden Bewußtseinskräfte aus Freundlichkeit und Gnade zu uns hinabstrahlen. Das sind die göttlichen Wesen oder Gottheiten, die durch Medien sprechen können. Einer Schutzgottheit, die sich in Liebe um alle Lebewesen sorgt, kann man vertrauen, ganz gleich, welchem Volk oder welcher Religion man selbst angehört. Sie wird Hilfe und Schutz in Not gewähren, für jeden und überall im Leben. Solch eine Gottheit kann auch schreckenerregend und furchtbar in ihrer Macht erscheinen, aber immer aus Liebe und in heilender Hinwendung.

Unterscheidung der Geister

Die Geschichte und das Wesen einer Gottheit zu erklären, ist nicht die Aufgabe eines Mediums dieser Gottheit, sondern gelehrter Meister, die dieser Dinge kundig sind. So ist es auch bezüglich solcher philosophischer Fragen wie der nach der Beziehung von Materie und Bewußtsein, dem Platz der Religionen im täglichen Leben und vieles mehr. Diese Fragen sind so wichtig, daß ich glaube, sie verdienen eine ernsthafte Antwort. Man muß diesbezüglich die großen lebenden spirituellen Meister befragen. Und sollte sich die Gelegenheit ergeben, so kann der bedeutendste tibetische Meister und Gelehrte, Seine Heiligkeit der Dalai Lama, die umfassende Antwort geben. Ein einziger Kommentar von ihm eröffnet hundert neue Einsichten in diese Dinge!

Ich kann nur von meiner eigenen Erfahrung sprechen, und soviel kann ich guten Gewissens hinzufügen: Alle Geistwesen, die in einen menschlichen Körper eintreten, verfolgen einen ganz bestimmten Zweck. Auch einige niedrige geistige Wesen sind offensichtlich in der Lage, Hilfe und Heilung zu bringen. Sie verlangen dann allerdings ein Opfer, und meist wird ein Tier geschlachtet. Aber das zeigt nur, daß es sich um niedrige Wesen handelt, denn sie sind nicht von unbedingter Liebe und Hingabe beseelt: um den Wunsch eines Lebewesens zu erfüllen, erfreuen sie sich am Leid eines anderen. Solche Geister sind keine göttlichen Wesenheiten. Sie sind Gegenstand unseres Mitleids, unserer Liebe und unseres Gebetes, damit sie in einer besseren Form wiedergeboren werden mögen. Der wissende Meister versteht diese Zusammenhänge und kann ihnen helfen. Für die Schutzgottheiten wären solche Opfer nicht nur sinnlos, sondern sie sind verboten, denn das Leid eines anderen Wesens gefällt ihnen nicht. Das ist der Hauptunterschied zwischen niederen geistigen Wesen und Schutzgottheiten.

Die Mehrheit der geistigen Wesen, die von Menschen Besitz ergreifen, sind aber bloß eine Manifestation solcher Personen, die unter tragischen Umständen, und das heißt unter Ängsten, die karmische Auswirkung haben, gestorben sind. Ich möchte dazu eine Geschichte erzählen:

Zwischen Sikkim und Siliguri in Westbengalen gibt es ein Dorf namens Shingdang Rongphu. Dort gruben Arbeiter einen Tunnel in den Berg. Durch Nachlässigkeit brach der unvollendete Stollen ein, wobei über einhundert Menschen verschüttet wurden und starben. Während der drei folgenden Tage hörten die Leute in der Umgebung, daß die Namen von Ehefrauen, Ehemännern, Kindern,

Müttern und Vätern der Unglücksopfer gerufen wurden. In Shingdang Rongphu wachsen Orangen, die von guter Qualität sind. Nach der Tragödie brauchten die Leute keine Wächter in ihren Plantagen – ein Dieb, der sich heimlich bedient hatte, wurde nämlich innerhalb zweier Tage krank. Er war von einem Geist besessen, der ihn des Diebstahls anklagte. Einige Früchte wurden in die Grenzregionen Tibets exportiert. Hier ereignete sich dasselbe, und zwar ohne daß die Betroffenen den Zusammenhang kannten. Aus solchen Ereignissen läßt sich folgern, daß viele Menschen, die eines gewaltsamen Todes sterben – sei es durch Naturkatastrophen oder durch Mord und Selbstmord –, als umherirrende Geister wiedergeboren werden.

Es gibt geistige Wesenheiten, die in der Lage sind, den Lebewesen zu helfen, und es gibt andere, die keine Wahlfreiheit über ihr eigenes Schicksal haben, geschweige denn, daß sie anderen nützlich sein könnten. Wir beobachten auch solche Wesen, die einfach als unvollendete Wiedergeburt eines gewöhnlichen Menschen zu betrachten sind, der aus karmischen Gründen nicht in der Lage war, eine menschliche Wiedergeburt zu erlangen. Dies alles zeigt, daß eine endgültige Klassifikation der geistigen Wesenheiten nicht immer ohne weiteres möglich ist.

Im Falle der höheren, mächtigen Wesen, die sich des menschlichen Mediums bedienen, ist das Wort ‚Gottheit' angebracht. Einige von ihnen haben unsere Welt des Leidens bereits überwunden, sie stehen deshalb jenseits dessen, was wir gewöhnlich ‚Wesen' oder ‚Lebewesen' nennen. Viele von ihnen nehmen äußerlich die Form einer ‚welthaften Gottheit' an, das heißt sie erscheinen als eine Art von Engelwesen, das sich dem Kreislauf von Geburt, Tod und Wiedergeburt willentlich unterzieht. Sie tun dies, damit sie anderen Lebewesen nahe sein und ihnen helfen können. Denn nur in dieser raum-zeitlichen Form können sie in ein menschliches Medium eingehen. Ihre eigentliche Gestalt hingegen ist völlig transzendent.

Es gibt nun noch einen anderen wichtigen Unterschied zwischen einer solchen Gottheit und einem gewöhnlichen Geistwesen, obwohl beide durchaus Orakel geben können. Für ein gewöhnliches Geistwesen ist ein solch ausgefeilter Test, wie ich ihn beschrieben habe, nicht nötig, und das Medium kann sich des Wesens mit dessen Zustimmung jederzeit entledigen. Im Falle der universalen Gottheiten kann man das nicht tun. Wenn man einmal als Medium eingesetzt worden ist, erscheint die Gottheit immer dann, wenn sie eingeladen wird, solange das Medium lebt. Ein interessantes Detail kommt hinzu: Bevor ich eingesetzt wurde, fragte der schon erwähnte Taktra Rinpoche die Gottheit, ob die durch mich übertragenen Orakel zum Wohl für alle Lebewesen und für die Lehre des Buddha gereichen würden. Erst nach der Bejahung dieser Fragen wurde ich zum Medium eingesetzt."

Es ist also wichtig, zwischen dem wirklichen göttlichen Wesen und einem gewöhnlichen Geist zu unterscheiden. Die bloße Tatsache, daß eine geistige Kraft von einem Medium Besitz ergreift, besagt noch nichts über deren Charakter. Wie bereits erwähnt, sind ja nach tibetischer Vorstellung Menschen, die übermäßig an ihrem Besitz, ihren Freunden oder ihren Kindern hängen, und auch solche, die unter tragischen Umständen sterben, nicht in der Lage, den Körper ohne Qual und karmische Bürde zu verlassen, weil diese Faktoren einen starken Eindruck in ihrem geistigen Kontinuum hinterlassen. Die Folge davon ist Wiedergeburt als umherirrendes Geistwesen.

Die echten göttlichen Wesen hingegen verfügen über einen freien Willen, bestimmen ihr Schicksal und bedienen sich deshalb eines menschlichen Mediums. Sie sind mit geistiger Macht ausgestattet und können deshalb auf vielfältige Weise Hilfe bringen.

„Ja, einer solchen Gottheit gebührt Verehrung", fährt der Kuten Lama fort. „Ein derartiges geistiges Wesen heißt *choesung,* Beschützer der Religion, oder einfach *sungma,* Schützer. Manchmal manifestieren sie vor allem ihre körperlichen Aspekte und damit verbundene Handlungen, dann heißt dies *ku yi trulpa* (tib. *sku yi sprulpa*). Wirkt die Gottheit vornehmlich durch ihre Manifestation von Sprache, nennt man dies *sung gi trulpa* (tib. *gsung gi sprulpa*). Wirkt vor allem die geistige Kraft in ihrem manifesten Aspekt, sprechen wir von *thug gyi trulpa* (tib. *thugs gyi sprulpa*). Manifestiert die Gottheit vor allem die Aspekte ihrer spirituellen Vervollkommnung und Vollendung, heißt dies *yontan gyi trulpa* (tib. *yontan gyi sprulpa*). Die fünfte Art der Manifestation ist die Manifestation des gnadenhaften Handelns (tib. *'phrin las*); daß die Gottheiten mit ihrer Gnade an allen Lebewesen handeln, heißt also *trinlay kyi trulpa* (tib. *'phrin las kyi sprulpa*). Man unterscheidet vier Wirkungsformen des gnadenhaften Handelns: 1. Gnade, die Leiden, Hindernisse und Fehler überwinden hilft (tib. *zhi ba'i las*). 2. Gnade, die Glückseligkeit und Segen vermehrt (tib. *rgyas pa'i las*), die also vor allem geistige Erfahrung und Reife vertieft. 3. Gnade in der Form machtvollen Wirkens (tib. *dbang gi las*), indem die bittende Person mit Vollmacht und geistiger Autorität ausgestattet wird. 4. Die letzte Kategorie des gnadenhaften Handelns, in der sich die helfende und heilende Macht der Gottheiten auf radikale und heftige Weise offenbart (tib. *drag po'i las*), ist die zornvolle Macht. Dies steht in Beziehung zu der Beseitigung von Übel, und es ist eine radikale Lösung der Probleme des Bösen. Es ist das letzte Mittel, das eine Gottheit anwenden kann, um solche Elemente und Mächte zu besiegen, die den Frieden und die Sicherheit von Menschen und religiösen Institutionen stören. Dies kann man mit einem Arzt vergleichen, der das kranke Organ erst dann durch Operation entfernt, wenn verschiedene Pillen mit unterschiedlichem Wirkungsgrad den Patienten nicht heilen konnten. Die zornvolle Zerstörung eines Widersachers oder einer negativen Kraft ist aber nichts anders als liebendes Mitleid in anderer Form. Der Zorn ist eine Form der Gnade, und die Zerstörung ist ein Segen für besseren Neubeginn. In Wahrheit ist auch die zornvolle Gottheit ein von Liebe erfüllter Bodhisattva, der Mitleid und Solidarität mit allen Wesen übt. Durch Zerstörung, die ja nur Teil eines viel umfassenderen Prozesses ist, transformiert die Gottheit eine solche Person in einem höheren Wirklichkeitsbereich.

In welcher Form und mit welchem Mittel die Gottheit auch wirkt, Menschen können sie mit ihren Vorurteilen und ichhaften Wünschen nicht manipulieren. Die eine Gottheit, deren Medium ich bin, heißt in ihrem friedvollen Aspekt *Dulzin* (tib. *'dulzin*), in ihrem zornvollen Aspekt *Shugden* (tib. *shugs ldan*). Die andere durch mich wirkende Gottheit ist *Setrap* (tib. *bse trab*). Sie ist eine macht- und zornvolle Manifestationsform der Gnade des Buddhas Amitābha und gilt als Hauptschutzgottheit des Gaden Shartse Klosters, in dem ich lebe.

Die Gottheiten existieren universal, und zwar über Länder- und Religionsgrenzen hinweg. Sie werden auch Ihnen helfen, wenn Sie sich ihnen ehrlichen Herzens und mit selbstloser Motivation anvertrauen."

d) Erfahrung des Mediums

Grundsätzlich kann jeder Mensch zum Medium werden. Der soziale Hintergrund der betreffenden Person spielt keine Rolle. Es gibt männliche wie weibliche Medien. Zwischen den Medien und der Gottheit besteht meist eine lange Beziehung, die schon in vorigen Leben wurzeln kann. Anfangs tritt die Gottheit fast immer spontan ein, während durch Initiation und Training die Trancen vom Medium kontrollierbar werden. Wegen der Bedeutung der karmischen Beziehung zwischen Gottheit und Medium ist es also nicht möglich, daß jeder Mensch ohne weiteres die Ausübung des Orakels „erlernen" könnte.

Es gibt Orakel, die regelmäßig gegeben werden, wie das berühmte Nechung-Orakel, über das wir bereits berichtet haben. Andere Orakel treten nur gelegentlich auf. Manche sind mit wichtigen Klöstern verbunden, während andere mit bestimmten geistigen Meistern verknüpft sind.

Die Gottheit und ihr Medium

„Lassen Sie mich von meiner persönlichen Erfahrung als Medium sprechen", fährt nun der Lama fort, als es schon Abend wird und die Sonne glutrot hinter den Mango-Bäumen, die das Gelände des Ashrams zum Kaveri-Fluß hin begrenzen, versinkt.

„Die Gottheit, der ich diene, heißt *Dorje Shugden*, wie ich bereits sagte. Es ist mir nicht erlaubt, über die Natur der Gottheit im einzelnen zu reden. Sie ist jedenfalls die Verkörperung von Dulzin Dragpa Gyaltsen, eines Zeitgenossen Tsongkapas. Als einer der bedeutendsten Schüler dieses berühmten Philosophen und Reformators war er selbst ein außerordentlicher Gelehrter seiner Zeit. Gegenüber seinem Meister Tsongkapa gelobte Dulzin, daß er helfen würde, die Lehre für die Nachwelt zu bewahren und zu schützen, und zwar in der zornvollen Form einer mächtigen Gottheit. Die weitere Geschichte von Shugden, seine Macht als religiöser Wächter und seine Taten sind in allen Schulen des tibetischen Buddhismus bekannt.

Zwischen der Gottheit, den geistigen Meistern, dem Medium und den Menschen, die um ein Orakel dieser Gottheit bitten, besteht eine sehr enge Beziehung. Diese

Leute gelten als *lhadag,* als Eigentümer der Gottheit und des Mediums. Darum ist es in Tibet auch Sitte, daß man jährlich drei Feste feiert, bei denen das Medium mit allen, denen es ein Orakel gegeben hat, zusammenkommt. Man feiert tagelang in ausgelassener Freude. Bei dieser Gelegenheit werden der Gottheit natürlich reiche Opfer dargebracht. Bei uns etwa wird die Lokalgottheit mit Opfern, Liedern und Volkstänzen vom ganzen Dorf geehrt. In den Klöstern hingegen werden diese Feste sehr feierlich zelebriert. Die gesamte Mönchsgemeinschaft versammelt sich. Man dankt der Gottheit für ihre Dienste und bittet die göttlichen Wesen um Vergebung alles Bösen, das die Leute wissentlich oder unwissentlich begangen haben. Die Gebete schließen mit der Bitte um weiteren Schutz und Beistand in der Zukunft. Das ist ein großartiges Ritual. Das Medium sitzt im vollen Ornat der Gottheit inmitten einer großen Zahl von Mönchen. Verschiedene Arten von Speisen werden auf Tischen angerichtet. Früchte dürfen nicht fehlen. Die besten Dinge werden ausgewählt, um der Dankbarkeit Ausdruck zu verleihen. Das, was man besonders mag, ist Hinweis darauf, daß einem eine Schutzgottheit besonders „liegt", wenn auch alle mit gleicher Hingabe erfüllt sind. Gelegentlich offenbart die Gottheit ihrem Schützling, daß die besondere Beziehung zwischen beiden schon im vorigen Leben bestanden hat und daß dies die spezifische Affinität zwischen beiden erklärt. Menschen, die einander schon bekannt sind, werden ihre Beziehung leichter vertiefen können als solche, die einander noch völlig fremd sind, und so ist es auch zwischen der Gottheit und den Menschen. Wenn eine Gottheit mit uns vertraut ist, wird sie effektiver Hilfe leisten können.

Da in meinem Fall das Gaden-Kloster Prüfung, Anerkennung und Vertragsbindung der Gottheit und des Mediums vollzogen hat, gilt es als Eigentümer oder *lhadag* der beiden Gottheiten Setrab und Dorje Shugden. Eine Gottheit kann aber auch mehrere Eigentümer haben. Das hängt an ihrer Natur, und manchmal gilt eine Familie, manchmal ein Kloster, ein Dorf oder ganz Tibet als *lhadag*.

Ein Medium steht durch die fortwährenden Trancen unter hohen psychischen und körperlichen Belastungen. Deshalb ist die Lebenserwartung des Kuten oft nicht sehr hoch, er wird kaum einhundert Jahre alt. Wenn also ein Medium stirbt, besonders im Kloster, wird die Gottheit sofort in einen anderen Mönch fahren. Dieselben Symptome sind nun wieder zu beobachten: Störung der Persönlichkeit, plötzliches Überfallenwerden usw., bis ein neuer Pakt zwischen der Gottheit und dem Kloster geschlossen ist.

Das Medium ist ein normaler Mensch, mit allen menschlichen Fehlern und Schwächen. Er weiß vorher nicht, ob ein Bittsteller wirklich mit einer echten Frage und aus guter Motivation kommt. Aber die Gottheit, die durch ihn spricht, weiß es. Sollte die Frage des Bittstellers nur eine Art Test sein, wird die Gottheit entsprechend antworten. Nur eine echte Frage, die aus wahrhaftigem Herzen kommt, wird eine präzise und hilfreiche Antwort finden.

Trance

Normalerweise tritt ein Bittsteller, der ein Orakel hören möchte, zwei bis drei Tage vor dem gewünschten Termin an das Medium heran. Denn die Riten zur äußeren und inneren Reinigung des Mediums dauern gewöhnlich zwei Tage. Im Falle schwerer Krankheit oder bei Durchreisenden kann das Orakel aber auch am selben Tag gegeben werden. Die minimale Vorbereitungszeit beträgt eine Stunde. Im Falle höherer Gottheiten bereitet sich das Medium auch mittels geeigneter Diät vor, es darf kein Fleisch anrühren, auch keine Zwiebel und andere verbotene Nahrung. Das Medium muß in bester körperlicher und geistiger Verfassung sein. Das hat auch damit zu tun, daß die Gottheiten und höheren Geistwesen ihrer Natur nach als rein gelten.

Bis zu acht oder neun Assistenten können dem Medium zur Seite stehen. Ihre Aufgabe erstreckt sich von der Einladung der Gottheit bis hin zu dem Moment, da die Gottheit in das Medium eintritt. Es genügen aber auch zwei Assistenten, wenn die Zeremonie nicht so ausgedehnt ist.

Zuerst spricht das Medium Gebete an die Gottheit, die vor allem um die Bitte kreisen, daß das Orakel klar und für den Bittsteller hilfreich sein möge. Die Rezitationen werden von einer kleinen Handtrommel (skt. *ḍamaru*), die der Lama selbst schwingt, begleitet. Der Duft von weißen Räucherstäbchen scheint ideale Bedingungen dafür zu schaffen, daß das Medium von der Gottheit ergriffen wird.

Bevor das geschieht, muß das Medium zuerst seine Motivation klären. Mit Opfergaben an die Gottheit betet es, daß die Aufgabe des medialen Wirkens in Übereinstimmung mit der Lehre des Buddha ausgerichtet werde und daß das Glück der betroffenen Wesen vermehrt werden möge.

Erscheint die Gottheit in ihrem zornvollen Aspekt, trägt das Medium alle Kleider und Insignien dieser Form, sucht man aber die Gottheit in ihrer friedvollen Gestalt auf – und das ist meistens der Fall –, so trägt das Medium die Robe eines hohen Lamas der Gelukpa-Tradition.

Bevor das Medium den Thron der Gottheit besteigt, visualisiert es sich selbst nach der üblichen Kerim-Methode (tib. *bskyed rim*) als das *ngontok* der Gottheit und segnet den Thron, um Störungen während der Trance auszuschließen. Das *ngontok* ist die Gesamtheit der Attribute der Gottheit: physische Erscheinung, Stimme und geistige Eigenschaften. Das Medium nimmt durch die visualisierende Identifikation subtil-stofflich den Körper, die Stimme und das Bewußtsein der Gottheit an. In meinem Fall visualisiert der Kuten den zukünftigen Buddha Maitreya im Tushita-Himmel (skt. *tuṣita*). Unter seinem Thron kommt Tsongkapa hervor, und in diesem erscheint die Schutzgottheit Setrab bzw. Dorje Shugden, die das Medium nun bittet, vollständig von seinem Körper, Rede und Geist Besitz zu ergreifen. Die Fähigkeit des Mediums, diese Identifikation vollständig zu vollziehen, hat entscheidende Bedeutung für die Effektivität, Klarheit und Verständlichkeit des Orakels. Andernfalls würde ja nur eine gewöhnliche Person auf dem Thron sitzen. Die Qualität des Alltagslebens des Mediums, das Maß der Hingabe für andere, Bildung, natürliche Veranlagungen usw. beeinflussen die Qualität des Orakels, das durch das Medium gegeben wird. Ist ein Medium von egoistischen Motiven getrieben, kann es kein präzises Orakel geben, während eine reine und mitmenschliche Motivation des Mediums hilft, ein klares Orakel zu erzielen, da ja dann alle verdunkelnde Projektionen wegfallen.

Wir kommen nun zur Erörterung des Zustandes, in dem die Gottheit vom Medium Besitz ergreift. Wenn die Gottheit unter Gebeten eingeladen und visualisiert worden ist, steigt sie genau in dem Moment in das Medium herab, da das Gebet auf dem Höhepunkt der Einladung angekommen ist. Zuerst beginnen des Mediums Füße zu zittern. Daraus schließen unerfahrene Leute, daß die Gottheit durch die Füße eingeht und dann aufsteigt. Manchmal aber beginnt das Medium, den Kopf hin und her zu schwingen. Daraus schließen andere, die Gottheit trete durch den Kopf ein und bewege sich dann abwärts. In Wirklichkeit aber tritt die Gottheit durch einen der

Meridiane (subtile Nervenbahnen) des Mediums in den Körper ein, und zwar oft durch die Schädelkrone oder den Ringfinger. Dieser gilt als besonders rein, und darum verbindet man ihn, wenn man verhindern will, daß die Gottheit in das Medium eintritt. Ohne Vermittlung durch die Meridiane könnten die göttlichen Kräfte nicht in den Körper eintreten.

Von dem Moment des Eintritts der Gottheit bis das Orakel vorbei ist, verliert das Medium jedes Eigenbewußtsein. Ich kann nicht sagen, wo mein Bewußtsein während des Orakels ist – im Himmel, untergetaucht oder sonstwo? Ich weiß es nicht. Es ist aber klar, daß das Bewußtsein des Mediums nicht aufhört zu existieren, es wird vielmehr vollkommen vom Bewußtsein der Gottheit bestimmt. Im Moment des Eintritts bin ich noch vollbewußt. Dann habe ich das Gefühl, als würden mir alle Nerven zersprengt. Sie sind aus der Art ihres normalen Funktionsverlaufs herausgerissen. Danach empfinde ich, daß mein Körper nicht in seinem normalen Zustand ist, sondern in eine zunehmende Unausgewogenheit, ja in eine Bodenlosigkeit sinkt. Und schließlich arbeitet der Verstand des Mediums überhaupt nicht mehr, und ich bin mir meiner in keiner Weise mehr bewußt. Aber dennoch erfahre ich während der Trance eine unbeschreibliche Glückseligkeit. Ich kann nicht nach meinem Willen in diesem Zustand verweilen, denn es ist allein die Gottheit, die an und in mir handelt. Dies ist der große Unterschied zu tiefen Bewußtseinserfahrungen, die durch Meditation möglich werden, denn hier bestimmt der Meditierende, wann der veränderte Bewußtseinszustand aufgehoben wird.

Die Trance endet, wenn die Gottheit den Körper gemäß ihrem eigenen Willen verläßt. Das geschieht gewöhnlich, wenn alle Fragen, die der Gottheit vorgehalten wurden, präzise beantwortet sind. Selbst nachdem die

Trance vorbei ist, kann sich der Kuten nicht erinnern, er behält nicht einmal das kleinste Ereignis, das während der Trance stattgefunden hat, im Gedächtnis. Das bedeutet, daß die Gottheit vollständig von ihm Besitz ergriffen hatte. Kann das Medium Ereignisse, die vielleicht während der Trance im Raum stattgefunden haben, erinnern, so hatte die Gottheit das Medium mit Sicherheit nicht vollständig ergriffen. Das muß man beobachten und bedenken, denn daran hängen Brauchbarkeit und Verläßlichkeit eines Orakels. Aus diesem Grunde muß das Medium immer wieder den oben beschriebenen rigorosen Prüfungen unterzogen werden, so daß Fehler ausgeschlossen werden. Denn die Menschen haben ja großes Vertrauen in seine Verläßlichkeit, wenn die offizielle Anerkennung als Medium ausgesprochen wurde. Dieses Vertrauen darf nicht enttäuscht werden. Ich habe während der vielen Jahre meiner Funktion als Orakel nicht einen einzigen Bericht erhalten, daß das Orakel nicht den Nagel auf den Kopf getroffen hätte oder daß sich die Dinge nicht ereignet hätten, so wie sie im Orakel vorgezeichnet waren.

Es sind oft sechs Fragen, die während der Trance vorgebracht werden. Anfangs bezieht sich die Gottheit genau auf die Fragen in der entsprechenden Reihenfolge, sie kann aber später noch eigene zusätzliche Hinweise geben. Die Gottheit, die durch mich spricht, antwortet gewöhnlich in Versform. Diese Verse warten mit poetischer Schönheit, literarischer Qualität und Stil auf. Sie sind akkurat und ermangeln keineswegs der philosophischen Tiefe. Die Verse fließen ununterbrochen und in großer Geschwindigkeit. Dies ist ein anderes untrügliches Anzeichen dafür, daß die Gottheit vollständig vom Medium Besitz ergriffen hat. Oft werden in wenigen Minuten von den Sekretären neun bis zehn Seiten gefüllt, während das Medium im normalen Tagesbewußtsein Mühe hätte, täglich eine Seite zu schreiben, und dies dann auch nicht ohne Zögern, Ablenkungen, Zwischengedanken und Korrekturen.

Wenn die Trance vorbei ist, helfen die Assistenten, die besonderen Kleider abzulegen, und das Medium ist sehr müde. Ich muß mindestens zwei bis drei Stunden ruhen. Der Sekretär hat inzwischen das Orakel getreu aufgezeichnet und unterbreitet es dem Medium zur Bestätigung durch Siegel.

Ich habe Ihnen mit diesen Bemerkungen etwas von der direkten Erfahrung eines Mediums zweier der wichtigsten tibetischen Gottheiten mitgeteilt. Das ist ein besonderer Tag, weil ein Medium normalerweise nicht viel über seine Erfahrungen spricht, denn es sind heilige Erfahrungen."

Inzwischen hat sich das violettfarbene Halbdunkel des südindischen Abends über den Ashram gesenkt. Wir hören die Stille, die den Worten des Lamas nachfolgt. Nur die Grillen zirpen, und von Ferne hört man die Rufe der Bauern und Fischer des Dorfes, die im Kaveri-Fluß ihr abendliches Bad nehmen. Das Geheimnis dieser geistigen Welt schwingt lautlos in den Herzen der Ashramiten und Gäste nach, bis die Glocke der Kapelle zum Abendgebet läutet.

Der Kuten Lama spricht ein Schlußwort: „Ich habe die Verantwortung eines Mediums mehr als vierzig Jahre lang getragen. Ob ich meinem Ruf erfolgreich gefolgt bin, muß an der Genauigkeit der Orakel gemessen werden, und auch daran, ob sie den Bittstellern wirklich geholfen haben. Falls ich erfolgreich gewesen bin, dann nicht dank meiner besonderen geistigen Begabung oder Gelehrsamkeit. Es ist allein das gnadenvolle Werk der beiden Gottheiten, die sehr hochstehende Bodhisattvas sind und zu einer Welt jenseits der hiesigen, die aus Leid und Wiedergeburt besteht, gehören. Und es ist auch das Verdienst der großen Meister, die mit dieser Gottheit verbunden sind und deren Namen ich schon nannte, sowie auch der zahlreichen Mönche und Laien, die diesen tibetischen Lamas vertrauen und folgen."

Zur Deutung der Erlebnisse

Medien für bedeutende göttliche Wesenheiten sind heute auch unter den Tibetern seltener geworden. Deshalb ist Choeyang Dulzin Kuten überall bekannt. Er ist eines der ältesten lebenden tibetischen Medien. Unter jüngeren Tibetern, die als Medien wirken, ragt vor allem Panglung Gyaltsen vom Sera Kloster heraus. Er dient demselben göttlichen Wesen *Shugden,* nur in einem anderen Aspekt und unter anderem Namen.

Der Unterscheidung der Geister sowie der Überprüfung der Medien in bezug auf die Zuverlässigkeit der Orakel mißt man große Bedeutung bei. Denn ganz unabhängig von der Macht eines göttlichen Wesens kann das Medium alles verderben, wenn es nicht seiner Verantwortung entsprechend lebt. In Tibet ordnet die Regierung alle zehn Jahre eine Prüfung aller Orakel an. Falls die Orakel ungenügend oder gar falsch gewesen sind, wird dem Medium die Befugnis entzogen, weiterhin Orakel zu geben. Dann werden auch die Kleider und Insignien der Gottheit, die das Medium während der Trance anlegt, eingezogen und im Kloster verwahrt. Ein solcher Entzug der Befugnis ereignet sich nach Aussagen des Kuten Lama aber nur etwa einmal in zehn Jahren, wohlgemerkt: in bezug auf höhere göttliche Wesenheiten. Lokale Orakel niederer geistiger Wesen werden weniger genau beobachtet und geprüft.

Es heißt, daß es in Tibet vor der chinesischen Besetzung etwa fünftausend Medien gegeben habe, von denen das höchste und für ganz Tibet maßgebende Medium das Orakel von Nechung ist.

Am nächsten Tag haben wir Gelegenheit, Fragen zu stellen: *Wie* erlangt das göttliche Wesen sein Wissen? Gibt es auch für Gottheiten eine Grenze der Erkenntnis? Weiß das göttliche Wesen alles im voraus, oder liest es hellsehend die Gedanken anderer Wesen?

„Das Medium ist eine menschliche Person. Deshalb weiß der Kuten nicht mehr als andere Leute. Er kann nicht einmal genau sagen, welche Gegenstände sich etwa in diesem Raum befinden, geschweige denn die spirituellen Belange anderer Menschen erkennen", erläutert der Kuten Lama. „Während der Trance allerdings wird dieser Körper von einem Wesen erfüllt, das dieser Welt raum-zeitlicher Begrenzungen enthoben ist. Deshalb ist für dieses Wesen ein Wissen, das unsere natürlichen Beschränkungen übersteigt, gar nicht schwierig. Wesen in den sogenannten feinstofflichen Bereichen verfügen über psychische Kräfte, die Menschen normalerweise nicht besitzen. Aber auch diese Kräfte sind begrenzt. So wie in dieser Welt die Fähigkeiten, Anlagen und Gaben verschiedener Menschen ganz unterschiedlich sind, so unterscheiden sich auch jene geistigen Wesen voneinander, und das hängt an verschiedenen Faktoren, nämlich an ihren karmischen Voraussetzungen, die in früheren Leben geformt worden sind. Ein höherer Status spiritueller Vervollkommnung während des Erdenlebens resultiert natürlicherweise in einem höheren feinstofflichen Stadium. Sollte es sich um ein Wesen handeln, das sich einzig und allein deshalb manifestiert, weil es anderen Lebewesen zu helfen wünscht, so handelt es sich um einen hochstehenden *Bodhisattva*. Die Tiefe des Wissens eines solchen Wesens ist unerschöpflich. In diesem Fall spricht man von Schutzgottheiten.

Alles hängt also an dem Charakter des göttlichen Wesens. Einige sind begrenzt, andere sind in ihrem Wissen und hinsichtlich anderer Qualitäten unbegrenzt. Alle aber haben Anteil an dem einen Geistkontinuum."

„Baut das Medium mit der Gottheit während seines normalen Lebens eine persönliche Beziehung auf, oder ist die Verbindung beider auf den Zustand der Trance beschränkt?", wollen wir weiter wissen.

„Die besondere Beziehung zwischen Gottheit und Medium, die während der Trance besteht, existiert während des normalen Bewußtseinszustandes des Mediums nicht. Dennoch, wenn das Medium die Freundlichkeit der Gottheit versteht und diese Dankbarkeit in das tägliche Leben einbezieht, so werden Hilfe und Gunst der Gottheit beim Medium noch offenkundiger sein als im Fall von anderen Menschen, denn der besondere Dienst ist eine Gunst. Sollte das Medium beleidigt werden, so fühlt sich auch die Gottheit angegriffen. Nicht wahr, wenn jemand den guten Sekretär eines Bischofs beleidigt, so wird dieser ebenfalls gekränkt sein, denn er mag seinen Sekretär gern."

„Hilft die Gottheit dem Medium, durch den Kreislauf der Wiedergeburten zu gehen und diesen zu überwinden, und wenn, welches Bewußtseinsstadium oder welche spirituelle Reife kann das Medium erreichen?"

„Alle höheren Wesenheiten wirken, um den Menschen auf dem Weg zur Befreiung vom Leiden beizustehen. Ob dieser Segen fruchtbar wird, hängt außerordentlich stark an Einstellung und Lebensweise jedes einzelnen Menschen. Das ist bei einem Medium nicht anders. Wenn die Haltung des Mediums durch Vorurteile oder Stolz geprägt wird, der aus der medialen Funktion erwachsen könnte, so ist die Chance gering, daß ihm die Gottheit auf dem Weg zur Reifung helfen kann. Das Medium ist die Wohnung der Gottheit, die sie bezieht, wenn es notwendig ist. Medium und Gottheit sind aber verschiedene Wesen. Wenn das Medium seinen Auftrag recht versteht und gleichzeitig die geeigneten spirituellen Übungen praktiziert, wird die Gottheit gewiß ihre Gnade ganz besonders auch über ihrem Medium ausschütten."

Ob eine Gottheit auch Wunder wirke, um Glauben bei den Menschen zu wecken?

Ja, gelegentlich vollziehe eine Gottheit auch ein Wunder. Die wichtigen Schutzgottheiten tun dies aber höchst selten. Die Authentizität des Orakels genügt, um bei den Menschen volles Vertrauen zu wecken. Gelegentlich könnten aber die Gottheiten auch Gebrauch von ihren übernatürlichen Kräften machen, indem sie etwa ein Schwert so biegen, daß es einen Knoten in der Mitte hat. Man könne diesen Gegenstand aufbewahren, um die Evidenz der Kraft an spätere Generationen zu vermitteln. Die Unfehlbarkeit des Orakels aber sei viel wichtiger als derartige Äußerlichkeiten. Zwischen den göttlichen Wesenheiten und den hohen Lamas würde ja außerdem ein Pakt geschlossen. Schon deshalb vertrauten die Menschen, und es bedürfe keiner weiteren Beweise.

Zweifellos seien die göttlichen Wesen, von denen wir sprachen, mit der tibetischen Geschichte verbunden. Ihre Attribute und Eigenschaften ergeben sich aus dem Gesamtzusammenhang der tibetischen Bewußtseinsphilosophie. Man könne nicht behaupten, daß diese Wesen in ihrer jeweils spezifischen Form einen universalen Anspruch für die gesamte Erde anmelden würden. Allerdings seien sie ja aber nichts anderes als Manifestationen universaler geistiger Kräfte, die nicht an Zeit und Raum gebunden sind. Da sie zum Heil für alle Lebewesen wirken wollen, müsse man annehmen, daß sie sich an anderen Orten in anderer Form offenbaren, um Segen spenden zu können.

„Wir, die wir Zweck und Bedeutung jener Gottheiten aus Erfahrung kennen, ordnen sie auf bestimmte Weise ein", fügt der Kuten Lama hinzu. „Auf diese Weise können wir eine feste Beziehung zwischen Beschützer und Beschütztem aufbauen und bewahren. Bittet man um den gnadenhaften Segen, so wird er gegeben. Bittet man um die Erfüllung eines Wunsches, so wird er erfüllt, wenn er nicht dem Wohl anderer Lebewesen zuwiderläuft."

Niedere geistige Wesen kümmern sich um das Wohl einer Familie oder eines Dorfes. Sie haben nur lokale Bedeutung. Aber die bedeutenden Schutzgottheiten manifestieren sich tausendfach, gleichzeitig und an allen Orten, um allen Lebewesen Beistand geben zu können. Sie mögen in anderen Ländern und für andere Menschen ganz anders erscheinen als in Tibet, und doch wurzeln sie alle in dem einen unermeßlichen Grund des Geistes. In der Tat, ein Universum voller Gnade.

Choeyang Dulzin Kuten schließt seine Erläuterungen: „Jeder von uns hat seine Ansichten über das Wesen des Menschen. Ich habe Ihnen alles gesagt, was ich über die Gottheiten weiß. Das könnte eine gute Basis für weitere kritische Forschung hinsichtlich dieser geistigen Welt sein. Ich bitte keinen, alles, was ich sage, einfach zu glauben. Machen Sie eigene Erfahrungen und prüfen Sie selbst. Aber als eines der wichtigen tibetischen Medien spüre ich die Verpflichtung zu sprechen, denn wer sonst könnte es tun?"

Anmerkungen

[1] Śāntideva, Bodhisattvacaryāvatāra X, 1–2, 41, 55; zit. nach der Übersetzung von E. Steinkellner, Eintritt in das Leben zur Erleuchtung, Düsseldorf: Diedrichs 1981, 142 ff.

[2] Verdienst (skt. *puṇya*, tib. *bsod nams*): Es handelt sich nicht um äußeren Verdienst, sondern um positive Bewußtseinsformung, die das Wesen des handelnden Subjektes betrifft. Sie wird anderen – in einem „Energietransfer" – zur Hilfe dargebracht.

[3] Meist wird das Sanskritwort *samyak* mit „recht" wiedergegeben, was einen gewissen Moralismus intendiert, der gerade überwunden werden soll. Es geht vielmehr jeweils um eine ganzheitliche Anschauung des betreffenden Aspektes, und ich habe entsprechende Übersetzungen gewählt.

[4] Lama Anagarika Govinda, Grundlagen tibetischer Mystik, Weilheim: O. W. Barth ³1972, 75 f.

[5] Govinda, a. a. O., 331.

[6] Lama Anagarika Govinda, Buddhistische Reflexionen, Weilheim/München: O. W. Barth 1983, 274 f.

[7] Vgl. Lati Rinbochay, Mind in Tibetan Buddhism, London: Rider 1980, 49 ff.

[8] E. Napper, Introduction to: Lati Rinbochay, Mind in Tibetan Buddhism, a. a. O., 19, listet die Schulen auf, die diese Theorie akzeptieren (Sautrāntika, Cittamātra, Yogācāra-Svātantrika-Mādhyamika) und die sie aus erwähntem Grund ablehnen (Vaibhāṣika, Sautrāntika-Svātantrika-Mādhyamika, Prāsaṅgika-Mādhyamika).

[9] Vgl. Jeffrey Hopkins, Meditation on Emptiness, London: Wisdom Publ. 1983, 238 ff.

[10] Der XIV. Dalai Lama, Logik der Liebe, München: Dianus Trikont 1986, 63 f.

[11] Hopkins, a. a. O., 93.

[12] So selbst bedeutende Gelehrte wie H. v. Glasenapp, Pfad zur Erleuchtung. Buddhistische Grundtexte, Düsseldorf: Diedrichs ²1980, 13.

[13] Um Mißverständnissen vorzubeugen, sei noch einmal betont, daß das Klare Licht keine „Geistsubstanz" ist, sondern sein Wesen ist die Leerheit. Es ist gewissermaßen das Integral des in Polaritäten sich manifestierenden Wirklichkeitsaufbaus, von den subtilsten Bewußtseinsebenen bis zur Materie. Es ist reine Lichthaftigkeit und vollkommenes Durchdringen, weshalb es auf den weniger subtilen Ebenen, die gleichsam den Bewußtseinsfluß durch ihre eigenen Kondensate blockieren, nicht erfahrbar ist.

[14] H. H. the Dalai Lama, Heart of Mantra, in: Yoga of Tibet, London: Allan & Unwin, 19 ff.

[15] Vgl. Geshe Kelsang Gyatso, Clear Light of Bliss, London: Wisdom Publ. 1982, 67 ff.
[16] Quellen für die folgenden Erläuterungen sind: Der XIV. Dalai Lama, Logik der Liebe, a. a. O., 213 ff.; Geshe Kelsang Gyatso, Clear Light of Bliss, a. a. O., 17 ff., sowie mündliche Belehrungen durch den Dalai Lama, Lati Rinpoche und Zong Rinpoche.
[17] Dalai Lama, The Kalacakra Tantra. Rite of Initiation, London: Wisdom Publ., 1985, 272 f.
[18] Dalai Lama, Logik der Liebe, a. a. O., 223.
[19] Lati Rinbochay, Death, Intermediate State and Rebirth in Tibetan Buddhism, London: Rider 1979, 69 ff.; Geshe Kelsang Gyatso, a. a. O., 31 f., 91 ff.
[20] Lama Anagarika Govinda, Buddhistische Reflexionen, München: Barth/Scherz 1983, 183.
[21] Nāgārjuna (um 200 n. Chr.) und sein Schüler Āryadeva sind die Begründer der in Tibet allgemein akzeptierten Mādhyamika-Schule des Mahāyāna-Buddhismus. Asaṅga (um 350 n. Chr.) systematisierte die Prajñāpāramitā-Texte und gilt als bedeutender Meditationsmeister. Er bekehrte seinen Bruder Vasubandhu zum Mahāyāna-System, der das grundlegende Kompendium Abhidharmakośa schrieb, während Dignāga (480–540) und Dharmakīrti (600–660) die Meister der Logik sind.
[22] Quelle: The Sublime Path of the Victorious Ones. A book of Mahayana Prayers, Dharamsala: Library of Tibetan Works and Archives 1981, 33 f.
[23] Bhagvan Śākyamuni Stotra (Triratnadasa), zit. nach: The Sublime Path, a. a. O., 44 ff.
[24] G. Tucci, Die Religionen Tibets, in: G. Tucci / W. Heissig, Die Religionen Tibets und der Mongolei (Die Religionen der Menschheit, Hrsg. Chr. M. Schröder, Bd. 20), Stuttgart: Kohlhammer 1970, 220.
[25] Dalai Lama, Logik der Liebe, a. a. O., 137 ff.; Der Text der acht Strophen ist abgedruckt: The Eight Verses of Training the Mind, Tibet House Publ., New Delhi o. J.
[26] Neigung und Abneigung, Erstreben und Verlieren, Loben und Tadeln, Beachtung von Ruhm und Schande.
[27] M. Eliade, Shamanism, Princeton Univ. Press 1972, 4.
[28] J. Halifax, Die andere Wirklichkeit der Schamanen, München: Goldmann 1985, 11 f.
[29] Vgl. J. Avedon, In Exile from the Land of Snows, London: M. Joseph Ltd. 1984, 199 ff.
[30] R. A. Stein, Tibetan Civilization, Stanford Univ. Press 1972, 68.
[31] Für Geschichte und Struktur der tibetischen Siedlungen in Südindien: T. C. Palakshappa, Tibetans in India. A Case Study of Mundgod Tibetans, New Delhi: Sterling Publ. 1978, 16 ff.

Glossar

skt. = Sanskrit; tib. = Tibetisch

anumāṇa, skt.	Schlußfolgerung
Arhat, skt.	Heiliger des Hīnayāna-Buddhismus
avidyā, skt.	Unwissenheit
bardo, tib.	Zwischenzustand (vor allem zwischen Tod und Wiedergeburt)
bodhicitta, skt.	altruistisch motiviertes Trachten nach Erleuchtung
bodhisattva, skt.	Wesen auf dem Erleuchtungsweg, Erleuchteter, der anderen Wesen auf dem Weg beisteht (Heiliger des Mahāyāna-Buddhismus)
Bon, tib.	vorbuddhistische tibetische Religion, heute noch vereinzelte Lehrrichtungen, die stark vom Buddhismus beeinflußt sind
cakra, skt.	Zentren feinstofflicher Energie, am Zentralkanal entlang der Wirbelsäule gelegen
citta, skt.	Geist, Bewußtseinskontinuum
ḍākinī, skt.	„Himmelsgeher", feminine Erleuchtungsenergien, symbolisiert in weiblichen geistigen Wesenheiten
dharma, skt.	Weltgesetz, Einsicht in das Wesen der Wirklichkeit, allgemein auch: buddhistische Praxis
dharmakāya, skt.	transzendenter Geist-Körper
duḥkha, skt.	Leiden daran, daß die ichhaften Projektionen unwirklich sind
jñāna, skt.	Erkenntnis
karman, skt.	umfassender, die moralischen Qualitäten einschließender Ursache-Wirkungs-Zusammenhang
karuṇā, skt.	heilende Hinwendung
kuten, tib.	„körperliche Stütze", Medium
Lama, tib.	geistiger Lehrer
maṇḍala, skt.	zwei- oder dreidimensionale Anordnung von Symbolen für Bewußtseinskräfte
mantra, skt.	Klänge oder rezitierte Strophen, die Bewußtseinskräfte symbolisieren und aktivieren
nirmāṇakāya, skt.	körperliche Manifestation oder Inkarnation
nirvāṇa, skt.	Verlöschen des Ich-Wahns
prajñā, skt.	Weisheit, Erkenntnis der Leere
pratyakṣa, skt.	direkte Erkenntnis
prāṇa, skt.	energetische Grundkräfte im feinstofflichen Bereich
puṇya, skt.	positive Bewußtseinsformung
Rinpoche, tib.	„kostbarer Meister", Ehrentitel für hochgestellte Lamas oder Gelehrte
samādhi, skt.	meditative Stabilisierung und Equilibrium der Bewußtseinskräfte
śamatha, skt.	Ruhen des Geistes auf einem Punkt
saṁbhogakāya	Seligkeitskörper im feinstofflichen Bereich

saṃsāra, skt.	Kreislauf der Wiedergeburten
skandha, skt.	Daseinsaggregat
śūnyata, skt.	Leere in bezug auf inhärente Existenz
suṣumna, skt.	Zentralkanal der subtilen Energien, der entlang der Wirbelsäule verläuft und die cakras miteinander verbindet
sūtrayāna, skt.	Buddhismus, der sich auf die Literatur der Sūtras beruft (im tibetischen Buddhismus unbedingte Voraussetzung für alle weiterführenden Methoden)
tantrayāna, skt.	Buddhismus, der die tantrische Praxis als zusätzliche Methode zu den Sūtras lehrt
Tathāgata, skt.	Der „So-Gegangene", der in die vollendete Erleuchtung Eingegangene, Titel des Buddha
tuṣita, skt.	Himmel, besiedelt von Buddhas, die noch einmal auf die Erde zurückkehren, Sitz des kommenden Buddha Maitreya
vipaśyanā	tiefe Einsicht in das Wesen der Wirklichkeit

Literaturhinweise

Übersetzungen

Borsig, M. v., Juwel des Lebens. Buddhas erleuchtetes Erbarmen, Aus dem Lotos-Sūtra, Freiburg 1986.

Conze, E., Im Zeichen Buddhas. Buddhistische Texte, Hamburg 1957.

Glasenapp, H. v., Pfad zur Erleuchtung. Buddhistische Grundtexte, Köln 1980.

Muralt, R. v., Meditations-Sutras des Mahāyāna-Buddhismus, 2 Bde., Zürich 1956.

Neumann, K. E., Die Reden Gotamo Buddhas, 3 Bde., Zürich–Wien, 1956f.

Nyanaponika, Die Lehrreden des Buddha aus der Angereihten Sammlung, 5 Bde., Freiburg 1984.

Zum Buddhismus allgemein

Conze, E., Der Buddhismus. Wesen und Entwicklung, Stuttgart 1953.

Frauwallner, E., Die Philosophie des Buddhismus, 2 Bde., Berlin 1936, 1958.

Glasenapp, H. v., Die Weisheit des Buddha, Baden-Baden 1946.

Sangharakshita, A Survey of Buddhism, Boulder–London 1980.

Schumann, H. W., Buddhismus. Stifter, Schulen und Systeme, Olten–Freiburg ²1978.

Zum tibetischen Buddhismus

Avedon, J. F., In Exile from the Land of Snows, London 1984.
Der XIV. Dalai Lama, Mein Leben und mein Volk, München–Zürich 1962.
Der XIV. Dalai Lama, Das Auge der Weisheit. Grundzüge der buddhistischen Lehre für den westlichen Leser, Weilheim 1975.
Der XIV. Dalai Lama, Logik der Liebe, München 1986.
Dargyay, E. u. L. (Hrsg.), Das tibetische Buch der Toten, Bern–München–Wien 1977.
Evans-Wentz, W. Y., Milarepa. Tibets großer Yogi, Weilheim 1971.
Govinda, A., Grundlagen tibetischer Mystik, Frankfurt a. M. 1975.
Govinda, A., Der Weg der weißen Wolken, Bern–München–Wien 1978.
Govinda, A., Buddhistische Reflexionen, Bern–München–Wien 1983.
Hoffmann, H., Die Religionen Tibets, Freiburg–München 1956.
Hopkins, J. (Hrsg.), Tantra in Tibet, Düsseldorf–Köln 1980.
Hopkins, J., Meditation on Emptiness, London 1983.
Lati Rinpoche / Hopkins, J., Stufen zur Unsterblichkeit, Köln 1983.
Lauf, D.-I., Das Erbe Tibets, Bern 1975.
Lauf, D.-I., Geheimlehren tibetischer Totenbücher, Freiburg 1979.
Söpa, L. / Hopkins, J., Der tibetische Buddhismus, Düsseldorf–Köln 1977.
Thubten Ngawang, Tod, Bardo und Wiedergeburt, Hamburg 1985.
Tucci, G. / Heissig, W., Die Religionen Tibets und der Mongolei, Stuttgart–Berlin–Köln–Mainz 1970.

VORANZEIGE:

Erhard Meier
Weisungen für den Weg der Seele
Aus dem tibetischen Totenbuch
Band 1381, erscheint im Juli 1987

Lebensweisheit vom Dach der Welt
Herausgegeben von Joseph Hopfgartner
erscheint im November 1987

HERDERBÜCHEREI

Rudolf Kippenhahn

Kosmologie
für die
Westentasche

Mit 37 Abbildungen

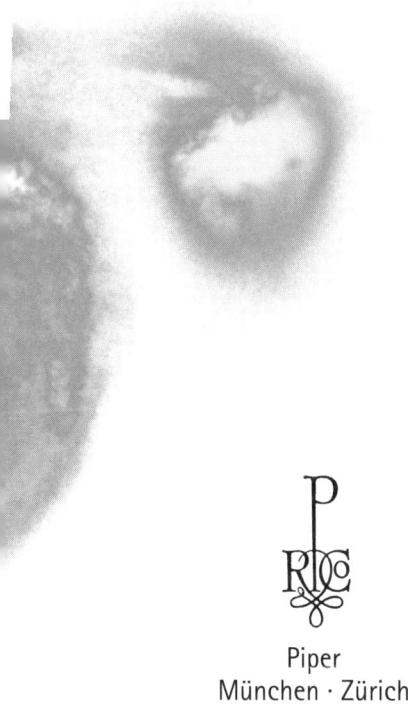

Piper
München · Zürich

ISBN 3-492-04497-2
© Piper Verlag GmbH, München 2003
Umschlaggestaltung: Büro Jorge Schmidt, München
Umschlagfoto: Focus, Hamburg
Gesamtherstellung: Kösel, Kempten
Printed in Germany

www.piper.de

Inhalt

7	Vorwort
9	Einleitung
11	Die Milchstraße
14	Der Abstand Sonne–Erde
16	Feldmesserei in der Milchstraße
18	Je entfernter, um so schwächer
20	Rhythmische Sterne als Standardkerzen
22	Die Milchstraße wird ausgemessen
25	Der Raum zwischen den Sternen
27	Dunkle Wolken und leuchtende Nebel
30	Eine besondere Klasse von Nebeln
33	Das Reich der Galaxien
36	Der Blick ins Unendliche
38	Was Lichtwellen verraten
41	Der Effekt des Christian Doppler
43	Galaxien auf der Flucht
46	Das Weltall ohne Mitte
48	Ist alles falsch?
51	Hubble und seine Folgen
53	Schneller und immer schneller?
55	Die heilige Kuh der Kosmologen
57	Wie alt ist die Welt?
59	Die Altersgebrechen der Sterne
61	Greise unter den Sternen
63	Radiosterne, die keine Sterne sind
65	Unsichtbare Wolken
67	Radioaktivität im Weltall

69	Gamows Traum
71	Die kalte Wärmestrahlung
73	Ein Gedankenexperiment
75	Als das Weltall durchsichtig wurde
77	Der Blick in die Vergangenheit
80	Wolken in der Jugend des Weltalls
83	Warum die Nacht schwarz ist
85	Der dunkle Anblick des hellen Anfangs
87	Der glühende Hintergrund
89	Die ersten chemischen Elemente
92	Die Bausteine der Materie entstehen
94	Die Geschichte der Ursuppe
96	Warum es uns eigentlich nicht geben kann
98	Dunkle Materie
100	Die ungeliebte Naturkonstante
102	Die Auferstehung von Lambda
105	Zurück zur Sekunde Null
108	Die Gesetze der Grauen Epoche
111	Ist das Rätsel ein Rätsel?
113	Die Gesetzlosigkeit der Weißen Epoche
116	Warum ist die Welt nicht krumm?
118	Der Mensch im Fadenkreuz
120	Fremde Universen
122	Warum ich an den Urknall glaube
124	Ist das alles?
126	Register

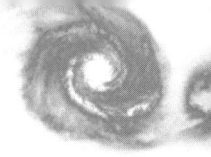

Vorwort

Als der Piper-Verlag mir nahelegte, für seine "Westentaschen-Reihe" einen Beitrag zur Kosmologie zu schreiben, zweifelte ich, ob sich das Thema in dieser Reihe zufriedenstellend behandeln läßt. Immerhin verlangt ihr Rahmen eine Aufgliederung in kurze Einzelabschnitte und jeder Band hat einen sehr begrenzten Umfang. Aber als ich dann zu schreiben begann, hatte ich sehr bald das Gefühl, daß sich in diesem Stil ganz gut arbeiten läßt. Natürlich konnte ich manche Dinge nicht so ausführlich behandeln, wie ich es gerne getan hätte.

Um Dinge begrifflich auseinanderzuhalten, habe ich den Ablauf der Geschichte des Weltalls in drei Epochen eingeteilt. Die dritte ist die Epoche, in der wir leben und in der unsere Physik gilt. Doch die Naturgesetze der ersten Epoche, in der alles begann und die ich die "Weiße Epoche" nenne, kennen wir nicht. Deshalb können wir zum Beispiel nicht sagen: "Am Anfang waren Dichte und Temperatur des Weltalls unendlich", sondern nur "Das Weltall sieht so aus, als wäre es aus der Weißen Epoche mit extrem hoher Dichte und Temperatur hervorgegangen". Ich versuchte, in diesem Büchlein Begriffe zu klären, die oft zu Mißverständnissen führen, etwa zur Vorstellung, der Urknall hätte an einem Punkt begonnen. Auch die berühmte Frage, was vor dem Urknall war, stellt sich nur, wenn unser heutiger Begriff von Zeit für eine Epoche verwendet wird, für die er nicht gilt.

Ich danke meinem Freund, dem Göttinger Mathematiker Hans-Ludwig de Vries, für die kritische Durchsicht des Textes und für viele nützliche Ratschläge. Ich danke den Mitarbeitern des Verlages, vor allem den Herren Hanns Polanetz und Klaus Stadler, für die angenehme Zusammenarbeit. Herrn Dr. Stadler, der mich vor einem Vierteljahrhundert überredete, Buchautor zu werden, sehe ich es auch nach, daß mein Titelvorschlag „Der Urknall in der Westentasche" bei ihm kein Gehör fand.

Göttingen, im Frühjahr 2003

Rudolf Kippenhahn

Einleitung

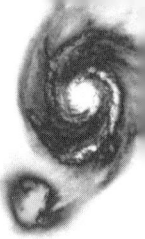

Wer sich in die Welt im Großen oder in die im Kleinen vertiefen will, der lasse alle Anschauung fahren, denn sie ist dafür nicht geschaffen. Unsere Gehirne entwickelten sich im Laufe von Jahrmillionen so, daß wir den Wettkampf mit anderen Lebewesen bestehen konnten. Merkwürdigerweise lernten wir auch, über „nutzlose" Dinge nachzudenken, die für den Überlebenskampf unwichtig waren. So können wir abstrakte mathematische Gedankengebäude entwickeln, die keinen unmittelbaren Nutzen haben. Es ist ein Wunder, daß die Evolution so nebenher und anscheinend völlig zweckfrei in unseren Gehirnen Fähigkeiten entstehen ließ, die es uns heute möglich machen, Vorgänge in der Welt der Sterne und der Welt der Atome zu verstehen, denn diese Fähigkeiten haben uns im Überlebenskampf der Vorzeit keinerlei Vorteile gebracht.

Aber nicht alle Bereiche unseres Denkens sind diesem Höhenflug in die Welt des nicht unbedingt Nützlichen gefolgt, zum Beispiel nicht die anschauliche Vorstellung. Bei den großen Entfernungen zu den Sternen, deren Licht uns erst nach Millionen von Jahren erreicht, und bei den kleinen Abständen zwischen den Atomen um uns versagt unsere Vorstellungskraft. Sie ist im Bereich des täglichen Lebens zurückgeblieben. Wir kennen krumme *Linien* und krumme *Flächen*, doch krumme

Räume können sich nicht einmal die Mathematiker anschaulich vorstellen, obwohl sie mit ihnen rechnen.

Andere Erfahrungen aus unserer Umwelt halten wir für selbstverständlich, obwohl sie es bei genauerer Betrachtung nicht sind. „Aus nichts wird nichts" ist so eine Selbstverständlichkeit oder „Alles hat seine Ursache". Wir sehen es auch als ganz natürlich an, daß es vor jedem Vorgang einen anderen gegeben haben muß und daß wir mit Recht fragen dürfen: „Was war davor?" Diese Feststellungen und Fragen sind im täglichen Leben berechtigt. Doch sie machen keinen Sinn, wenn wir aus diesem Bereich heraustreten, etwa wenn wir fragen, was die Ursache dafür ist, daß ein bestimmtes Radiumatom gerade in diesem Augenblick zerfällt, oder wenn wir fragen, was vor dem Anfang der Welt gewesen ist.

In den folgenden Kapiteln werden wir uns oft in Bereichen bewegen, in denen unsere Erfahrungen aus dem täglichen Leben nicht unbedingt gelten. Zwar kann das menschliche Denken der Logik der Natur folgen, oft läßt es aber die Anschauung hinter sich.

Die Milchstraße

Das milchig-weiße Band der Milchstraße zieht sich über Nord- und Südhimmel. Als erster richtete der italienische Gelehrte Galileo Galilei im August des Jahres 1609 ein Fernrohr zum Himmel und erkannte, daß dieser Streifen aus zahllosen Einzelsternen besteht. Wo das Auge helle Flecken wahrnimmt, zeigt das Fernrohr Anhäufungen von Ster-

Die Milchstraße am Südhimmel. Im Vordergrund die Gebäude der inter-amerikanischen Sternwarte auf dem Cerro Tololo in Chile. Links zwei benachbarte Sternsysteme, die Große (links unten) und die Kleine Magellansche Wolke (links oben). (Aufn. R. Smith, NOAO/AURA/NSF)

nen. Auf Himmelsaufnahmen scheint es manchmal, als stünden sie so dicht beieinander, daß sich ihre Oberflächen berühren. In Wahrheit sind sie weit voneinander entfernt, und nur dieselbe Blickrichtung und ihre große Entfernung von uns täuschen vor, sie seien nahe beieinander.

Die Sterne erfüllen den Raum nicht gleichförmig, sondern stehen in einer verhältnismäßig flachen Scheibe, die auch unsere Sonne mit ihren Planeten beherbergt. In welche Richtung wir auch in den Raum hinausschauen, überall finden wir Sterne.

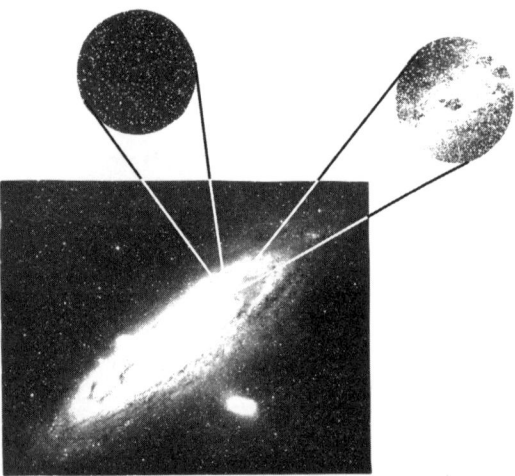

Ein Beobachter, der von seinem Planeten im Inneren eines flachen Sternsystems wie dem unseren in verschiedenen Richtungen zur Kante blickt, sieht ein sternreiches Band wie das unserer Milchstraße. Schaut er dagegen senkrecht zur Scheibenebene in den Raum, sieht er nur wenige Sterne.

Blicken wir senkrecht zur Ebene der Scheibe hinaus, sehen wir verhältnismäßig wenige. In Richtung der Kante nehmen wir dagegen viele Sterne wahr. So erscheint uns die mit Sternen erfüllte Scheibe am Himmel als breiter, sternreicher Streifen, die Milchstraße.

Die Sonne und ihre Planeten, mitsamt der Erde, sind nur winzige Pünktchen in dieser gewaltigen Ansammlung von Sternen, das die Astronomen *Milchstraßensystem* nennen oder *Galaxis*.

Der Abstand Sonne–Erde

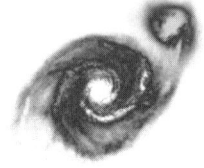

Wie weit draußen im Raum stehen die Sterne? Die Sonne, der uns am nächsten stehende Stern, ist für unsere irdische Vorstellung extrem weit entfernt. Ihr Licht benötigt mit seiner Geschwindigkeit von 300 000 Kilometern pro Sekunde für den Weg zu uns 8 Minuten. Würde die Sonne schlagartig erlöschen, wir würden es nicht sofort merken.

Daß Erde und Sonne 150 Millionen Kilometer voneinander entfernt sind, haben französische Astronomen erst im 17. Jahrhundert herausgefunden. Sie benutzten dazu den Planeten Mars und die Gesetze der Planetenbewegung. Je genauer sie die Bewegungen der Planeten verfolgen konnten, um so besser konnten sie die Sonnenentfernung bestimmen. Die Erde bewegt sich nicht genau auf einer Kreisbahn. Deshalb schwankt ihr Abstand zur Sonne im Laufe eines Jahres geringfügig. Im Mittel aber beträgt er 149,5979 Millionen Kilometer.

Heute haben Raumsonden weite Bereiche des Sonnensystems durchquert, haben Planeten angesteuert oder sind zum vorbestimmten Zeitpunkt auf ihnen gelandet. Das hat die schon vor Jahrhunderten ermittelten Abstände der Planetenbahnen, auch die der Erde, bestens bestätigt. Darüber hinaus gelang es, Radarsignale zu mehreren Planeten und sogar zur Sonne zu senden und die von dort zur Erde zurückgeworfenen Echos zu empfangen. Da sich Radarwellen mit Lichtgeschwindigkeit durch den Raum bewegen, folgen aus den Eintreffzeiten der Radarechos die Wegstrecken, die sie zurückgelegt haben. Das Ergebnis: Die Entfernungen zwischen den Planetenbahnen, und insbesondere der Abstand Sonne–Erde, sind genauso, wie sie die Astronomen schon seit langem kennen.

Der mittlere Abstand Erde–Sonne ist eine der wichtigsten Größen in der Astronomie, denn mit ihm loten die Astronomen auch die Welt der Sterne aus. Deshalb nennen sie diesen Abstand auch *Astronomische Einheit*, abgekürzt 1 AE. Sie entspricht dem 23 000fachen Durchmesser der Erde.

Feldmesserei in der Milchstraße

Die Sonne ist weit, aber nahe im Vergleich zu den anderen Sternen in der Milchstraße. Diese sind so weit entfernt, daß die Astronomen dafür ein eigenes Längenmaß benutzen. Das ist die Wegstrecke, die das Licht in einem Jahr zurücklegt: das *Lichtjahr* (Lj), es entspricht 9 460 000 000 000 km. Demgegenüber ist der Abstand Sonne-Erde mit seinen 8 Lichtminuten winzig. Doch er hilft uns, die Entfernungen zu anderen Sternen zu ermitteln.

Wir beobachten einen Stern an zwei verschiedenen Tagen, die ein halbes Jahr auseinanderliegen. Der Abstand der beiden Beobachtungspunkte ist dann gleich dem Durchmesser der Erdbahn, also

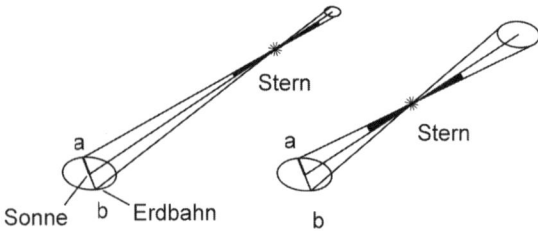

Entfernungsbestimmung nach der Parallaxenmethode: Von zwei entgegengesetzten Stellen der Erdbahn (a, b) sind die Richtungen zu einem Stern etwas verschieden. Je näher der Stern, um so größer die Parallaxen (schwarz ausgefüllte Winkel).

2 AE oder etwa 300 Millionen km. Beim zweiten Mal steht für uns der Stern in etwas anderer Richtung als beim ersten Mal. Wir erkennen es daran, daß er sich gegenüber seinem weit entfernten Hintergrund etwas verschoben hat. Je näher der Stern, um so größer dieser Effekt. Der halbe Winkel dieser Verschiebung heißt die *Parallaxe* des Sterns. Aus ihr bestimmt der Astronom die Entfernung.

Die Parallaxen der Sterne sind sehr klein. Der uns nächste Fixstern, Proxima Centauri, ist immer noch so weit entfernt, daß seine Parallaxe nur 0,76 Bogensekunden beträgt. Das ist der Winkel, unter dem uns ein Euro im Abstand von 6,6 km erscheint. Die Parallaxe von Proxima Centauri liefert seine Entfernung. Es sind recht genau 40 000 000 000 000 km oder 4,23 Lichtjahre.

Sterne, deren Parallaxe eine Bogensekunde beträgt, sind 3,26 Lj entfernt. Diese Entfernung nennen die Astronomen ein *Parsek* (pc). Die tausendfache Entfernung ist ein *Kiloparsek* (kpc), und 1000 kpc sind ein *Megaparsek* (Mpc).

Sehr kleine Parallaxen lassen sich nur von Satelliten aus messen. Der 1989 gestartete Satellit HIPPARCOS konnte noch Entfernungen von etwa 500 pc (etwa 1600 Lichtjahre) bestimmen. Das Licht, das uns von diesen Sternen erreicht, wurde ausgesandt, als während der Völkerwanderung in Europa die Goten unter ihrem König Alarich in Oberitalien eindrangen.

Je entfernter, um so schwächer

Die meisten Sterne in unserem Milchstraßensystem stehen so weit draußen im Raum, daß ihre Parallaxe selbst vom Meßsatelliten HIPPARCOS nicht erfaßt werden konnte. Doch nicht nur die Parallaxe verrät uns etwas über die Entfernung eines Sterns, auch die Helligkeit, mit der er am Himmel zu sehen ist, gibt uns einen Hinweis.

Wir kennen es von der Erde her: Im Licht einer nur wenige Meter entfernten Straßenlaterne kann ich Zeitung lesen. Das Licht einer Laterne gleicher Leuchtstärke in einigen Kilometern Abstand nehme ich nur wahr, wenn ich direkt zu ihr blicke. Die Sonne macht den Tag hell. Der Stern Eta im Sternbild Cassiopeia hat etwa die gleiche Leuchtstärke, trotzdem erscheint er uns nur als ein unscheinbares Lichtpünktchen. Der Grund: Er ist von uns nicht 8 Lichtminuten, sondern 19 Lichtjahre entfernt.

Das Gesetz, nach dem sich die Helligkeit einer Lichtquelle mit ihrer Entfernung verringert, ist einfach: Doppelte Entfernung – ein Viertel der Helligkeit, dreifache Entfernung – ein Neuntel der Helligkeit. Etwas mathematischer ausgedrückt: Die Helligkeit einer Lichtquelle sinkt mit dem Quadrat der Entfernung. Wenn ich von einem fernen Stern weiß, daß er die gleiche Leuchtstärke hat wie die Sonne, so kann ich seine Entfernung bestimmen.

Ich muß nur die Helligkeit messen, mit der er am Himmel erscheint. Die Astronomen sprechen von seiner *scheinbaren Helligkeit* und messen sie mit Instrumenten, die den in unseren Fotoapparaten eingebauten Belichtungsmessern ähneln. Das Leben der Astronomen wäre sehr viel einfacher, wenn die Sterne alle gleich starke Strahler wären. Dann würden alle nahen Sterne hell, die entfernteren schwach erscheinen. Die Astronomen müßten dann nur die scheinbare Helligkeit der Sterne messen, um daraus ihre Entfernung zu bestimmen.

Aber die Sterne leuchten nicht gleich stark. In Kilowatt ausgedrückt ist die Strahlungsleistung der Sonne eine 24stellige Zahl. So ungeheuer groß das auch ist, sie ist nichts Besonderes. Deneb, der hellste Stern im Sternbild Schwan, strahlt etwa 70000mal stärker. Wenn also ein Stern am Himmel hell erscheint, kann er entweder ein schwach strahlender Stern sein, der nahe steht, oder ein stark strahlender in großer Entfernung. Wer also aus der scheinbaren Helligkeit eines Sterns etwas über seine Entfernung erfahren will, der muß wissen, wie groß seine Strahlungsleistung ist. Anstelle von Strahlungsstärke oder Strahlungsleistung, also der Energiemenge, die der Stern in jeder Sekunde in den Raum strahlt, sprechen die Astronomen von seiner *Leuchtkraft*.

Doch wie sehe ich einem Stern seine Leuchtkraft an?

Rhythmische Sterne als Standardkerzen

Es gibt Sterne, denen man ihre Leuchtkraft ansehen kann. Die bekanntesten sind die pulsierenden Sterne. Die aus ihrem Inneren zur Oberfläche dringende Energie zwingt sie, sich rhythmisch aufzublasen und danach wieder zu schrumpfen.

Der Vorgang ist ähnlich dem in einer Orgelpfeife. Die Luft wird gleichmäßig in sie hineingeblasen und beginnt in der Pfeife zu schwingen. Danach verläßt sie den Hohlraum der Pfeife im Rhythmus des Pfeifentones. Bei pulsierenden Sternen wird die Energie nicht gleichmäßig von der Oberfläche abgestrahlt, sondern einmal stärker, einmal schwächer. Die Schwingungen des Sterns können wir daher an seinen Helligkeitsänderungen erkennen.

Für die kosmische Entfernungsmessung sind zwei Arten von pulsierenden Sternen besonders wichtig. Bei einer, den sogenannten *Delta-Cephei-Sternen* (benannt nach einem typischen Vertreter im Sternbild Cepheus), steigt die Leuchtkraft im Rhythmus von Tagen. Bei der anderen Art, den *RR-Lyrae-Sternen* (der Name stammt von einem dieser Sterne im Sternbild der Leier), liegt die Periode unter einem Tag.

Die RR-Lyrae-Sterne haben angenähert alle die gleiche Leuchtkraft. Aus ihren Entfernungen folgt, daß sie etwa 75mal stärker strahlen als die Sonne.

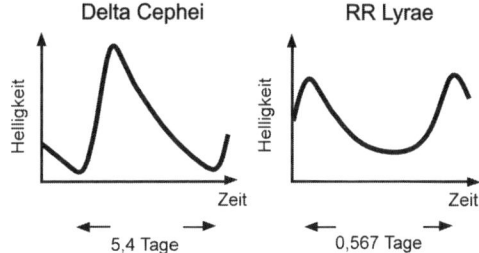

Die Helligkeiten der veränderlichen Sterne vom Typ Delta Cephei und RR Lyrae schwanken im Rhythmus von Tagen und Stunden. Ihre Periode gibt Auskunft über ihre Leuchtkraft und damit über ihre Entfernung.

Delta-Cephei-Sterne sind stärkere Strahler. Ihre Leuchtkraft ist um so größer, je länger die Schwingungsperiode ist. So wie die Schwingungsdauer bei der Orgelpfeife von ihrer Größe abhängt (je größer die Pfeife, um so tiefer der Ton), so hängt die Schwingungsdauer dieser Sterne von ihrer Leuchtkraft ab (je länger die Periode, um so größer die Leuchtkraft).

Da man aus den Helligkeitsschwankungen der pulsierenden Sterne durch fortlaufende Beobachtung die Schwingungsperiode relativ leicht ermitteln kann, sind die pulsierenden Sterne *Standardkerzen*, gewissermaßen ideale Meilensteine im Weltall. Ihre Leuchtkraft folgt aus ihrer Periode, aus ihrer Leuchtkraft und ihrer scheinbaren Helligkeit folgt ihre Entfernung.

Es waren die RR-Lyrae-Sterne, mit denen der amerikanische Astronom Harlow Shapley um die Zeit des Ersten Weltkrieges unser Milchstraßensystem ausgemessen hat.

Die Milchstraße wird ausgemessen

Es war etwa 80 Jahre, bevor HIPPARCOS in seine Umlaufbahn geschossen wurde. Die Astronomen konnten damals die Parallaxen nur vom Erdboden aus messen. Die Erdatmosphäre verbeulte die Bilder der Sterne und ließ sie schwanken. Deshalb kannte man nur die Parallaxen von Sternen, die näher sind als etwa 300 Lichtjahre. So nahe steht keiner der pulsierenden Sterne, die als Standardkerzen dienen

Der Kugelsternhaufen M55 am Südhimmel enthält nahezu 100 000 Sterne. Das Licht, das wir von ihm heute empfangen, war 20 500 Jahre unterwegs. (Aufn. ESO)

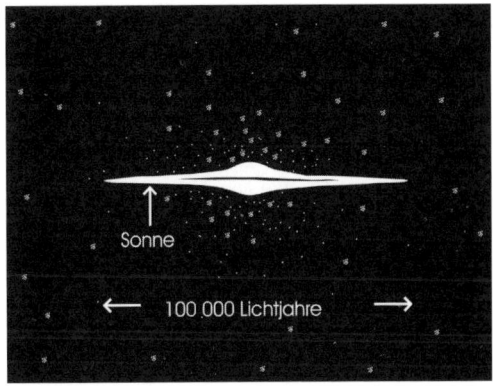

Das Milchstraßensystem (schematisch) von der Seite gesehen. Die Scheibe mit dunklen Staubwolken in ihrer Mittelebene ist im Halo eingebettet, der Sternhaufen und einzelne Sterne enthält.

könnten. Doch der auf dem Mt. Wilson-Observatorium in Kalifornien arbeitende Astronom Harlow Shapley benutzte eine andere, indirekte Methode, Entfernungen von RR-Lyrae-Sternen zu schätzen. Das lieferte ihm die Leuchtkraft dieser Sterne, von denen er bereits wußte, daß sie alle nahezu gleich starke Strahler sind. Viele dieser veränderlichen Sterne stehen in *Kugelsternhaufen*. Das sind Ansammlungen von Tausenden oder Hunderttausenden von Sternen, zusammengedrängt auf einen engen, kugelförmigen Raum. Diese Sternhaufen erfüllen ein Raumgebiet, das die Milchstraßenscheibe umgibt, den sogenannten *Halo*. Shapley konnte die Entfernungen der Kugelsternhaufen mit Hilfe der RR-Lyrae-Sterne in ihnen bestimmen.

Er fand, daß das Zentrum des Halos von uns aus gesehen in Richtung des Sternbildes Schütze liegt. Shapley schloß daraus, daß nicht nur der Mittelpunkt des Halos, sondern auch der der Milchstraßenscheibe nicht bei uns liegt, sondern in Richtung Schütze. Anders als man vorher geglaubt hatte, bilden wir nicht die Mitte des Milchstraßensystems. Tatsächlich sind wir mit unserer Sonne von diesem Mittelpunkt etwa 32 000 Lichtjahre entfernt.

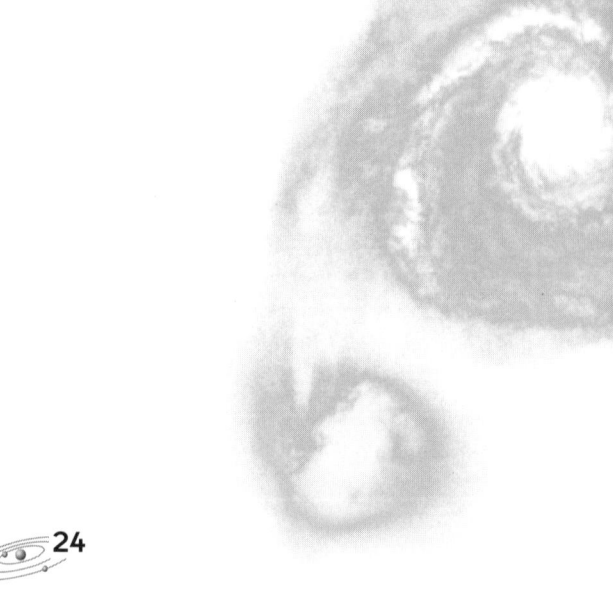

Der Raum zwischen den Sternen

Das Milchstraßensystem ist eine mit Sternen angefüllte Scheibe, so groß, daß ein Lichtstrahl nahezu 100 000 Jahre benötigt, um sie von Rand zu Rand zu durchqueren. Sie enthält neben der Sonne noch etwa 100 Milliarden anderer Sterne. Das sind etwa so viele, wie Reiskörner dicht gepackt in das Innere einer Kirche passen, und die Sonne ist nur eines von ihnen. Aber die Sterne in der Scheibe sind nicht dicht gepackt. Ihre Größen und ihre Entfernungen voneinander entsprechen in unserem Vergleich einer Handvoll von Reiskörnern, über ganz Mitteleuropa verstreut.

Die Scheibe ist vom Halo der Milchstraße umgeben, einem kugelförmigen Raumgebiet, dessen Durchmesser wesentlich größer ist. In ihm finden wir einzelne Sterne und Kugelsternhaufen. Die Dichte der Halo-Objekte nimmt in Richtung des Zentrums zu. Da die Scheibe in den Halo eingebettet ist, stehen auch in ihr Halosterne und Kugelsternhaufen.

Doch zwischen den Sternen der Scheibe ist der Raum nicht leer, in ihm stehen Gaswolken, hauptsächlich aus Wasserstoff, dem häufigsten chemischen Element im Weltall. Das Gas zwischen den Sternen ist stark verdünnt. In einem Liter befinden sich meist weniger als 500 Atome. Zum Vergleich: In einem Liter der uns umgebenden Luft ist die Zahl der Atome eine 24stellige Zahl. Das Gas im Halo aber ist noch stärker verdünnt als das in der Scheibe.

Daneben gibt es im Raum zwischen den Sternen auch noch Staub. In einem Raumgebiet von 1000 Litern ist im Mittel ein Staubkorn von der Größe von Millionstel Zentimetern. Der Halo dagegen ist praktisch staubfrei.

Die Entfernungsbestimmungen mit Hilfe von Standardkerzen werden durch den Staub verfälscht. Erscheint ein Stern schwach, weil er weit entfernt steht oder weil sein Licht von den Staubschleiern, die es auf dem Weg zu uns durchdringen muß, geschwächt wurde? Glücklicherweise können die Astronomen dem ankommenden Sternlicht ansehen, wie stark es durch den Staub abgeschwächt worden ist. Der Staub läßt das Sternlicht röter erscheinen, so wie die Staubschichten in der Luft die untergehende Sonne rot erscheinen lassen.

Dunkle Wolken und leuchtende Nebel

Das Band der Milchstraße erscheint uns recht unregelmäßig. Da gibt es helle und dunkle Flecken. Das liegt vor allem am unregelmäßig verteilten Staub, der das Licht der dahinter stehenden Sterne schwächt. Besonders hell erscheint uns die Milchstraße im Sternbild des Schützen. In dieser Rich-

Der leuchtende Gasnebel im Sternbild Orion. Heiße Sterne bringen das Gas in ihm zum Leuchten, Staubwolken reflektieren das Sternlicht. (Aufn. R. Gendler, NASA)

tung steht das sternreiche Zentrum der Scheibe. Tatsächlich zeigt das Fernrohr, daß an den hellen Stellen zahllose Sterne stehen, die das Auge sonst gar nicht einzeln erkennen kann.

Es gibt aber auch helle Flecken in der Milchstraße, die ihr nebliges Aussehen selbst in den größten Fernrohren beibehalten, das sind leuchtende Gaswolken.

Ein Beispiel dafür ist das Nebelwölkchen, das wir an Winterabenden im Sternbild des Orion schon mit bloßem Auge erkennen können, der *Orionnebel*. In ihm werden Gasmassen von jungen Sternen zum Leuchten angeregt. Es gibt in der Scheibe viele solche leuchtenden *Gasnebel*.

Der „Pferdekopfnebel" im Sternbild Orion ist eine Staubwolke, die das Licht der dahinter stehenden Sterne und Gaswolken verschluckt.

Staubwolken schwächen das durch sie gehende Licht. Im Band der Milchstraße erscheinen sie als dunkle, sternleere Flecken. In der Abbildung auf Seite 11, rechts neben dem Kuppelgebäude in der Mitte, ist eine solche Wolke, der sogenannte *Kohlensack*, zu erkennen.

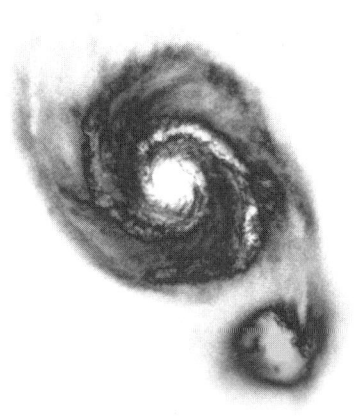

Eine besondere Klasse von Nebeln

Im Sternbild Andromeda steht ein matt leuchtendes elliptisches Wölkchen, das wir in mondlosen Nächten schon mit dem unbewaffneten Auge sehen können, der *Andromedanebel*. Nach der Erfindung des Fernrohres entdeckten die Astronomen viele solche elliptischen Wölkchen. Im Jahre 1755 wies ausgerechnet ein Philosoph, nämlich Immanuel Kant in Königsberg, darauf hin, daß unser Milchstraßensystem, aus der Ferne des Raumes betrachtet, elliptisch erscheinen würde, wenn der Beobachter schräg von der Seite darauf blicken könnte. Deshalb hielt er die elliptischen Nebelflecken für weit entfernte Sternsysteme ähnlich unserem Milchstraßensystem. Je genauer man diese Nebelchen untersuchte, um so mehr unterschieden sie sich von anderen mit unregelmäßiger Struktur, wie etwa dem Orionnebel. So zeigen zum Beispiel einige von ihnen in ihrem Inneren Spiralen. Sind die elliptischen Nebel Nebelschwaden in der Milchstraße oder ferne Sternsysteme? Diese Frage bewegte die Astronomen noch Anfang der 20er Jahre des 20. Jahrhunderts.

Im Jahre 1922 entdeckte der amerikanische Astronom Edwin P. Hubble mit dem damals größten Teleskop der Welt, dem 2,5-Meter-Spiegel in Kalifornien, im Andromedanebel einzelne Sterne, dar-

Der Große Andromedanebel ist in mondlosen Nächten schon mit bloßem Auge zu sehen und steht in 2 Millionen Lichtjahren Entfernung. Unser Milchstraßensystem ist ähnlich aufgebaut. Die einzeln erkennbaren Sterne stehen im Vordergrund und gehören zu unserem eigenen Sternsystem. (Aufn. R. Gendler, NASA)

unter einen Delta-Cephei-Stern und damit eine Standardkerze! So konnte er die Entfernung bestimmen. Sie war für die damaligen Vorstellungen der Astronomen unglaublich. Heute wissen wir es genauer: Das Licht, das uns heute vom Andromedanebel erreicht, wurde vor zwei Millionen Jahren ausgesandt. Damals stapfte bei uns noch der Affenmensch von Java durch den Urwald.

Der Andromedanebel besteht wie unser Milchstraßensystem aus Milliarden von Sternen. Selbst mit den besten Fernrohren können wir nur die hellsten erkennen, das Licht der schwächeren Sterne erscheint im Fernrohr zu einem Nebelschleier verschmiert. Das Weltall ist von vielen solchen Sternsystemen erfüllt, den sogenannten *Galaxien*. Es gibt von ihnen mehr, als die Astronomen bis heute zählen konnten.

Bei der Galaxie M51 im Sternbild der Jagdhunde blicken wir senkrecht auf die Scheibe und können die Spiralen deutlich erkennen. (Aufn. Hale Observatories)

Das Reich der Galaxien

Je besser die Fernrohre, je mehr Licht sie sammeln, um so mehr Galaxien können die Astronomen in den Fernen des Raumes erkennen. Das Weltall ist von Sternsystemen erfüllt, die Millionen oder Milliarden von Sternen beherbergen. Viele haben die Form einer Scheibe. Bei manchen blicken wir senkrecht darauf, andere sehen wir von der Seite.

Daß die Spiralgalaxien flach sind, zeigt dieses Sternsystem, das wir von der Seite sehen. (Aufn. C. Howk, B. Savage, WIYN, Inc., NASA)

Unser Milchstraßensystem und der Andromedanebel gehören zu den *Spiralgalaxien*. Längs spiralartiger Bögen liegen besonders helle Sterne. Sie sind erst kürzlich entstanden. Zwischen ihnen werden auch heute noch Sterne geboren. Das Wort „kürzlich" ist hier im astronomischen Sinn zu verstehen und bedeutet „vor wenigen Millionen Jahren". Das ist tatsächlich kurz im Vergleich zum Alter der Sonne und der meisten Sterne, sie sind tausendmal älter. Es gibt aber auch Galaxien ohne Spiralen, sogenannte *elliptische Galaxien*.

Eine elliptische Galaxie, die wegen ihres Aussehens „Sombrero-Galaxie" genannt wird. Staubwolken in der Mittelebene absorbieren das Licht der dahinter stehenden Sterne und bilden den dunklen Streifen. (Aufn. ESA)

Der Galaxienhaufen im Sternbild Perseus, dessen Zentralgebiet hier zu sehen ist, erstreckt sich über acht Vollmondbreiten und enthält etwa 500 Galaxien. Die scharfen Punkte sind Vordergrundsterne, die diffusen Flecken sind Galaxien. (Digitized Sky Survey)

Wie unser Milchstraßensystem sind auch die Galaxien von einem Halo umgeben, in dem die Sterne weniger dicht stehen und in dem Kugelsternhaufen zu erkennen sind.

Oft finden wir im Raum Nester von Tausenden von Galaxien auf verhältnismäßig engem Raum zusammengepfercht. Das sind die *Galaxienhaufen*.

Der Blick ins Unendliche

Nachdem Hubble die Entfernung des Andromedanebels mit Hilfe eines pulsierenden Sterns gefunden hatte, entdeckte er auch in einigen anderen Galaxien solche Standardkerzen und konnte ihre Entfernungen bestimmen. Sie stehen noch weiter draußen.

Wenn wir in den Raum hinausschauen, geht unser Blick zuerst an den relativ nahen Sternen unserer Galaxis vorbei. Das Gesichtsfeld kleinerer und mittlerer Teleskope zeigt vor allem ihre Sterne und nur gelegentlich dahinter eine ferne Galaxie. Als aber im Jahre 1948 das Spiegelteleskop von 5 Metern Durchmesser auf dem Mt. Palomar, südlich von Los Angeles, in Betrieb genommen wurde, zeigten die damit gewonnenen Bilder mehr Galaxien als Vordergrundsterne. Mit modernen Teleskopen gelingen heute Aufnahmen von extrem weit entfernten Galaxien. Sie erscheinen auf den Bildern um so kleiner, je weiter entfernt sie sind. Noch bessere Teleskope oder noch längere Belichtungszeiten würden noch fernere Sternsysteme erkennen lassen.

Geht das so weiter? Ist der Raum bis in die Unendlichkeit mit Galaxien ausgefüllt, von denen jede Milliarden Sterne enthält? Oder ist irgendwann einmal ein Ende erreicht?

Wenn die Folge der Sternsysteme kein Ende hat,

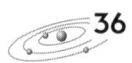

dann müßten wir an jedem Punkt des Himmels auf eine Galaxie blicken, die aus Sternen besteht, deren Oberflächen so hell strahlen wie die der Sonne. Müßte dann nicht der Himmel tagsüber wie auch nachts gleißend hell strahlen? Die Antwort geben uns die unvorstellbar großen Geschwindigkeiten, mit denen die Galaxien durch den Raum fliegen (vgl. S. 44).

Wie aber gelingt es den Astronomen, Geschwindigkeiten von Objekten zu messen, die so weit draußen stehen, daß ihr Licht Jahrmillionen zu uns unterwegs ist?

Die mit dem Hubble-Weltraum-Teleskop gewonnene Aufnahme zeigt Galaxien bis hinaus in die größten Entfernungen. Die punktförmigen Gebilde sind keine Vordergrundsterne, sondern ferne Sternsysteme. (Aufn. R. Williams, NASA)

Was Lichtwellen verraten

Was ist Licht? Was regt die Zellen unserer Netzhaut so an, daß sie Signale an das Gehirn absenden, nach denen sich dieses ein Bild von unserer Umgebung macht? Erst seit der Mitte des 19. Jahrhunderts wissen wir, daß Licht aus elektrischen und magnetischen Feldern besteht, die sich wellenartig durch den Raum bewegen. Die Felder sind schwach und wechseln ihre Richtung viele billionenmal in der Sekunde. Die Zellen unserer Netzhaut nehmen sie wahr und erkennen sogar, welche *Wellenlänge* das Licht besitzt. Wir können unterscheiden, ob die Wellenlänge eines Lichtstrahls 7 oder nur 5 Zehntausendstel Millimeter beträgt, denn im ersten Fall sehen wir den Lichtstrahl rot, im zweiten Fall blau. Wir empfinden die Wellenlängen des Lichtes als Farben. Licht ist fast immer eine Mischung von Strahlen verschiedener Wellenlänge. Im Licht, das ein rotglühendes Stück Eisen aussendet, ist der Anteil langwelligen, roten Lichtes größer als im Sonnenlicht. Die Mischung des Sonnenlichtes empfinden wir als weiß. Je niedriger die Temperatur eines glühenden Körpers, um so langwelliger sein Licht. So verrät uns die Farbe etwas über die Temperatur der Oberfläche eines Sterns. Beteigeuze im Orion erscheint uns rötlicher als das Licht von Sirius. Beim ersten Stern liegt die Temperatur bei etwa 3000°, beim zweiten bei 9500°.

In speziellen Geräten, den *Spektralapparaten*, wird das Licht eines Sterns nach den in ihm gemischten Strahlen verschiedener Wellenlänge geordnet. Es entsteht ein Streifen, an dem entlang sich die Farben wie im Regenbogen erstrecken, etwa links das kurzwellige, rechts das langwellige Licht, links blau bzw. violett und rechts rot. Der bunte Streifen ist das *Spektrum* des Sterns.

Zuerst bemerkte man es im Spektrum der Sonne, dann auch in denen anderer Sterne: An mehreren Stellen zeigen sich dunkle Linien. Das heißt, von den Sternen kommt bei ganz bestimmten Wellenlängen kein oder nur wenig Licht zu uns. Schuld daran sind die Atome der Sternatmosphären. Sie filtern aus den auf uns gerichteten Strahlen Licht ganz bestimmter Wellenlängen heraus. Da diese Wellenlängen für die verschiedenen Atome verschieden sind, erkennt man an den dunklen Linien in den Sternspektren, den *Absorptionslinien*, aus welchen Atomen die Sternatmosphären bestehen. So können die Astronomen die Atmosphären der Sterne chemisch analysieren, ohne auch nur eine Spur ihrer Stoffe im Reagenzglas zu haben.

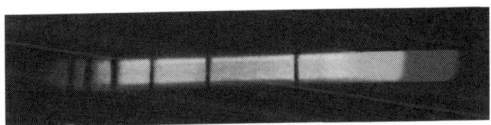

Das Spektrum eines Sterns. Das langwellige, rote Licht ist rechts. Die vertikalen dunklen Linien sind die in der Sternatmosphäre erzeugten Absorptionslinien.

Das Ergebnis: Wasserstoff ist das häufigste Element im Weltall. Die Spektren nahezu aller Sterne verraten, daß ihre äußeren Hüllen hauptsächlich aus Wasserstoff bestehen.

Der Effekt des Christian Doppler

Der in Salzburg geborene Physiker Christian Doppler (1803-1853) hatte eine geniale Idee. Licht eilt zwar mit einer großen, aber doch mit einer endlichen Geschwindigkeit durch den Raum. Darauf beruht eine später nach ihm benannte Erscheinung. Wir haben sie alle schon einmal wahrgenommen.

Wenn der Unfallwagen mit lautem Martinshorn auf uns zu rast, hören wir den Ton höher als danach, wenn er an uns vorbeigefahren ist. Das ist der Dopplereffekt. Es gibt ihn nicht nur beim Schall, sondern auch beim Licht. Eine Lichtquelle, die bei einer bestimmten Wellenlänge Strahlung aussendet, scheint uns, wenn sie sich auf uns zu bewegt, mit einer kürzeren Wellenlänge abzustrahlen als im Ruhezustand, mit einer längeren, wenn sie sich von uns entfernt.

Den Dopplereffekt gibt es bei allen regelmäßig ausgesandten Signalen, zum Beispiel auch bei Brieftauben: Ein Brieftaubenzüchter geht auf die Reise und verspricht seiner Familie, täglich einmal zu schreiben und dazu in 24stündigem Abstand jeweils eine Taube loszulassen. Seine Tauben kommen dann, während er sich immer weiter von den Seinen entfernt, in größerem Zeitabstand an, denn jedes Tier hat einen längeren Weg zurückzulegen als sein Vorgänger. Ist der Züchter aber auf dem

Nachhauseweg, kommen sie in kürzerem Abstand zurück, denn jedes Tier hat einen kürzeren Weg zurückzulegen als sein Vorgänger.

Das ist auch so bei den von einer Lichtquelle ausgesandten Lichtteilchen, den *Photonen*, die aus in regelmäßigem Zeitabstand ausgesandten elektrischen und magnetischen Wellenbergen bestehen. Je größer der zeitliche Abstand der eintreffenden Wellenberge, um so größer die Wellenlänge.

In den Spektren der Sterne erscheinen die Absorptionslinien, etwa die des Wasserstoffs, bei ganz bestimmten Wellenlängen. Wenn sich der Stern von uns weg bewegt, sehen wir sie bei größeren Wellenlängen, bewegt er sich auf uns zu, bei kleineren. Aus der Stärke der Verschiebung errechnet der Astronom die Geschwindigkeit.

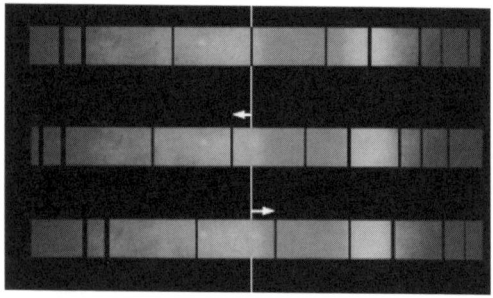

Die Dopplerverschiebung der Spektrallinien. Oben das Spektrum eines Sterns, der relativ zum Beobachter in Ruhe ist. In der Mitte bewegt sich der Stern auf uns zu (Blauverschiebung), unten von uns weg (Rotverschiebung).

Galaxien auf der Flucht

Der Dopplereffekt im Spektrum von Beteigeuze verrät, daß dieser Stern sich mit 21 km/s auf uns zu bewegt. Das sind 75 600 Stundenkilometer, unvorstellbar viel für irdische Geschwindigkeiten. Aber so schwirren die Sterne in der Milchstraße herum.

Das Licht der Galaxien setzt sich aus dem Licht ihrer einzelnen Sterne zusammen. Da die chemischen Elemente in fast allen Sternen in nahezu demselben Mischungsverhältnis vorkommen, zeigen auch die Spektren der Galaxien Absorptionslinien, die denen der Sterne entsprechen, allen vor-

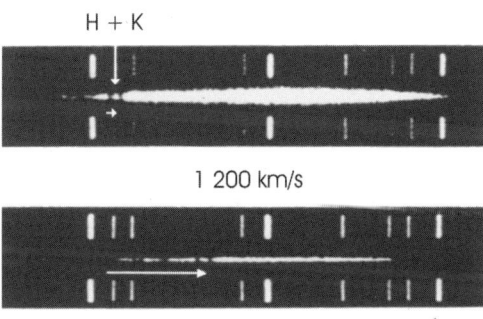

Die Spektren zweier Galaxien. Die beiden mit H und K bezeichneten Linien sind rotverschoben, oben nur wenig, die Fluchtgeschwindigkeit ist verhältnismäßig klein. Darunter das Spektrum einer sich mit größerer Geschwindigkeit entfernenden Galaxie.

an die des Wasserstoffs. Der Dopplereffekt verrät uns, mit welchen Geschwindigkeiten sie sich auf uns zu oder von uns weg bewegen. Während sich die Andromedagalaxie mit mehr als 250 km/s uns nähert, fliegt die Jagdhundegalaxie mit 550 km/s von uns weg. Man kennt heute Galaxien, die sogar mit 200 000 km/s und mehr von uns wegfliegen.

Edwin P. Hubble untersuchte in den 20er Jahren des letzten Jahrhunderts die Geschwindigkeiten von Galaxien und fand eine überaus einfache Gesetzmäßigkeit. Je weiter eine Galaxie von uns entfernt ist, um so schneller fliegt sie von uns weg. Entfernung und Fluchtgeschwindigkeit sind einander proportional: doppelte Entfernung, doppelte Geschwindigkeit, dreifache Entfernung, dreifache Geschwindigkeit:

$$v = H \times r.$$

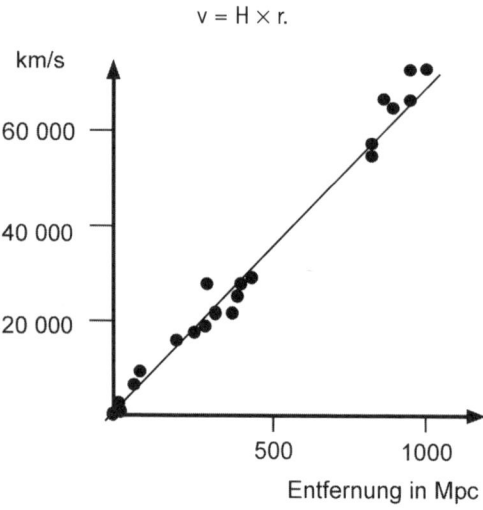

Das Hubblesche Gesetz.

Dabei ist v die Geschwindigkeit in km/s, r die Entfernung in Mpc. H ist die *Hubble-Zahl*, die wegen der Schwierigkeiten der Entfernungsbestimmung nur ungenau bekannt ist. In diesem Buch werden wir für H den Wert 75 benutzen.

Dieses *Hubblesche Gesetz* deutet an, daß alle Materie irgendwann in der Vergangenheit wie in einer Explosion in Bewegung gesetzt worden ist und seither auseinanderfliegt. Den Anfang dieser Bewegung nennen die Astronomen den *Urknall*.

Das Gesetz gilt nicht exakt, weil die einzelnen Galaxien darüber hinaus auch noch regellose Bewegungen geringer Geschwindigkeit zeigen, so bewegt sich der Andromedanebel auf uns zu. Doch je größer die Entfernung, um so besser folgen die Galaxien dem Hubbleschen Gesetz.

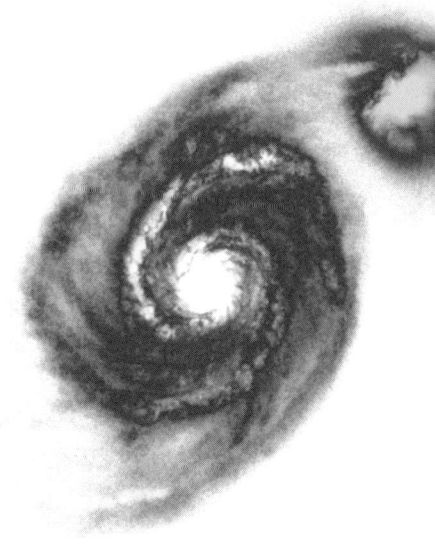

Das Weltall ohne Mitte

Es scheint, als stünden wir im Weltall an einer ganz besonderen Stelle, nämlich dort, von wo aus alle Galaxien wegfliegen. Der englische Astrophysiker Sir Arthur Eddington formulierte einmal: „Was haben wir denn an uns, daß alle Galaxien vor uns Reißaus nehmen, als wären wir eine Pestbeule im Weltall?" Aber Eddington wußte, daß das nur ein Scheinproblem ist. Ein einfaches Beispiel zeigt das:

Stellen wir uns vor, wir würden einen Hefekuchen backen. Der Teig ist fertig, es herrscht die richtige Temperatur, und er geht jetzt auf. Im Teig befinden sich Rosinen. Versetzen wir uns in die Lage einer Rosine, die ihre Mitrosinen beobachtet. Während der Teig aufgeht, bewegen sich alle von ihr fort, die entfernteren schneller als die näheren: doppelte Entfernung, doppelte Geschwindigkeit. Die Rosine beobachtet ein Hubblesches Gesetz. Daraus darf sie aber nicht schließen, daß sie in der Mitte des Teiges sitzt, denn jede Rosine beobachtet, daß alle anderen von ihr wegfliegen. So geht es auch uns: Aus der Tatsache, daß sich alle Galaxien von uns wegbewegen, dürfen wir nicht schließen, daß wir die Rosine in der Mitte der Welt sind.

Es ist auch ein weitverbreiteter Irrtum zu glauben, das Hubblesche Gesetz sage aus, der Urknall habe an einem bestimmten Punkt im Raum begonnen. Etwa so: An einem Punkt hat eine Art Explosion stattgefunden, darauf breitet sich von dort eine Explosionswolke wie bei einer irdischen Explosion in einen leeren Raum aus, und die Materie verdünnt sich in ihr allmählich auf immer größere Raumgebiete. Nein, das Hubblesche Gesetz besagt nur, daß die Materie früher überall dichter war, und daß sie sich im Laufe der Zeit verdünnt, weil *alles* auseinanderfliegt.

Die Beobachtungen sprechen dafür, daß der Weltraum unendlich ist und schon immer war und daß er immer und überall mit Materie ausgefüllt war, die sich im Laufe der Zeit verdünnt*). Der Urknall war überall, und von Anfang an war der Raum bis in die Unendlichkeit mit Materie von hoher Dichte erfüllt. Das bereitet unserem Anschauungsvermögen Schwierigkeiten. Aber unsere Anschauung haben wir in der Jugend im täglichen Leben erworben, sie verläßt uns in der Welt im Großen.

---

*) In populären Darstellungen wird gerne auf frühe Phasen des Weltalls hingewiesen, „als das Weltall so groß war wie ein Apfel" oder „wie eine Erbse". Gemeint ist damit meist die Epoche, in der nicht das *ganze*, sondern der nur *heute beobachtbare Teil* des Weltalls diese Größen hatte.

Ist alles falsch?

Das Bild vom Urknall folgt aus der Beobachtung des Dopplereffektes in den Spektren ferner Galaxien. Hat die Rotverschiebung der Linien in den Spektren vielleicht gar nichts mit einer Fluchtgeschwindigkeit zu tun? Der amerikanische Astronom Halton Arp, der in München arbeitet, hat Galaxien und benachbarte Sternsysteme gefunden, die anscheinend physisch zusammenhängen und doch ganz verschiedene Rotverschiebungen besitzen. Nach der Schulmeinung sollten sie daher verschieden weit entfernt sein. Stehen sie nur zufällig am Himmel nahe beieinander? Manche sind aber durch Lichtbrücken miteinander verbunden, so als ob sie zusammenhingen.

Arp ist überzeugt, daß die Rotverschiebungen der fernsten Galaxien nichts mit ihrer Fluchtgeschwindigkeit und daher nichts mit ihrer Entfernung zu tun haben. Ist das ein Beweis dafür, daß das Bild vom Urknall falsch ist? Die meisten Astronomen folgen ihm nicht. Es gibt zwar einige Fälle, bei denen Objekte wie durch Lichtbrücken miteinander verbunden sind, ihre Fluchtgeschwindigkeiten aber weit auseinander liegen. Doch solche Zusammenhänge können vorgetäuscht sein, zufällig kann in dem einen oder anderen Fall ein Lichtausläufer so von einer Vordergrundgalaxie weggehen, daß es scheint, als zeigte er zu einem anderen Objekt hin, obwohl dieses weit im

Hintergrund steht. Wie auch immer, man sollte Arps Argumente sorgfältig prüfen.

Oft wurde ins Feld geführt, das Licht könnte sich ja auf seinem langen Weg zu uns verändert haben, könnte energieärmer, das heißt röter geworden sein. Täuscht es uns eine zeitliche Dehnung der Folge der eintreffenden Wellenberge, also einen Dopplereffekt, vielleicht nur vor? Nein, es gibt eine Art von explodierenden Sternen, die sich in ihrem Ausbruch gleichen: gleiche Abstrahlung und völlig gleicher Helligkeitsverlauf. Man nennt sie *Supernovae vom Typ Ia*.

Wenn sie in großer Entfernung aufleuchten, dann ist ihre Lichtkurve genauso gedehnt wie die Folge der eintreffenden Wellenberge der Lichtquan-

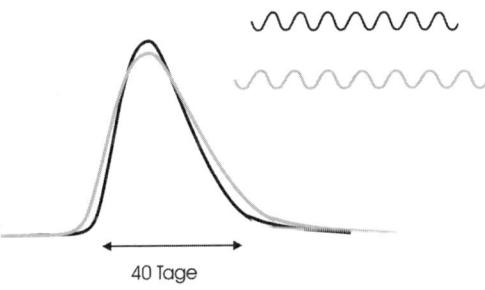

40 Tage

Eine Supernova leuchtet in unserer Nachbarschaft auf (schwarze Kurve in der Bildmitte) und sendet Photonen zu uns (rechts oben, schwarze Wellenlinie). Eine entfernte Supernova des gleichen Typs sendet wegen des Dopplereffektes zeitlich gedehnte Photonen zu uns (graue Wellenlinie). Im gleichen Maß, in dem die Wellenlängen dieser Photonen gedehnt sind, erscheint uns auch die Lichtkurve zeitlich gedehnt (graue Kurve).

ten. Das ist ein unabhängiger Beweis dafür, daß die fernen explodierenden Objekte sich von uns wegbewegen. Nicht nur aufeinanderfolgende Wellenberge kommen in größerem Abstand bei uns an, auch der Zeitunterschied zwischen Anstieg und Abfall ihrer Helligkeit ist im gleichen Maßstab gedehnt. – Und das hat gar nichts mit Ermüdung zu tun.

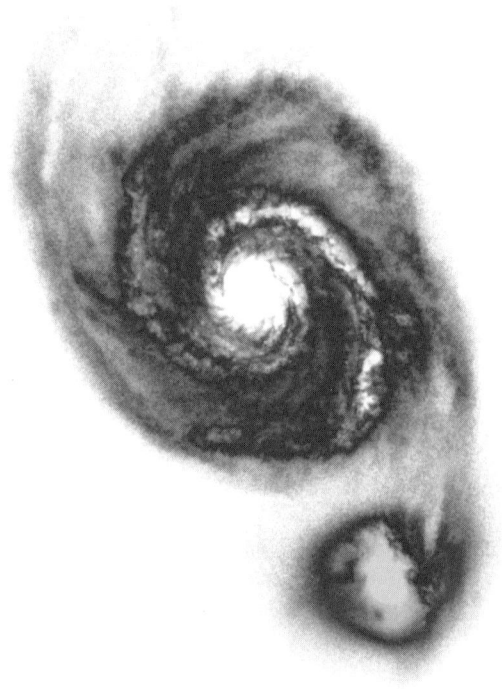

Hubble und seine Folgen

Versuchen wir noch einmal, uns den Anfang des Weltalls vorzustellen. Aus einer Epoche, in der die uns bekannte Physik noch nicht galt, kam Materie, die sich mit großer Geschwindigkeit verdünnte. Doch die Teile der plötzlich vorhandenen Materie übten aufeinander Schwerkraft aus und zogen sich gegenseitig an. Die Gravitation verlangsamte die ursprüngliche Expansion, allerdings war diese Bremswirkung so gering, daß es ihr bis heute nicht gelungen ist, sie zu stoppen oder sogar umzukehren.

Doch an vielen Stellen im Weltall hat die Schwerkraft der Expansion längst Einhalt geboten. Zwar entfernen sich die Galaxien auch heute noch voneinander, wie das Hubblesche Gesetz es befiehlt, doch in Galaxienhaufen sorgt die gemeinsame Schwerkraft dafür, daß der Mückenschwarm der Galaxien seinen Durchmesser nicht vergrößert. Die Galaxienhaufen dehnen sich *nicht* aus. Dagegen entfernen sich die einzelnen Haufen voneinander und nehmen so an der Expansion teil. Weder das Milchstraßensystem noch unser Planetensystem werden im Laufe der Zeit größer, auch die Erde wächst nicht mit der Expansion des Weltalls.

Auf den ersten Blick ist nicht zu erkennen, ob die Schwerkraft die Expansion im Laufe der Zeit zum Stillstand bringen oder vielleicht sogar umkehren wird, so wie einem hochgeworfenen Stein von der Schwerkraft der Erde der Schwung genommen wird und er danach wieder zurückfällt.

War der Schwung des Urknalls so zögerlich, und ist die Schwerkraft so stark, daß die Expansion nach einiger Zeit in eine Kompression umschlägt? Dann würde das Weltall in vielen Milliarden Jahren in einer Implosion enden.

Oder war der Schwung des Urknalls so stark, und ist die Schwerkraft so schwach, daß sich das Weltall für immer ausdehnen wird? Im Augenblick glauben die Astronomen, daß die Expansion zwar gebremst wird, daß es aber nie zu einer Implosion kommen wird. Wir werden auf S. 104 noch einmal darauf zurückkommen.

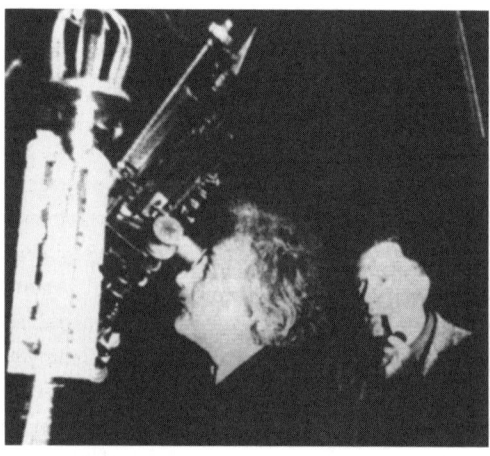

Ein historisches Bild: Einstein hinter dem Okular des 2,5m-Spiegels auf dem Mt. Wilson. Bei diesem Besuch überzeugte ihn Hubble (rechts) von der Expansion des Weltalls.

Schneller und immer schneller?

Auf den ersten Blick erscheint das Hubblesche Gesetz einfach. Die Galaxie, deren Kern den Namen 3C273 trägt, bewegt sich mit etwa 120 000 km/s von uns weg. Das ist nahezu die halbe Lichtgeschwindigkeit. Nach dem Hubbleschen Gesetz müßte das Objekt dann etwa 500 Millionen Lichtjahre entfernt stehen. Nach dem gleichen Gesetz müßte dann eine Galaxie in der dreifachen Entfernung mit einer Geschwindigkeit von 360 000 km/s von uns fortfliegen. Das ist schneller als das Licht, und jedem, der schon etwas von Relativitätstheorie gehört hat, sträuben sich die Haare: Eine Grundregel der Physik besagt doch, daß die Lichtgeschwindigkeit nicht überschritten werden kann!

Aber wir müssen diese Regel näher betrachten. Was Einsteins Theorie besagt, ist nur das Folgende: Mag die Geschwindigkeit, die ich von einer Stelle aus einem Körper gebe, auch noch so groß sein, jeder Lichtblitz, den ich später von der gleichen Stelle aus losschicke, wird ihn überholen. Relativ zu seinem Ausgangspunkt kann sich jeder Körper nur mit Unterlichtgeschwindigkeit bewegen. Der Urknall fand aber nicht an einem Ausgangspunkt (vgl. S. 46) statt. Jene fiktive Galaxie in der dreifachen Entfernung von 3C273 war niemals mit der unsrigen am gleichen Punkt zusammen, und deshalb steht ihre Überlichtgeschwindigkeit nicht im Widerspruch zu den Grundgesetzen der Physik. Natürlich könnte ich jene mit Überlichtgeschwindigkeit wegfliegende Galaxie nicht sehen, denn das Licht von ihr erreicht uns nicht, und auch sie weiß nichts von uns.

Wer über das Hubblesche Gesetz nachdenkt, kann leicht einem Irrtum unterliegen. Das Gesetz besagt, daß die Galaxie A in 100 Mpc Entfernung die Fluchtgeschwindigkeit von 7500 km/s besitzt und die Galaxie B in 200 Mpc Entfernung sich mit 15000 km/s von uns entfernt. Wie wird es aber in der Zukunft sein, wenn Galaxie A dort sein wird, wo heute B ist? Nach dem Hubbleschen Gesetz müßte sie sich doch eigentlich dann mit 15000 km/s bewegen. Die Gravitation bremst doch die Expansion. Soll jetzt plötzlich jede Galaxie im Laufe der Zeit schneller werden?

Nein, das Hubblesche Gesetz betrifft die Galaxien, wie wir sie heute beobachten. Nur wenn die Hubble-Zahl sich im Laufe der Zeit nicht ändern würde, müßten wir schließen, daß sich die Fluchtbewegung der Galaxien beschleunigt. Über die zeitliche Veränderung der Hubble-Zahl sagt das Gesetz aber nichts.

Die heilige Kuh der Kosmologen

Als die Menschen lernten, daß sie auf einer Kugel leben, da waren sie überzeugt, daß diese Kugel die Mitte der Welt sei. Im 16. Jahrhundert überzeugte sie Nikolaus Kopernikus, daß sich die Planeten nicht um die Erde bewegen, sondern um die Sonne. Dann dauerte es nicht mehr lange, bis man merkte, daß alle Sterne am Himmel Sonnen sind. Bis zur Zeit des Ersten Weltkrieges vermuteten die Astronomen, sie stünden zumindest in der Mitte unseres Milchstraßensystems. Da lehrte sie Harlow Shapley, daß sie nicht im Zentrum stehen, und kurz darauf entdeckte Edwin Hubble, daß unsere Galaxis nur eine von vielen ist. Jeder dieser Schritte führte den Menschen ein Stück in die Bedeutungslosigkeit und ließ ihn erkennen, daß er nicht der Nabel der Welt ist.

Aus dem Hubbleschen Gesetz können wir auch nicht folgern, daß wir uns in der Mitte der Expansionsbewegung befinden, wie das Rosinenbeispiel zeigte. Deshalb nehmen die Kosmologen an, daß wir an keiner ausgezeichneten Stelle des Weltalls stehen. Anders ausgedrückt: Das Weltall bietet jedem Beobachter denselben Anblick, ob er nun in unserem Milchstraßensystem oder in einer fernen Galaxie steht. Das ist das *kosmologische Prinzip*. An ihm lassen die Kosmologen nicht rütteln.

Doch wir sehen die Milchstraße am Himmel, während ein Beobachter im Halo der Galaxis die Milchstraße als Scheibe sieht. Widerspricht das dem kosmologischen Prinzip? Nein, dieses meint nur, daß die großräumigen Strukturen die gleichen sein sollen. Jeder sieht den Himmel voller Galaxien, die sich nach dem Hubbleschen Gesetz von ihm wegbewegen. Wenn er ihre Massen und ihre Entfernungen bestimmt und daraus die mittlere Dichte der Materie in seiner Umgebung bestimmt, so soll sie an jeder Stelle im Weltall dieselbe sein.

Das Prinzip wird durch das Hubblesche Gesetz nahegelegt. Es hat die Eigenschaft, daß die Geschwindigkeiten der Galaxien, von jeder Stelle des Raumes aus beobachtet, nach demselben Gesetz verlaufen. Das Prinzip kann nicht bewiesen werden. Doch alle Weltmodelle der Kosmologen setzen es voraus, und solange keine Beobachtung dagegen spricht, halten sie daran fest.

Wir sahen schon, daß die Vorstellung, die Expansion der Welt habe wie eine irdische Explosion an einem Punkt begonnen, nicht aus dem Hubbleschen Gesetz folgt (vgl. S. 46). Sie widerspricht auch dem kosmologischen Prinzip, denn dann gäbe es ja Beobachtungspunkte, die in der Explosionswolke stehen, und solche, die von ihr noch nicht erreicht worden sind. Ihnen würde das Weltall einen ganz anderen Anblick bieten.

Wie alt ist die Welt?

Die von Hubble entdeckte Expansion des Weltalls legt nahe, daß sie vor endlicher Zeit begonnen hat. Aus der Geschwindigkeit, mit der eine Galaxie bekannter Entfernung von uns wegfliegt, folgt, wann sie und unsere Galaxis dicht beieinander standen. Dann wäre überall im Raum die Materie nahezu unendlich dicht gewesen. Wann war dieser Anfang der Welt? Hubble errechnete aus seinen Daten ein Weltalter von 1,8 Milliarden Jahren. Die Geowissenschaftler hielten schon damals die Erde für wesentlich älter.

Das aus der Galaxienflucht bestimmte Weltalter hängt empfindlich vom angenommenen Abstand der fernen Galaxien von uns ab. Benutzte Harlow Shapley bei der Vermessung der Milchstraße RR-Lyrae-Sterne als Standardkerzen, so lieferten die leuchtkräftigeren Delta-Cephei-Sterne die Entfernungen der uns nächsten Galaxien. Für noch größere Entfernungen dienen heute als Standardkerzen bestimmte Sternexplosionen (Supernovae vom Typ Ia).

Erscheint ihr Licht wirklich nur wegen ihrer großen Entfernung so schwach oder weil es auf dem Weg zu uns Staubwolken durchdringen mußte? Fehler in der Entfernungsbestimmung verfälschen das aus dem Hubbleschen Gesetz geschlossene Weltalter. So sind wir auch heute noch nicht ganz sicher, ob sich nicht doch noch Fehler in die Entfernungsbestimmungen der fernsten Galaxien eingeschlichen haben. In den letzten Jahrzehnten wurde die Öffentlichkeit immer wieder mit Nachrichten überrascht, nach denen die bisherigen Vorstellungen der Astrophysiker über die Entstehung unseres Weltalls grundfalsch sein sollten. „Der Urknall ist geplatzt!" – „Der Urknall – eine Fehlzündung!" – Das sind einige Schlagzeilen. „Wer den Urknall bezweifelt, den verfolgt die Wissenschaft als Ketzer" konnten vor einigen Jahren die Leser einer deutschen Wochenzeitung lesen. Fast immer beruhen die Meldungen darauf, daß es schien, als ob manche Sterne älter wären als das aus dem Hubble-Gesetz bestimmte Weltalter – das Ei älter als die Henne.

Es sieht aber so aus, als ob wir heute zu einem widerspruchsfreien Bild aller voneinander unabhängigen Altersbestimmungen gekommen wären. Danach begann die Expansion vor 13 bis 14 Milliarden Jahren.

Die Altersgebrechen der Sterne

Sterne sind Kernreaktoren. Sie strahlen Energie in Form von Licht und Wärme in den Raum. Diese Energie stammt aus ihrem tiefen Inneren. Dort verschmelzen Atomkerne miteinander und bilden Kerne anderer chemischer Elemente. Vor allem verschmelzen die Kerne des Wasserstoffs, des häufigsten chemischen Elements im Weltall, zu Kernen des Heliumatoms. Dieser Fusion des Wasserstoffs zu Helium verdanken wir unsere Existenz, denn sie ist die Energiequelle der Sonne. Sie strahlt seit mehr als 4 Milliarden Jahren und hat noch nicht einmal die Hälfte ihres Kernbrennstoffes verbraucht. Erst in etwa 6 Milliarden Jahren werden sich bei ihr die ersten Erschöpfungserscheinungen bemerkbar machen. Dann wird ihre Strahlungskraft stark ansteigen, sie wird sich aufblähen und zu einem roten Riesenstern werden, dessen Oberfläche bis zur Erde reichen wird. Danach wird sie schrumpfen und ihre Strahlungskraft verlieren.

Die Astronomen können die Vorgänge in den Sternen in groben Zügen in Computermodellen verfolgen. Sterne durchlaufen die Zeitspanne von ihrer Geburt bis zum Erschöpfen ihres Kernbrennstoffs um so rascher, je mehr Masse sie besitzen.

Wenn der Wasserstoff im Zentrum eines Sterns zur Neige geht, erreicht er als Roter Riese den

100fachen Durchmesser der Sonne. Bei Sternen von der Masse der Sonne geschieht das nach etwa 10 Milliarden Jahren, bei Sternen von 30 Sonnenmassen aber schon nach Millionen Jahren.

An den Durchmessern der Sterne läßt sich also feststellen, wie alt sie sind. Doch woher kennt man die Durchmesser? Wenn man sie im Fernrohr als Scheibchen sehen könnte, wäre es ein leichtes festzustellen, welche Sterne bereits Altersgebrechen zeigen und welche noch nicht. Doch alle fernen Sterne erscheinen selbst in den größten Fernrohren nur als Punkte. Die Astronomen haben aber eine Möglichkeit gefunden, den Durchmesser eines Sterns aus seiner Farbe und seiner Helligkeit zu bestimmen.

Greise unter den Sternen

Wie alt ist die Welt? Geologen können das Alter von Gesteinsschichten ermitteln. So fanden sie für Felsgestein aus dem Nordwesten Kanadas ein Alter von 4 Milliarden Jahren. Meteoriten, die auf die Erde stürzten, sind etwa 4 1/2 Milliarden Jahre alt.

Mit gänzlich anderen Methoden haben die Astronomen das Alter der Sonne bestimmt. Seit ihrer Entstehung hat sie Wasserstoff in Helium umgewandelt. Deshalb ist heute ihr Inneres mit Helium angereichert, während sich gleichzeitig ihr Durchmesser und ihre Leuchtkraft etwas geändert haben. Die Sonnenmodelle auf dem Computer zeigen, daß die Sonne heute die Eigenschaften besitzt, welche die Computersonnen im Alter von 4,6 Milliarden Jahren haben. Dieses Sonnenalter paßt mit dem Alter von Erde und Meteoriten gut zusammen. Aber die Sonne ist keineswegs alt. Die Sterne in den Kugelsternhaufen sind mehr als doppelt so alt.

Die Sterne eines Sternhaufens sind gleichzeitig entstanden und haben deshalb das gleiche Alter. Die massereicheren unter ihnen haben bereits ihren Wasserstoffvorrat erschöpft und haben sich aufgebläht, während den masseärmeren in ihren Zentralgebieten noch genügend Kernbrennstoff zur Verfügung steht.

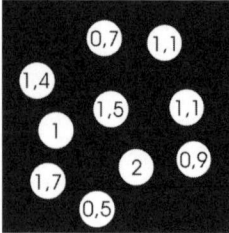 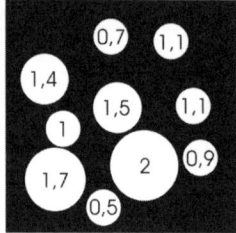

Links schematisch eine Gruppe junger Sterne gleichen Alters. Ihre Masse ist in Einheiten der Sonnenmasse angegeben. Rechts dieselbe Gruppe, etwa 12 Milliarden Jahre später. Sterne, die mehr als 1,1 Sonnenmassen in sich vereinigen, haben sich bereits aufgebläht.

In den Kugelsternhaufen zeigen die Sterne von der Masse der Sonne meist noch keine Erschöpfungserscheinungen, während die von mehr als 1,3 Sonnenmassen sich schon aufgebläht haben. Die Kunst der genauen Altersbestimmung liegt darin, herauszufinden, welche Masse die Sterne besitzen, die in einem Kugelsternhaufen gerade beginnen, ihren Durchmesser zu vergrößern. Die Computerrechnungen sagen, daß Sterne von 1,3 Sonnenmassen im Alter von etwa 11 Milliarden Jahren deutliche Erschöpfungseffekte zeigen.

Die Altersbestimmungen an Sternen in Kugelsternhaufen haben ergeben, daß die ältesten unter ihnen 12 Milliarden Jahre alt sind. Bei einem aus der Expansionsbewegung bestimmten Weltalter von 13 bis 15 Milliarden Jahren ist das Ei nicht jünger als die Henne.

Radiosterne, die keine Sterne sind

Von vielen Galaxien kommt nicht nur Licht zu uns, sondern auch Radiostrahlung. Sie stammt fast immer von heißen Gasmassen, deren Elektronen sich in Magnetfeldern bewegen und elektromagnetische Strahlung aussenden. Doch um 1960 merkten kalifornische Astronomen, daß Radiostrahlung auch von *Sternen* zu kommen scheint. Man nannte diese Sterne *quasistellare Radioquellen* und kürzte das mit dem Kunstwort *Quasare* ab. Daß es mit ihnen nicht ganz geheuer ist, zeigten ihre Spektren, die oft nur eine oder wenige helle Linien zeigen. Helle Linien, sogenannte *Emissionslinien*, sind nichts Besonderes. Sie zeigen sich auch in den Spektren mancher Sterne, denn die Atome der chemischen Elemente können auch Licht aussenden. Die Emissionslinien findet man nur bei ganz bestimmten, für diese Atome charakteristischen Wellenlängen. Doch die Linien in den Spektren der Quasare schienen rätselhafterweise zu keinem auf der Erde oder im Weltraum beobachteten chemischen Element zu gehören.

Die Lösung war überraschend: Die beobachteten Spektrallinien stammen von uns wohlbekannten chemischen Elementen, vor allem vom Wasserstoff. Sie sind aber so weit nach dem roten Ende des Spektrums verschoben, daß man sie dort nicht erwartet. Der Grund für die Verschiebung kann nur der Dopplereffekt sein. Dann aber müssen sie sich mit extrem großer Geschwindigkeit von uns wegbewegen. Die beiden als erste entdeckten Radiosterne entfernen sich mit Geschwindigkeiten von 45 000 und 110 000 km/s von uns. Sie können keine Sterne in unserer Galaxis sein, denn bei diesen Geschwindigkeiten kann die Schwerkraft der Galaxis sie gar nicht an sich binden. Die größten Fluchtgeschwindigkeiten, die wir kennen, sind die der anderen Galaxien. Wenn auch die Quasare dem Hubbleschen Gesetz folgen, dann haben die beiden Entfernungen von 2 Milliarden und nahezu 5 Milliarden Lichtjahren!

Tatsächlich sind die Quasare Galaxien, so weit draußen, daß wir nur ihre hellen Kerne erkennen können. Der Weltrekord für den schnellsten Quasar lag im Jahre 2000 bei 293 000 km/s, was nach dem Hubbleschen Gesetz einer Entfernung von 12 Milliarden Lichtjahren entspricht.

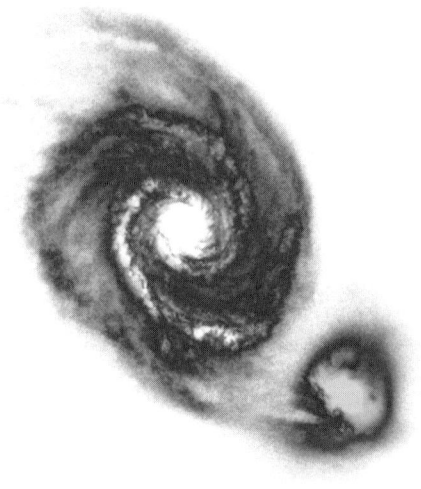

Unsichtbare Wolken

Als man die Spektren der Quasare genauer untersuchte, zeigten sich neben den auffallenden hellen auch zahlreiche feine dunkle Linien. Sie rühren von Gaswolken her, die das Licht auf dem Weg zu uns durchqueren. In jeder Wolke, durch die das Quasarlicht geht, filtert vor allem der Wasserstoff Licht bei den für ihn charakteristischen Wellenlängen heraus.

Wenn Licht im Labor durch Wasserstoffgas geht, verschluckt es vor allem Strahlung der Wellenlänge von 1,2 Zehntausendstel Millimetern. Im Spektrum des durchgehenden Lichtes zeigt sich eine Absorptionslinie. Sie wird nach dem amerikanischen Physiker Theodore Lyman die *Lyman-Alpha-Linie* genannt. Für den Bereich des Spektrums, in dem sie liegt, ist unser Auge nicht geschaffen. Es ist *ultra-*

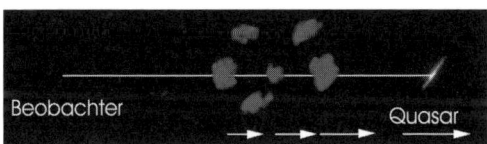

Das Licht eines fernen Quasars durchdringt auf dem Weg zum Beobachter mehrere Wasserstoffwolken, die jede dem Spektrum eine Absorptionslinie aufprägen. Je entfernter sie vom Beobachter stehen, um so schneller fliegen die Wolken von ihm fort, um so stärker sind ihre Linien nach dem roten Ende des Spektrums verschoben.

violettes Licht, dessen Wellenlängen kürzer sind als das kurzwelligste sichtbare Licht. Daß wir trotzdem die Lyman-Alpha-Linie in den Spektren der Quasare beobachten können, liegt daran, daß diese Wasserstoffwolken, die sonst unsichtbar sind, an der Expansion des Weltalls teilnehmen und ihre Absorptionslinien durch den Dopplereffekt in den langwelligeren, sichtbaren Bereich des Spektrums verschoben werden. Da sie verschieden weit von uns entfernt sind, bewegen sie sich auch verschieden schnell, und ihre Absorptionslinien sind verschieden stark verschoben. Deshalb zeigt das Spektrum eines fernen Quasars die Lyman-Alpha-Linien vieler Wolken nebeneinander. Man spricht von einem *Lyman-Wald*. Wir werden später (S. 80) sehen, daß wir aus diesen Wolken etwas über die frühe Vergangenheit des Weltalls lernen können.

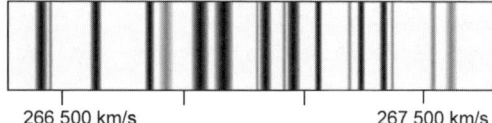

266 500 km/s   267 500 km/s

Ein Ausschnitt aus dem Spektrum eines Quasars der Fluchtgeschwindigkeit von 269 000 km/s mit den Lyman-Alpha-Linien davorstehender Wolken. Da die Wellenlänge nach rechts steigt, ist die Fluchtgeschwindigkeit der Wolken größer, wenn ihre Linien weiter rechts stehen. Die Emissionslinien des Quasars stehen weit rechts außerhalb der Abbildung.

Radioaktivität im Weltall

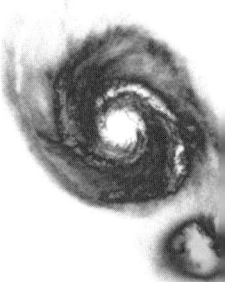

Schon immer drängten sich dem Menschen Fragen auf wie: Woher kommen wir? Wie fing alles an? Die Religionen antworteten ihm mit ihren Schöpfungsgeschichten. Der Herr schuf Himmel und Erde, trennte Hell und Dunkel, schuf Tag und Nacht, Land und Meer. Danach ließ er das Leben entstehen. Die Schöpfungsgeschichte im ersten Buch Mose läßt offen, was war, bevor Gott Himmel und Erde schuf. Es war wohl eine Welt, in der nichts geschah und über die zu berichten es sich nicht lohnte. Die Schöpfungsgeschichte, die uns das Hubblesche Gesetz nahelegt, läßt den Anfang erst recht offen.

Durch die Expansion erniedrigt sich im Laufe der Zeit die Dichte der Materie im Weltall. Wenn wir die Expansionsbewegung zurückrechnen, finden wir, daß die Materie vor endlicher Zeit, also vor etwa 14 Milliarden Jahren, unendlich dicht gewesen sein müßte. Natürlich können für die Bruchteile der ersten Sekunde die uns bekannten physikalischen Gesetze nicht gegolten haben. Wir wissen nicht, wie sich Materie bei so extremen Bedingungen verhält. Was so ganz nahe an dem Anfangszeitpunkt geschah, läßt die Physik ebenso offen wie Mose die Zeit vor der Schöpfung. So rätselhaft der Anfang für uns auch ist, selbst wenn die Expansion des Weltalls gar nicht entdeckt worden wäre, müßten wir doch auf ein einschneidendes Ereignis vor endlicher Zeit schließen.

Es gibt im Weltall radioaktive Elemente, die wie das Uran oder das Thorium ganz von selbst in andere Elemente zerfallen und letztlich zu Blei werden. Das Uran benötigt dazu 4,5 Milliarden Jahre, das Thorium sogar 14. Wenn diese Elemente seit unendlicher Zeit existierten, müßten sie längst zerfallen sein, es sei denn, es gäbe Prozesse, die sie neu entstehen ließen. Nach dem Gesetz von der Erhaltung der Materie könnten sie nur aus anderen chemischen Elementen entstanden sein. Da sie ständig zerfallen, müßte sich dann aber ihr Ursprungsstoff erschöpft haben. Wie auch immer die radioaktiven Elemente entstanden sind, sie müssen sich vor endlicher Zeit gebildet haben.

Die Frage, wie die chemischen Elemente, der Wasserstoff, der Sauerstoff, von dem wir leben, das Kalzium unserer Knochen und der Phosphor in der Nukleinsäure unserer Gene überhaupt in die Welt kamen, führte auf eine große Entdeckung.

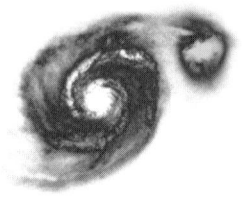

Gamows Traum

Waren vielleicht alle chemischen Elemente schon da, als Materie und Strahlung aus dem Urknall kamen, oder haben sie sich erst später gebildet? Wir haben Grund, uns darüber zu wundern, daß wir selbst in den fernsten Winkeln des Weltalls nicht nur dieselben chemischen Stoffe finden, die wir auch in unserem Sonnensystem haben. Mehr noch, sie treten in guter Näherung auch im gleichen Mischungsverhältnis auf. Die Sonne besteht zu 69 Gewichtsprozent aus Wasserstoff, 29 Prozent sind Helium. Alle anderen chemischen Elemente, wie Kalium und Kohlenstoff, wie Nickel und Natrium, teilen sich in die restlichen 2 Prozent. In guter Näherung gilt das auch für die anderen Sterne. Überall im Weltraum finden wir die gleiche Verteilung, von den leichten Atomen bis hin zu den schweren.

Der aus Rußland stammende Physiker George Gamow nahm in der ersten Hälfte des letzten Jahrhunderts an, daß sich die Atomkerne aller chemischen Elemente kurz nach dem Urknall aus den einfachsten Bausteinen, den Protonen und Neutronen, gebildet haben. Die positiv geladenen Protonen stoßen einander ab und müssen mit Gewalt zusammengebracht werden, wenn sie miteinander verschmelzen sollen. Das geht nur, wenn sie mit großer Geschwindigkeit aufeinander treffen. Dann müßten damals die Temperaturen im Bereich von Milliarden Grad gelegen haben. Wenn das so war, schlossen Gamow und seine Mitarbeiter, dann müßten sich die Reste dieser heißen Strahlung während der Expansion zwar abgekühlt haben, sie müßten aber heute noch als Mikrowellenstrahlung den Raum erfüllen.

Gamows Vorstellung, alle chemischen Elemente seien gleich nach dem Urknall gebildet worden, stellte sich als falsch heraus. Die meisten wurden später in Sternen gebildet. Doch die vorhergesagte Mikrowellenstrahlung wurde 15 Jahre später gefunden. Dabei hatten die beiden Physiker, die sie fanden, gar nicht danach gesucht.

Die kalte Wärmestrahlung

Im Jahre 1964 experimentierten die amerikanischen Physiker Arno Penzias und Robert Wilson bei den Bell-Laboratorien in New Jersey mit einer Antenne und einem Empfänger, der Radiowellen von 7,35 Zentimetern aufnehmen konnte. Dabei merkten sie, daß aus dem Raum eine Strahlung kommt, die unverändert blieb, in welche Richtung sie auch ihre Antenne zum Himmel drehten. Sie kam gleichmäßig aus allen Richtungen. Jetzt heißt sie *kosmische Hintergrundstrahlung*. Es ist die von Gamow und seinen Mitarbeitern vorhergesagte Reststrahlung des heißen Urknalls.

Im Jahre 1989 wurde ein Satellit gestartet, der sie genauer untersuchen sollte, als es vorher von der Erde aus möglich war. Sein Name COBE ist die Abkürzung für Cosmic Background Explorer. Er zeigte: Es ist Wärmestrahlung, die einer Temperatur von etwa −270° Celsius entspricht. Die Zunge sträubt sich, bei −270° von Wärmestrahlung zu sprechen, aber diese Temperatur ist immerhin 3° über ganz kalt, das heißt 3° über dem absoluten Nullpunkt, der niedrigsten Temperatur, die die Physiker zulassen. Welche experimentelle Leistung es gewesen ist, diese Strahlung zu entdecken, wird einem erst bewußt, wenn man sich vergegenwärtigt, daß eine Kugel Speiseeis, vor die Antenne gehalten,

22 millionenmal stärker strahlt, so heiß ist Speiseeis. Die kosmische Hintergrundstrahlung bestätigt Gamows Voraussage, daß der Urknall mit heißer Strahlung begonnen hat!

Für unsere weiteren Überlegungen wollen wir für die Welt ein vereinfachtes Modell annehmen. Wir denken uns alle Materie des Weltalls gleichmäßig über den Raum verschmiert. Dann enthält eine Kugel von der Größe der Sonne 280 g Materie. Das Weltall ist aber auch mit Hintergrundstrahlung erfüllt. So schwach sie auch ist, in unserer Kugel sind 28 Millionen Kilowattstunden Strahlungsenergie eingefangen. Etwa soviel Energie setzte die Atombombe über Hiroshima frei. Da Energie nach Einstein auch Masse ist – beides kann ja ineinander umgewandelt werden –, kann man diesen Energieinhalt auch in Gramm ausdrücken: In unserer Kugel steckt 1 g Strahlung. Das erscheint wenig im Vergleich zu den 280 g richtiger Materie. Doch das war nicht immer so.

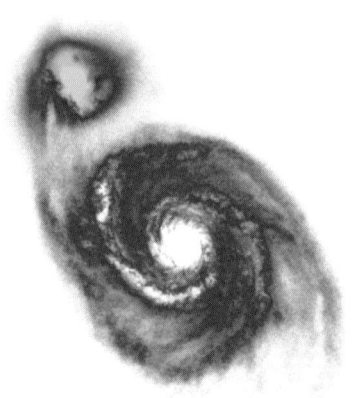

Ein Gedanken-
experiment

Die kosmische Hintergrundstrahlung gibt uns Einblicke in die Jugend unseres Kosmos. Betrachten wir dazu noch einmal die Kugel in unserem vereinfachten Weltall. Masse und Strahlung sind im gedachten Sonnenvolumen in ganz normalem Zustand, die Atome so, wie wir sie auch zu Hause haben. Auch die Strahlung haben wir zu Hause, sie ist nichts anderes als die Strahlung unserer Mikrowellenherde, allerdings stark verdünnt. Mit dem Stoff in unserer Kugel umzugehen, sind wir gewohnt. Deshalb wollen wir ein Gedankenexperiment machen und uns überlegen, was geschähe, wenn wir die Kugel zusammendrücken würden. Dabei kehren wir den Vorgang der Expansion der Welt um. Das Verhalten des eingefangenen Weltstoffes soll uns zeigen, wie die Welt früher war. Im Prinzip könnten wir die Kugel immer mehr zusammendrücken und uns immer näher an die frühesten Zustände der Welt, ja, bis nahe an den Urknall herantasten.

Die Dichte der Materie und die der Strahlung nehmen beide beim Zusammendrücken zu. Der in der Kugel gefangene Weltstoff wird dabei immer heißer, weil wir für die Kompression Arbeit aufbringen müssen, und diese Energie geht in erster Linie in Strahlung. Dementsprechend steigt deren Temperatur. Heute ist die Hintergrundstrahlung im Ver-

Kugel-durch-messer	Protonen, Neutronen, Elektronen	Photonen	Temperatur	Zeit nach dem Urknall
1,4 Mio km	280 g	1 g	3 K	14 Mrd J. (heute)
1400 km	280 g	1000 g	3000 K	300 000 Jahre

Der Durchmesser unserer Testkugel und ihr Inhalt für zwei Zeitpunkte. Obere Zeile: Der Zustand (Masse der Materie, der Strahlung und die Temperatur) des Weltalls von heute (14 Milliarden Jahre). Darunter der Zustand etwa 300 000 Jahre nach dem Urknall.

gleich zu der in Materie gespeicherten Energie völlig unwichtig, wir können sie ja nur mit raffinierten Meßinstrumenten wahrnehmen. In unserer Kugel wächst beim Zusammendrücken aber der Anteil der Strahlungsenergie über den der in der Materie gespeicherten Energie hinaus. Das heißt: In der Vergangenheit war die Hintergrundstrahlung wichtiger als heute.

Drücken wir nun die Kugel auf ein Tausendstel der ursprünglichen Größe zusammen. In ihr sind immer noch unsere 280 Gramm Materie, aber die Strahlung ist wichtiger geworden. Alle Arbeit, die wir aufgebracht haben, um die Kugel zusammenzudrücken, ist in Strahlung übergegangen. Ihre Masse übertrifft jetzt die der Materie um ein Vielfaches! Die Temperatur in der Kugel hat sich von 3° absolut auf 3000° erhöht. Der Zustand in der Kugel entspricht dem des Weltalls 300 000 Jahre nach dem Urknall.

Als das Weltall durchsichtig wurde

Wir könnten mit unserem Gedankenexperiment fortfahren und die Kugel weiter zusammendrücken. Verweilen wir aber erst einmal bei dem Zustand unserer Testkugel, bei dem die Strahlung eine Temperatur von 3000° besitzt. Das war ein Wendepunkt in der Geschichte des Weltalls.

Ein Wasserstoffatom besteht aus dem Atomkern, einem Proton, um das sich ein Elektron bewegt. Als Strahlung und Materie noch heißer waren als 3000°, gab es noch keine richtigen Wasserstoffatome, ihnen fehlte das Elektron. Protonen und Elektronen flogen unabhängig voneinander durch den Raum. Wenn ein (positiv geladener) Atomkern ein (negatives) Elektron anzog, wurde dieses von einem vorbeikommenden Lichtquant, einem Photon, oder von einem vorbeifliegenden Proton oder Elektron wieder losgeschlagen. Frei herum fliegende Elektronen behindern aber die Strahlung. Die einzelnen Photonen konnten nur über kurze Strecken geradeaus fliegen, dann wurden sie von weiteren Elektronen immer wieder abgelenkt. Das Licht verhielt sich damals etwa so wie heute bei dichtem Nebel. In ihm verhindern winzige Wassertröpfchen, daß sich die Photonen geradlinig über größere Strecken bewegen können.

Doch die Phase des „Nebels" im Weltall endete

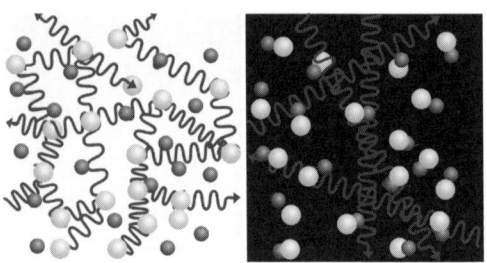

Als das Weltall durchsichtig wurde. Links: Die Temperatur liegt noch über 3000°. Elektronen (hellgrau) und Protonen (dunkelgrau) sind noch nicht aneinandergebunden. Die Photonen (Wellenlinien) werden von jedem Elektron abgelenkt. Rechts: Protonen und Elektronen haben sich zu neutralen Wasserstoffatomen gepaart. Das Licht kann sich geradlinig ausbreiten.

etwa 300 000 Jahre nach dem Urknall, als die Temperatur von 3000° unterschritten wurde. Da reichte die Energie der Photonen und der herumstreunenden Teilchen nicht mehr aus, die Elektronen von den Atomkernen des Wasserstoffs wieder loszuschlagen. Auf einmal bestand die Materie größtenteils aus elektrisch neutralen Wasserstoffatomen. Da an einen Atomkern gefesselte Elektronen dem Licht praktisch kein Hindernis mehr entgegensetzen, wurde die Welt plötzlich durchsichtig.

Im Jahre 300 000 nach dem Urknall begann die Große Durchsichtigkeit.

Der Blick in die Vergangenheit

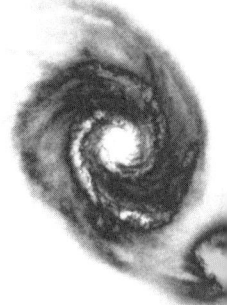

Die Wellen der elektromagnetischen Strahlung, seien es Licht- oder Radiowellen, Wärme- oder Röntgenstrahlen, bewegen sich mit einer Geschwindigkeit von 300 000 km/s durch den Raum. Wenn wir heute in das Weltall hinaus schauen, sehen wir es in großen Entfernungen nicht so, wie es heute ist, sondern so, wie es war, als das Licht von dort ausgesandt wurde, die Andromedagalaxie etwa so, wie sie vor 2 Millionen Jahren war. Der Blick in die Ferne ist also zugleich ein Blick in die Vergangenheit. Das ist wieder eine Erscheinung, die wir aus unserem täglichen Leben nicht kennen.

Veranschaulichen wir uns diese für uns ungewohnte Situation und versetzen wir uns in eine Zauberwelt, in der das Licht sich langsamer bewegt als eine Schnecke. Stellen wir uns dort auf den Gipfel eines Berges, und blicken wir in die Landschaft. In einem Abstand von nahezu 60 Lichtjahren, der natürlich dann entsprechend kurz wäre, blickten wir in das Jahr 1945. Wir sähen Menschen und Gebäude so, wie sie der Zweite Weltkrieg hinterlassen hat. Darum herum schlösse sich ein Kreisring, in dem wir die Bomben einschlagen sehen, und wer mit dem Fernrohr bis zum Horizont blickte, könnte vielleicht Napoleons Armee geschlagen aus Rußland zurückkommen sehen.

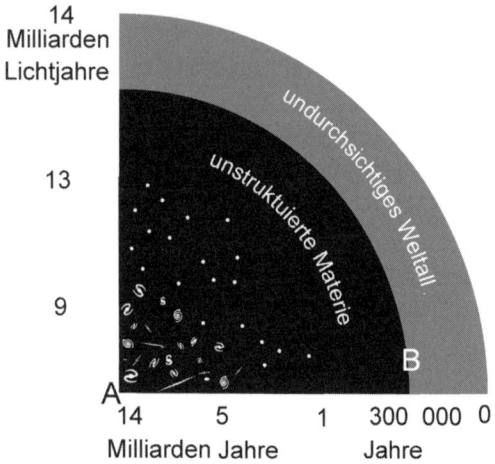

Der Beobachter A in der linken unteren Ecke blickt in das Weltall und gleichzeitig in die Vergangenheit. Auf der Achse nach oben ist die Entfernung aufgetragen, auf der Achse nach rechts das Weltalter, zu dem ein Photon ausgesandt wurde, das ihn heute erreicht. Das Bild erweckt den Eindruck, als stünde der Beobachter A irgendwie in der Mitte der Welt. Er steht nur in der Mitte seines Horizontes. Heute sieht es am Ort des Beobachters B genauso aus wie bei A. Doch wenn B zu A blickt, schaut auch er in die Vergangenheit und sieht dort die Materie gerade durchsichtig werden.

Auch der Blick in den Raum zeigt uns das Weltall so, wie es in der Vergangenheit war. Wir sehen im Universum nicht nur die räumliche Verteilung der kosmischen Objekte, sondern auch gleichzeitig ihre Geschichte. In der Nachbarschaft unseres Milchstraßensystems blicken wir auf Galaxien, weiter draußen aber in die Epoche zurück, in der es noch keine Sterne gab. Da hatte die Materie noch keine Strukturen gebildet. Weiter draußen, also noch weiter zurück in der Vergangenheit, etwa in die Zeit, als nach dem Urknall erst 300000 Jahre vergangen waren, sehen wir den Augenblick, in dem die Welt gerade durchsichtig wird. Wir starren auf eine undurchsichtige Wand von 3000°. Nicht, daß die Materie weiter draußen heute noch undurchsichtig wäre, nein, sie war es damals, als sie das Licht aussandte, das uns heute erreicht. Weiter hinaus oder, besser gesagt, weiter zurück in die Vergangenheit reicht unser Blick nicht.

Wolken in der Jugend des Weltalls

Wir lernten auf Seite 66 die Absorptionslinien des Lyman-Waldes kennen. Sie stammen von Wolken, die das Licht ferner Quasare filtern.

Im Jahre 1994 entdeckte man mit dem 10-Meter-Keck-Teleskop auf Hawaii im Spektrum eines entfernten Quasars die Absorptionslinien von Kohlenstoffmolekülen. Sie werden von der Hintergrundstrahlung erwärmt. Die Linien dieser Moleküle lassen deren Temperatur erkennen. Genauer gesagt: Die Moleküle *wurden* erwärmt, denn die Wolken stehen so weit draußen im Raum, daß wir sie so sehen, wie sie vor langer Zeit waren und wie sie damals von der Hintergrundstrahlung bestrahlt wurden. Die Strahlung erwärmte sie auf 7,4° absolut. Das beweist, daß die Hintergrundstrahlung früher wärmer war, und das wiederum bestätigt unser Bild vom Urknall. Nach ihm erwarten wir für die Zeit, zu der man die Wolken beobachtet, tatsächlich 7,58° absolut.

Die Wolken halten noch eine weitere Überraschung bereit. Neben den Linien des Lyman-Waldes zeigen die Spektren vieler Quasaren auch noch Absorptionslinien des Magnesiums. Diese Linien kennen wir von den Spektren des Magnesiums auf der Erde, doch deuten genauere Messungen an, daß die Abstände zwischen den verschiedenen Linien

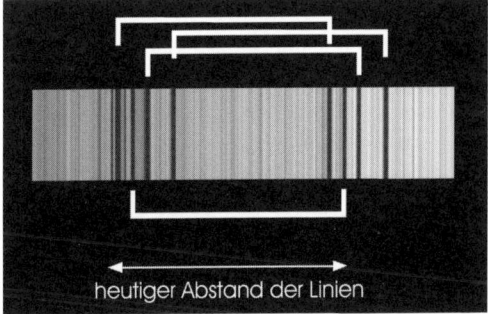

Vier Wolken prägen dem Licht eines fernen Quasars vier Linienpaare des Magnesiums auf. Darüber und darunter ist angedeutet, welche Linien ein Paar bilden. Da die vier Wolken verschieden weit entfernt sind und daher verschiedene Fluchtgeschwindigkeiten haben (vgl. die Abbildung auf S. 65), sind Linienpaare der einzelnen Wolken gegeneinander verschoben. Neuere Messungen legen nahe, daß die Linienpaare in den Wolken etwas geringere Abstände haben, als man sie heute an Magnesiumatomen mißt.

des Magnesiums in jenen Wolken etwas kleiner sind als beim irdischen Magnesium. Sind die Magnesiumatome in der Ferne anders als die auf der Erde? Wir müssen beachten, daß das Licht von diesen Wolken Milliarden Jahre zu uns unterwegs war. Deshalb müssen wir eigentlich fragen, ob die Atome des Magnesiums in der Vergangenheit anders waren als die Magnesiumatome von heute. Da die Eigenschaften eines Atoms durch Naturkonstanten bestimmt sind, müßten einige von ihnen in der Vergangenheit etwas andere Zahlenwerte gehabt haben als heute. Der Unterschied ist wohl nicht groß, die dafür verantwortliche Naturkonstante könnte vor Milliarden Jahren nur um ein Hundertstel Promille kleiner gewesen sein als heute. Wenn sich bestätigen sollte, daß sich einige Naturkonstanten, vielleicht sogar die Lichtgeschwindigkeit, mit der Zeit ändern, würde das eine völlig neue Ära der Physik einläuten!

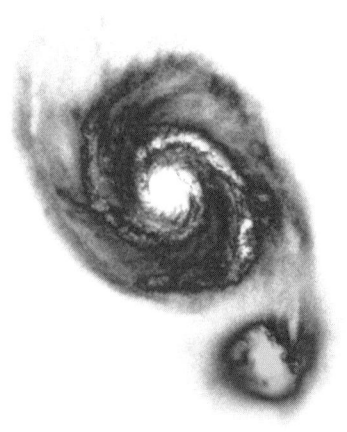

Warum die Nacht schwarz ist

Haben Sie sich schon einmal darüber gewundert, daß es nach Sonnenuntergang dunkel wird? Das ist nicht selbstverständlich. Wenn die Welt seit eh und je gleichförmig mit helleuchtenden unbewegt stehenden Sternen erfüllt wäre, dann sähen wir, gleichgültig, ob es Tag oder Nacht ist, in welche Himmelsrichtung wir auch unseren Blick wenden, immer wieder auf die Oberflächen von leuchtenden Sternen. Der ganze Himmel wäre zusammengesetzt aus vielen Milliarden kleiner sich teilweise überdeckender Sternscheibchen, er wäre gleißend hell wie die Sonnenoberfläche. Warum ist es nachts finster und nicht taghell? Das haben sich schon früher viele Astronomen gefragt, im Jahre 1823 zum Beispiel der Bremer Arzt und Astronom Wilhelm Olbers. Deshalb nennt man das Rätsel des dunklen Nachthimmels auch *Olberssches Paradoxon*. Man hat erst in neuerer Zeit die Lösung gefunden.

Betrachten wir das Bild von den sich gegenseitig verdeckenden Sternscheibchen einmal genauer. Wir beobachten eine ähnliche Erscheinung, wenn wir in einen Hochwald blicken. In ihn können wir nur bis zu einer bestimmten Entfernung hineinschauen, dann verdecken die Baumstämme sich gegenseitig, und wir können nicht erkennen, was dahinter ist. Da können wir den Wald vor lauter Bäumen nicht

Beim Blick in einen Wald können wir nur bis in eine bestimmte Entfernung schauen, dahinter verdecken die Baumstämme einander.

sehen. So ist es auch mit einem bis ins Unendliche mit Sternen ausgefüllten Weltall. Sie verdecken einander erst ab einer bestimmten Entfernung vollständig. Aber das Licht braucht Zeit, bis es uns erreicht. Selbst wenn der Raum bis ins Unendliche mit Sternen erfüllt wäre, die Sterne würden einander nur dann vollständig überdecken, wenn sie lange genug existierten.

Wenn wir in den Raum schauen, sehen wir in unserer Umgebung Galaxien und weiter draußen Quasare. Doch lange, ehe unser Blick in Entfernungen geht, bei denen sich die Sternscheibchen vollständig überdecken würden, blicken wir in eine Zeit, in der es noch gar keine Sterne gab. Unser Blick trifft also auf nicht genügend viele Sternoberflächen. Fast immer geht er zwischen den Sternen hindurch in einen sternlosen Raum.

Das ist die Lösung, aber nur zur Hälfte.

Der dunkle Anblick des hellen Anfangs

Doch ganz so einfach, wie ich es eben beschrieben habe, läßt sich der dunkle Nachthimmel nicht erklären. Betrachten wir noch einmal die Abbildung auf Seite 78. Wenn die sich überdeckenden Sternscheiben den Himmel nicht ausfüllen, dann schauen wir ja an vielen von ihnen vorbei. Unser Blick geht weiter hinaus in den Raum und damit in die Zeit, die etwa 300000 Jahre nach dem Urknall liegt. Wir sehen auf eine heiße, undurchsichtige Wand von etwa 3000°. Bei dieser Temperatur ist alle Materie weißglühend. Wenn schon die Sterne den Nachthimmel nicht strahlend hell machen, warum leuchtet dann dieser Hintergrund nicht zwischen den Sternen hindurch und macht die Nacht zum Tage?

Wir blicken zwar auf eine Wand von 3000°. Aber da sich die Welt von jeher ausdehnte, bewegte sich die Materie dort mit großer Geschwindigkeit von uns weg. Die Photonen kommen deshalb spärlicher zu uns, wie die Tauben des sich von zu Hause entfernenden Züchters von Seite 41. Jedes Lichtquant ist langwellig und energiearm geworden, denn die Teilchen des Lichtes sind nach Einstein Verformungen des Raumes, die mit der Expansion des Raumes gedehnt wurden. Das Licht ist so langwellig geworden, daß unser Auge es nicht mehr wahrnimmt. Die

Blick in das Weltall (schematisch). Die Sternscheibchen überdecken sich nicht gegenseitig, weil es in der frühen Vergangenheit noch keine Sterne gab. Wir blicken daher an den Sternen vorbei auf den Hintergrund. Doch warum ist er schwarz?

Wand von 3000° erscheint uns pechschwarz. Nur die Radioastronomen können ihre Strahlung als die kosmische Hintergrundstrahlung messen. Sie ist das Licht vom Rande der Welt.

Daß es nachts dunkel wird, zeigt uns, daß es die Sterne nicht seit jeher gibt und daß sich das Weltall ausdehnt. Es verwundert, daß für die Beobachtung, die uns zu solchen grundlegenden Eigenschaften des Weltalls führt, keine Riesenteleskope und auch kein Fernrohr in einer Umlaufbahn nötig sind. Dazu genügt allein der Blick aus dem Fenster.

Der glühende Hintergrund

Der Satellit COBE konnte die Strahlung genauer untersuchen, als es von der Erdoberfläche aus möglich war. Das erste Ergebnis war, daß die Strahlung aus der Richtung des unscheinbaren Sternbildes Becher (Crater) südlich des Sternbildes Löwe geringfügig stärker kommt als aus der Gegenrichtung. Das ist zu erwarten, wenn sich die Erde um die Sonne, mit ihr um das Zentrum der Galaxis und mit dieser, relativ zur Strahlung, mit einer Geschwindigkeit von etwa 350 km/s bewegt. Dann erscheint uns die Strahlung wegen des Dopplereffektes in Bewegungsrichtung etwas stärker als in der Gegenrichtung. Wenn man diesen Effekt von den Meßdaten abzieht, kommt die gemessene Strahlung aus allen Richtungen gleich stark. Es ist Strahlung, wie sie ein Körper von −270,3° aussendet.

Doch im Jahre 1992 gelang es, die Genauigkeit der COBE-Messungen weiter zu verbessern. Jetzt zeigte sich, daß die Strahlung doch nicht von überall her mit genau der gleichen Stärke bei uns eintrifft. Im Licht der Hintergrundstrahlung erscheint der Himmel fleckig. Die „helleren" Stellen sind aber nur wenige Hunderttausendstel Grad wärmer als die „dunkleren". Leider konnten die Instrumente von COBE den Himmel nicht scharf sehen. Ihnen entgingen Schwankungen, die sich über Flächen

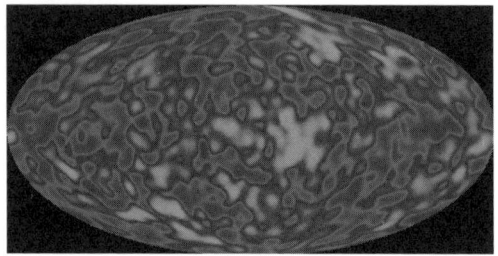

Der Himmel, so wie ihn COBE sah. Die Hintergrundstrahlung zeigt Flecken. Sind aus ihnen die gegenwärtig beobachtbaren Strukturen im Weltall entstanden?

von weniger als zehn Vollmonddurchmessern erstreckten. Erst als im Jahre 2001 ein heliumgefüllter Ballon mit Meßinstrumenten an Bord in 38 km Höhe über der Antarktis tagelang die Strahlung registrierte, gelang es, Strukturen bis zu einen Drittel des Vollmondes zu erkennen. Das Projekt trug den Namen BOOMERANG, und seine Messungen haben unsere Vorstellung von den frühesten Phasen der Expansion erweitert.

Wir sehen in der Hintergrundstrahlung eine Wand von 3000°, deren Licht langwellig geworden ist. Diese Wand zeigt Flecken. Sie geben uns Hinweise auf Vorgänge, die vor dem Beginn der Großen Durchsichtigkeit abliefen, also während der ersten 300000 Jahre. Wer diese frühe Phase in der Entwicklung des Weltalls erklären will, der muß diese Zeichen an der Wand deuten.

Die ersten chemischen Elemente

Unser Gedankenexperiment mit der zusammengedrückten Kugel (vgl. S. 73) gibt uns Hinweise darauf, was vor Beginn der Durchsichtigkeit war.

Nahezu alle Materie in unserer bereits auf ein Tausendstel ihres ursprünglichen Durchmessers zusammengedrückten Kugel ist Wasserstoff. Um die positiven Atomkerne, die Protonen, kreist kein Elektron. Solange die Temperaturen im Bereich von Millionen Grad liegen, können Protonen einander nicht sehr nahe kommen, denn die abstoßende Kraft ihrer positiven elektrischen Ladungen lenkt ihre Bahnen vor dem Zusammenstoß ab. Erst wenn ihre Geschwindigkeiten bei mehreren Tausend km/s liegen und sie einander bis auf Entfernungen von Billionstel Millimetern nahe kommen, wird eine neue anziehende Kraft wirksam, die *Kernkraft*. Sie hält alle Atomkerne der Welt zusammen.

Wenn in unserer Testkugel Temperaturen von Milliarden Grad erreicht werden, bleiben beim Vorbeiflug gelegentlich Protonen aneinander kleben, festgehalten von der Kernkraft. Es laufen dann Kernprozesse ab, wie sie von irdischen Experimenten her bekannt sind. Protonen können sich in Neutronen umwandeln, indem sie ein positiv geladenes Teilchen abgeben, ein *Positron*, das dieselbe Masse wie das Elektron hat, aber eine elektrisch positive

Ladung besitzt. An das Proton können sich Neutronen und weitere Protonen anlagern, und es entstehen Atomkerne, die mehrere Protonen und Neutronen enthalten.

Der Zustand unserer Testkugel entspricht jetzt dem des Weltalls wenige Minuten nach dem Urknall. Doch die Möglichkeit zur Bildung von zusammengesetzten Atomkernen währte nur kurze Zeit. Davor war die Temperatur zu hoch, die entstandenen Atomkerne wurden von vorbeikommenden Teilchen wieder zerschlagen, danach waren die Temperatur zu niedrig und die Geschwindigkeiten zu gering, um die abstoßenden Kräfte der positiven

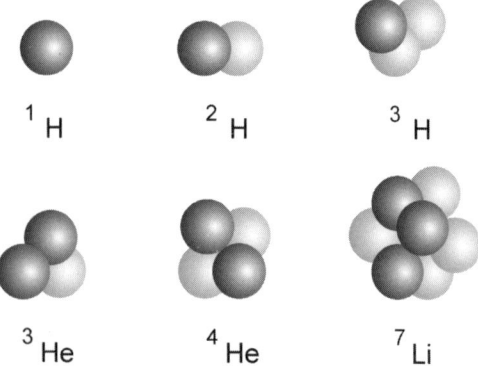

Die Atomkerne, die in den ersten Minuten nach dem Urknall entstanden sind. Dunkle Kugeln deuten Protonen, helle Neutronen an. In der oberen Zeile die 3 Arten des Wasserstoffs, darunter zwei Arten des Heliums und eine Art des Lithiums. Die Zahlen geben die sogenannte *Massenzahl* an, die Anzahl der Bausteine im Kern.

Kernladungen zu überwinden. So konnten sich nur die leichtesten chemischen Elemente bilden. Es waren verschiedene Arten des Wasserstoffs, das *Deuterium* und das rasch wieder zerfallende *Tritium*, deren Atomkerne neben einem Proton ein beziehungsweise zwei Neutronen beherbergen. Es bildeten sich auch Helium und Spuren von Lithium. Das Bild vom Urknall liefert recht genau die Häufigkeitsverhältnisse der leichtesten Atome im Weltall.

Mit diesen chemischen Elementen endet Gamows Traum, in dem *alle* chemischen Elemente kurz nach dem Urknall entstanden. Die schwereren chemischen Elemente sind erst später im Inneren von Sternen zusammengekocht worden.

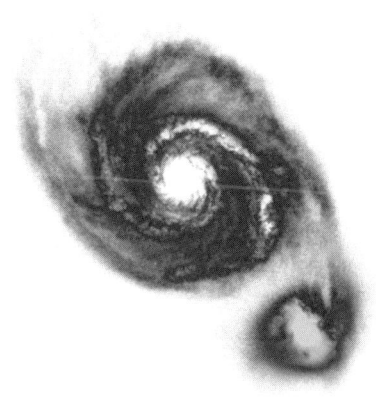

Die Bausteine der Materie entstehen

Je weiter wir unsere Kugel zusammendrücken, um so mehr nähern wir uns den Bedingungen, die kurz nach dem Urknall herrschten. Dabei kommen wir in eine Epoche, in der es kaum einen Unterschied zwischen Materie und Strahlung gab.

Zu Beginn des 20. Jahrhunderts zeigte Einstein, daß Materie und Energie ein und dasselbe sind. Im Jahre 1932 konnte der Physiker Carl Anderson im Experiment nachweisen, daß sich Strahlungsenergie in Masse verwandelt. Ein Photon hoher Energie verwandelt sich spontan in zwei Materieteilchen, eines davon ist ein Elektron, das andere ist ein Positron. Würden wir in unserem Gedankenexperiment die Testkugel auf einen Durchmesser von 70 cm zusammendrücken, hätte die Strahlung eine Temperatur von 6 Milliarden Grad. Dann würden sich aus den Photonen ständig solche Elektron-Positron-Paare bilden. Das Positron ist ein Teilchen der *Antimaterie*, während das Elektron zur Materie zählt. Wenn beide aufeinanderstoßen, verstrahlen sie wieder zu einem Photon hoher Energie. In dieser frühen Phase des Weltalls, die wir in unserem Gedankenexperiment erreicht haben, wandeln sich also ständig Photonen in Teilchenpaare und Teilchenpaare in Photonen um.

Gehen wir noch weiter zurück in den Bereich

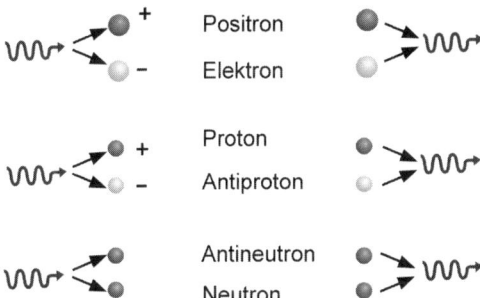

Aus Photonen (Wellenlinien) können Teilchenpaare entstehen. Teilchenpaare können wieder zu Photonen verstrahlen.

von 10 Billionen (zehntausend Milliarden) Grad. Der Durchmesser unserer Testkugel läge dann bei einem halben Millimeter. Jetzt wandeln sich Photonen in Protonen und ihre Antiteilchen um. Das sind die *Antiprotonen*, die sich von den Protonen durch ihre entgegengesetzte Ladung unterscheiden. Auch zu den elektrisch neutralen Neutronen gibt es elektrisch neutrale *Antineutronen*, die beim Zusammentreffen mit Neutronen in einem Strahlungsblitz aufgehen. Der Stoff in unserer Kugel hat nunmehr die Eigenschaften des Strahlungs-Teilchen-Gemischs während der ersten Hundertstel Sekunden des Weltalls.

Die Geschichte der Ursuppe

Wie weit können wir unsere Testkugel an die Bedingungen des Urknalls heranbringen? Die Physiker können heute hohe Energiekonzentrationen künstlich erzeugen, indem sie in großen Beschleunigern Materieteilchen mit nahezu Lichtgeschwindigkeit aufeinanderprallen lassen. Sie erreichen damit Temperaturen, die in Grad ausgedrückt bei einer 17stelligen Zahl liegen. In unserem Gedankenexperiment müßten wir dazu die Kugel auf einen Durchmesser von Hunderttausendstel Millimetern zusammendrücken. Dieser Zustand entspräche dem Weltall 0,000 000 000 001 Sekunden nach dem Urknall. Für die Zeit danach glauben wir eine ungefähre Ahnung vom Verhalten des Strahlungs-Materiegemischs zu haben.

Anfangs bestand der Stoff des Weltalls aus Strahlung und *Gluonen*, aus *Quarks* und *Antiquarks*. Die Quarks sind die Bestandteile der Elementarteilchen. Mit der Abkühlung bildeten sich aus ihnen Protonen und Neutronen, die Bausteine der heutigen Atomkerne, und ihre Antiteilchen. Auch Elektronen und ihre Antiteilchen, die Positronen, flockten aus. Noch andere Elementarteilchen bildeten sich zusammen mit ihren Antiteilchen und verstrahlten wieder miteinander. Doch mit der Expansion kühlte die Strahlung ab. Die Energie der

Photonen reichte nicht aus, neue Teilchenpaare zu erzeugen. Die vorhandenen Teilchen und Antiteilchen verstrahlten aber weiter.

Wenn von Anfang an gleich viele Teilchen und Antiteilchen erzeugt worden sind, müßten sie sich alle im Laufe der Zeit paarweise vernichtet haben. Das Weltall müßte heute nur aus Strahlung bestehen. Warum aber leben wir in einer Welt, die aus Materie besteht?

Es gibt Hinweise darauf, daß nicht bei allen Prozessen Teilchen und Antiteilchen genau den gleichen Gesetzen gehorchten. Wahrscheinlich sind von Anfang an etwas mehr Teilchen als Antiteilchen entstanden. Als sie später miteinander verstrahlten, blieben die überzähligen Teilchen übrig. Die Strahlung kühlte sich mit der Expansion weiter ab und wurde schließlich zur kosmischen Hintergrundstrahlung.

Warum es uns eigentlich nicht geben kann

Die Entdeckung der kosmischen Hintergrundstrahlung gab uns Einblicke in die früheste Geschichte des Weltalls, doch sie brachte uns ein neues Problem.

Heute ist die Materie der Welt in Galaxienhaufen, in Galaxien und in Sternen geklumpt. Diese Strukturen müßten sich aus anfänglichen Unregelmäßigkeiten gebildet haben. Eine Stelle zufällig erhöhter Dichte hätte dann durch ihre Gravitation weitere Materie an sich gezogen. Doch dafür reichte die Zeit nicht aus. Da nämlich die Expansion der weiteren Verdichtung entgegenwirkt, wachsen die Dichteunterschiede nur langsam an. Zur Zeit des Beginns der Durchsichtigkeit lagen sie etwa bei einem Zehntausendstel Prozent. Sie sind es, die die Flecken am COBE-Himmel erzeugen (vgl. S. 88). Seither können die Verdichtungen höchstens auf ein Prozent der mittleren Dichte angestiegen sein. Die mittlere Dichte der Galaxien ist aber 100 000mal größer als die mittlere Dichte im Weltall. Deshalb können die Galaxien bis heute noch nicht ausgeflockt sein. Die Zeit dafür reichte eben nicht. Wenn der Augenschein nicht eklatant dagegen spräche, wäre es den Kosmologen ein leichtes zu beweisen, daß es weder Galaxien, noch Sterne und Planeten, noch Menschen geben kann.

Doch es gibt einen Ausweg: Wir haben Grund, an Materie im Weltall zu glauben, die zwar nicht leuchtet, die sich aber durch ihre Schwerkraft bemerkbar macht. Von dieser *dunklen Materie* gibt es anscheinend viel mehr als die sichtbare Materie der Sterne und der strukturlosen Gas- und Staubmassen zwischen ihnen. Die dunkle Materie verrät sich, weil sie die Bewegung der Sterne in unserer eigenen Galaxis beeinflußt. Noch weiß niemand, woraus diese rätselhafte Materie besteht. Sind es planetenartige, kalte Körper, die zwischen den Sternen herumfliegen, nicht leuchten und deshalb unserer Beobachtung entgehen? Sind es noch unbekannte Elementarteilchen, die uns umschwirren und durchdringen und die von unseren Meßinstrumenten noch nicht wahrgenommen worden sind?

Die dunkle Materie könnte das Problem der Entstehung von Strukturen lösen. Vielleicht klumpte sie sich schon ganz am Anfang zusammen, wir können sie in der Hintergrundstrahlung nicht erkennen, weil sie kein Licht aussendet. An ihre Verdichtungen konnte sich die sichtbare Materie viel rascher anlagern und in viel kürzerer Zeit Galaxien bilden.

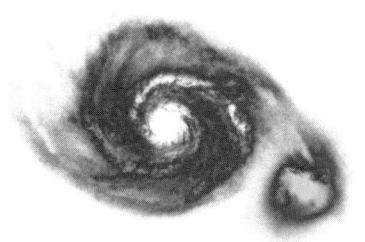

Dunkle Materie

Die Astronomen erkannten auch an der Bewegung der Galaxien in Galaxienhaufen, daß das Weltall von Materie erfüllt ist, die wir nicht sehen. Wie in einem Mückenschwarm bewegen sie sich dort kreuz und quer. Doch wenn sich eine zu weit von der Mitte entfernt, holt sie die Schwerkraft der anderen zurück. Je stärker die Schwerkraft, um so früher zwingt sie die Ausreißerin zur Umkehr. Deshalb verraten uns die mit dem Dopplereffekt gemessenen Geschwindigkeiten und die Durchmesser der Galaxienhaufen die Stärke der Schwerkraft, die den Haufen zusammenhält. Die sichtbare Materie reicht dazu nicht aus, es muß noch unsichtbare Materie geben, deren Schwerkraft die Galaxien des Haufens beherrscht.

Selbst in unserer Milchstraße gibt es solche Materie. Wir haben sie also direkt vor der Nase. Das zeigt sich an der Bewegung der Sterne um das Milchstraßenzentrum. Würden sie allein der Fliehkraft folgen, so müßten sie aus unserer Galaxis herausfliegen. Doch die Schwerkraft der Milchstraße hält sie zurück. Aus der Schwerkraft können wir die anziehende Masse unserer Galaxis berechnen. Sie übertrifft die der sichtbaren Materie um das Zehnfache: Es gibt also etwa zehnmal mehr Materie, als wir sehen. Ist es Materie, wie wir sie kennen, etwa ganz normale Atome, die nur nicht leuchten? Wir können die Menge der uns bekannten Materie, die aus Protonen, Neutronen und Elektronen besteht, abschätzen. Die Physiker nennen sie *baryonische Materie*. In den ersten Minuten unseres Kosmos, als die verschiedenen Arten des Wasserstoffs und das Helium entstanden, spielte die Menge der vorhandenen Protonen und Neutronen eine entscheidende Rolle. Das Mischungsverhältnis der leichten Elemente verrät uns auch heute noch die damalige Menge der *baryonischen Materie*. Daraus können wir deren heutige Dichte berechnen. Sie liegt bei nur 10 Prozent der Schwerkraft ausübenden Materie. Der Hauptteil der geheimnisvollen dunklen Materie ist also anders als die Materie, die wir kennen. Wenn wir auch nichts von ihr wissen, einen Namen hat sie schon: *nichtbaryonische Materie*.

Die baryonische Materie macht nur einen Bruchteil der gesamten Materie des Weltalls aus. Der Physiker Herwig Schopper formulierte: Die Materie, aus der wir bestehen, ist ein Kuriosum im Weltall.

Die ungeliebte Naturkonstante

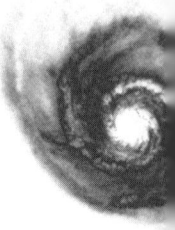

Die dunkle Materie verrät sich durch ihre Schwerkraft. Doch es scheint noch einen anderen unbekannten Stoff zu geben, der sich durch seine *abstoßende* Kraft bemerkbar macht. Sie hat eine lange Geschichte.

Vor dem Jahre 1929 glaubten die Astronomen, das Weltall sei statisch, es dehne sich weder aus, noch stürze es, durch die Schwerkraft getrieben, in sich zusammen. Zwölf Jahre vor der Entdeckung der Expansion des Weltalls versuchte Einstein, seine Gleichungen der Allgemeinen Relativitätstheorie auf den gesamten Kosmos anzuwenden. Er erhielt aber lediglich Weltmodelle, in denen sich das Weltall entweder ausdehnt oder in sich zusammenstürzt. Ein statisches Weltall lieferten ihm seine Gleichungen nicht. Daraufhin überprüfte er die Theorie noch einmal und merkte, daß die Regeln, nach denen er sie hergeleitet hatte, neben der Schwerkraft auch noch eine abstoßende Kraft zulassen, die er vorher übersehen hatte. Der Fehler spielt im Bereich der Planeten und auch in der Milchstraße keine Rolle, nur für das Weltall als Ganzes ist er von Bedeutung. Als Einstein seine Gleichungen korrigierte, lieferten sie ihm ein statisches Weltall, so wie es die Astronomen damals vermuteten. Während innerhalb der Galaxis und erst recht im Sonnensystem die Schwerkraft vorherrscht, dominiert über Entfernungen von Milliarden von Lichtjahren der vorher vergessene Teil der Gleichungen. Er wird durch eine neue Naturkonstante festgelegt, die *kosmologische Konstante*, die Einstein mit dem griechischen Buchstaben Λ (Lambda) bezeichnete. Mit ihr lieferten seine Gleichungen ein Weltall, das im Gleichgewicht ist. Einstein war zufrieden.

Doch dann entdeckte Hubble die Expansion der Welt. Im Januar 1931 besuchte Einstein das Mt.-Wilson-Observatorium (vgl. die Abbildung auf S. 52) und diskutierte mit Hubble und dessen Mitarbeitern, und er ließ sich überzeugen, daß das Weltall gar nicht statisch ist. Damit war der Grund für die kosmologische Konstante hinfällig geworden. Einstein soll daraufhin ihre Einführung für den größten Fehler seines Lebens gehalten haben. Albert Einstein kehrte der kosmologischen Konstanten den Rücken.

Die Auferstehung von Lambda

Auch nach der Entdeckung der Galaxienflucht war die kosmologische Konstante nie wirklich tot. Die durch Lambda hervorgerufene abstoßende Kraft kann das aus der Expansion errechnete Weltalter wesentlich verlängern und mit dem Alter der Sterne in Einklang bringen. Etwa so: Der Schwung der Expansion wurde anfangs durch die Schwerkraft gebremst. Fast hätte sie die Expansionsbewegung zum Stillstand gebracht. Lange Zeit kämpften die Anziehung der Schwerkraft und die Abstoßung der kosmologischen Konstanten gegeneinander, bis schließlich die Expansion siegte. Wenn wir aber aus der gegenwärtigen Expansion die seit dem Anfang vergangene Zeit berechnen, dürfen wir die Wartezeit, während der sich Schwereanziehung und Abstoßung fast die Waage hielten, nicht vergessen. Sie vergrößert das errechnete Weltalter. Die Schule der Kosmologen um den Bonner Astrophysiker Wolfgang Priester schätzt das durch die kosmologische Konstante verlängerte Weltalter sogar auf 30 Milliarden Jahre.

Einsteins Lambda hat neuerdings Unterstützung von ganz anderer Seite bekommen. Die Quantenmechanik lehrt uns, daß es keinen wirklich leeren Raum gibt. Stets bilden sich im Vakuum spontan elektrische und magnetische Felder, aus denen sogar Teilchen entstehen können, etwa Elektron-Positron-Paare, die nach kurzer Zeit wieder verstrahlen. Das Vakuum besteht also nicht aus nichts, es ist vielmehr ein recht kompliziertes Gebilde, dessen Eigenschaften die Physiker im Experiment untersuchen können. So konnte es in einem 1948 von dem holländischen Physiker Hendrik Casimir ausgeführten Experiment auf eng nebeneinanderliegende Metallplatten einen Druck ausüben. Viele Physiker glauben, daß das recht komplizierte Vakuum mit der kosmologischen Konstanten zusammenhängt. Was immer die Ursache der abstoßenden Kraft ist, sie hat schon einen Namen: Die

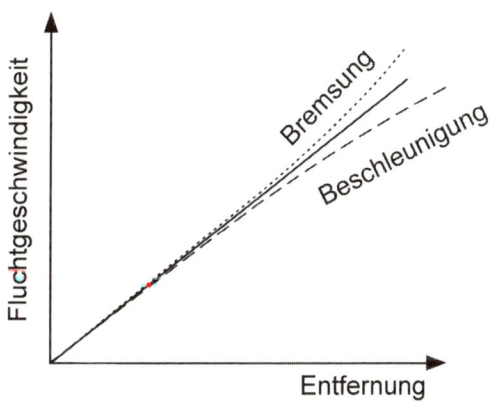

In großen Entfernungen blicken wir weit in die Vergangenheit zurück. Bei starker Bremsung durch die Schwerkraft weicht die Beziehung zwischen Entfernung und Geschwindigkeit nach oben ab (früher war die Expansion rascher), bei beschleunigter Expansion nach unten (früher war die Expansion langsamer).

Kosmologen nennen sie *dunkle Energie*, manche sprechen auch von der *Quintessenz*; in Anlehnung an die vier Elemente der Griechen Feuer, Wasser, Luft und Erde stellt sie sozusagen das fünfte Element dar, die Quintessenz.

Daß es das Lambda wirklich gibt, weiß man erst seit kurzem. Es stellte sich heraus, daß die Expansionsbewegung der fernsten Galaxien etwas kleiner ist, als das Hubblesche Gesetz fordert. Da wir in großen Entfernungen weit in die Vergangenheit schauen, bedeutet dies, daß die Expansion früher langsamer war. Das Weltall dehnt sich also beschleunigt aus. Der Grund ist wahrscheinlich die abstoßende Kraft, die Einsteins Lambda hervorruft.

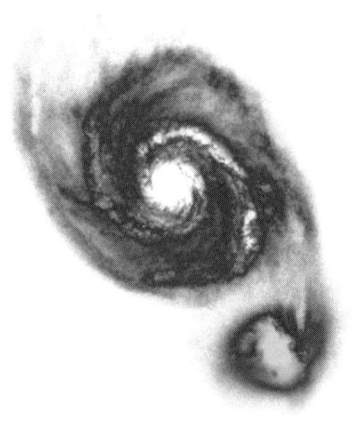

Zurück zur Sekunde Null

Experimente in den Teilchenbeschleunigern, etwa im Large Electron Positron Collider (LEP) des Europäischen Forschungszentrums CERN in Genf, gestatten es, Materie bei extrem hohen Temperaturen zu untersuchen. Damit lassen sich Aussagen über die Materie

0,000 000 000 001 Sekunden

nach dem Urknall und danach machen. Es gibt Theorien, die die Erscheinungen bei diesen extremen Bedingungen erklären können, etwa wie sich die Bausteine der baryonischen Materie, die Quarks, verhalten und die Gluonen, welche sie in den Protonen und Neutronen zusammenhalten. Diese Theorien lassen sich auch in den Bereich noch höherer Temperaturen bzw. noch höherer Energiedichten extrapolieren, wenn auch der experimentelle Beweis ihrer Gültigkeit in jenen Extrembereichen nicht mehr möglich ist. Ich will diesen Bereich die *Graue Epoche* der Physik nennen. Gilt für den Bereich niedrigerer Temperaturen noch die Experimentalphysik, so hat der Göttinger Physiker Hubert Goenner für die Physik der Grauen Epoche den Begriff der *Extrapolationsphysik* geprägt. Sie dehnt den experimentell gesicherten Bereich der Theorie in den experimentell ungesicherten Bereich aus. Wie weit reicht die Graue Epoche an den eigentlichen Urknall heran? Wo versagen auch die Theorien, die zumindest noch vage mit den experimentell gesicherten Erscheinungen zusammenhängen?

Vorläufig sind alle Versuche gescheitert, die Quantenmechanik und Einsteins Gravitationstheorie zu einer einheitlichen Theorie zu vereinigen. Das aber wird notwendig, wenn die Materie beschrieben werden soll, deren Temperatur so nahe am Urknall liegt, daß das Weltalter in Sekunden ausgedrückt nach dem Komma 41 Nullen besitzt:
0,000 000 000 000 000 000 000 000 000 000 000 000 001 Sekunden.

Diesen Zeitpunkt nennt man zu Ehren des Physikers Max Planck (1858–1947) die *Planck-Zeit*. Erst von diesem Augenblick an begann die Graue Epoche. Was vorher war, ist Terra incognita. Davon haben wir heutzutage nicht die leiseste Ahnung. Ich will diesen Zeitraum zum Unterschied zur Grauen Epoche die *Weiße Epoche* nennen. Nur für die Zeit danach glauben wir, daß die Einsteinsche Theorie die Schwerkraft richtig wiedergibt. Unsere Vorstellungen von Raum und Zeit, so wie wir sie in unserer Anschauung haben, sind für die Zeit davor wahrscheinlich bedeutungslos. Um die spöttischen Worte des Münchner Kosmologen Gerhard Börner zu gebrauchen: „Was da war, das weiß nur der Papst, der Dalai Lama und vielleicht noch Stephen Hawking."

Bei einem heutigen Weltalter von etwa 14 Milliarden Jahren mag ein winziger Bruchteil der ersten Sekunde am Anfang des Weltalls unwichtig erscheinen. Aber die entscheidenden Merkmale unseres heutigen Universums wurden bereits in diesem ersten Augenblick festgelegt.

Die Gesetze der Grauen Epoche

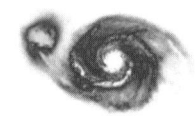

Das war die Zeit zu Beginn der ersten Sekunde, die unmittelbar nach der Planck-Zeit folgte und in der unsere Vorstellungen von Experimenten gestützt werden. Wir wissen nicht, welche Naturgesetze davor geherrscht haben. Für die Graue Epoche kann sich der Kosmologe zumindest an experimentell gestützte Theorien halten, wenn er auch nicht sicher sein kann, ob sie wirklich gelten. Die Erforschung der Grauen Epoche ist vielleicht der spannendste Teil der gegenwärtigen Physik. An die Stelle der Experimente treten kosmologische Beobachtungen, an die Stelle der gesicherten Naturgesetze tritt die Ahnung, welche physikalischen Gesetze damals das Geschehen bestimmt haben könnten.

Vier Kräfte regieren heute die physikalische Welt: die elektromagnetische Kraft, zwei Arten von Kernkräften, welche den Aufbau und den Zerfall von Atomkernen bestimmen, und die Schwerkraft. Es gibt Gründe anzunehmen, daß bei hinreichend hohen Temperaturen diese vier Kräfte verschiedene Formen einer einzigen Universalkraft sind.

Wenn das stimmt, waren also irgendwann vor der Planck-Zeit alle vier Kräfte eine einzige, die Welt beherrschende Kraft gewesen. Doch dann trennte sich die Schwerkraft von der Universalkraft ab. Danach, als sich das Weltall weiter abgekühlt hatte, löste sich die starke Kernkraft als gesonderte Kraft. Das war in der Grauen Epoche, hinter dem Komma sind jetzt nur noch 34 Nullen:

0,000 000 000 000 000 000 000 000 000 000 000 01 Sekunden.

Die dabei frei werdende Energie zwang das Weltall, sich in kürzester Zeit so stark auszudehnen, daß ein Raumgebiet von der Größe eines Stecknadelkopfes sich danach über Hunderte von Milliarden Lichtjahren erstreckte. Nach dieser Phase der *Inflation* flog die Materie wieder gemächlich auseinander,

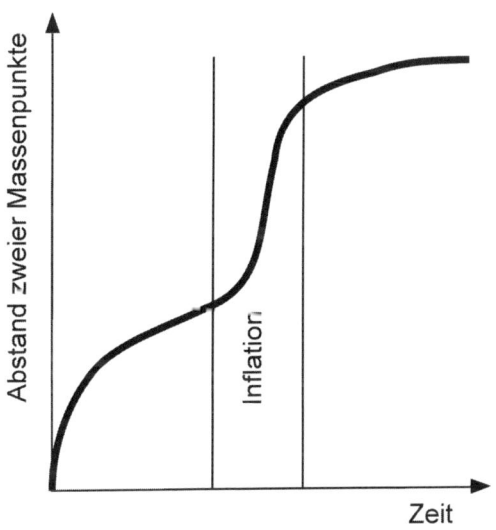

Nach der Inflationstheorie dehnte sich das expandierende Weltall während der Grauen Epoche beschleunigt aus, um danach wieder langsamer zu expandieren.

wie es das Hubblesche Gesetz befiehlt. An dieses Bild glauben viele Kosmologen.

Mit ihm läßt sich die Fleckigkeit der Hintergrundstrahlung (vgl. S. 88) erklären. Selbst wenn die Dichte der sichtbaren und der dunklen Materie des Weltalls vor der Inflation recht gleichförmig war, die Quantenmechanik verlangt, daß sie in kleinen Raumgebieten Fluktuationen zeigte. Diese mikroskopischen Dichteschwankungen wurden durch die Inflation aufgeblasen, so daß sie danach so groß waren wie die Flecken am COBE-Himmel.

Ist das Rätsel ein Rätsel?

Das Inflationsmodell erklärt ein Rätsel, das den Kosmologen bisher Kopfschmerzen bereitete. Die Hintergrundstrahlung, die von zwei entgegengesetzten Stellen des Himmels zu uns kommt, wurde beide Male etwa 300000 Jahre nach dem Urknall ausgesandt. Die Materiemengen beider Stellen waren in der Geschichte des Weltalls einander niemals so nahe, daß ein Lichtstrahl von der einen die andere hätte erreichen können. Trotzdem haben beide die gleiche Temperatur. Das ist rätselhaft, da kein Signal schneller ist als das Licht. Wie können sie aber dann ihre Temperatur aneinander angeglichen haben?

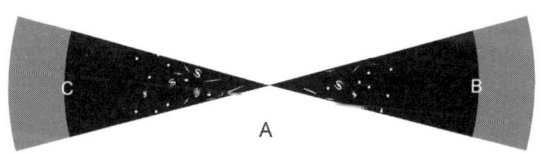

Der Beobachter A blickt wie in der Abbildung auf Seite 78 in die Vergangenheit des Weltalls, diesmal blickt er in zwei entgegengesetzte Richtungen. Dabei endet sein Blick an den Stellen B und C der Wand von 3000°, dort, wo das Weltall gerade durchsichtig wird. Obwohl in der Vergangenheit kein Signal von B nach C gelangen konnte, haben beide Stellen dieselbe Temperatur.

Für die Anhänger der Inflationstheorie ist das kein Problem. All diese Materie war vor der Inflation im Stecknadelkopf so nahe beieinander, daß ihre Teile ihre Temperaturen einander angleichen konnten. Danach hat die Inflation den Raum aufgeblasen und die ursprünglich benachbarten Stellen so weit auseinandergetrieben, daß es scheint, sie hätten nie miteinander Kontakt gehabt. Viele Kosmologen halten diese Erklärung für einen großen Erfolg der Inflationstheorie.

Doch war das überhaupt ein Rätsel? Wir wissen nichts von der Weißen Epoche. Wir wissen nicht, welche Bedeutung dort die Lichtgeschwindigkeit hatte. Warum sehen wir dann ein Problem darin, daß aus dieser Epoche Raumgebiete hervorgingen, die einander angeglichen sind, obwohl sie wegen der Lichtgeschwindigkeit von heute nie miteinander in Kontakt gekommen sind? Es ist keineswegs selbstverständlich, daß die Lichtgeschwindigkeit von heute in jener Zeit irgendeine Bedeutung hatte. Die Relativitätstheorie von heute galt damals ebensowenig wie die heutige Quantenmechanik.

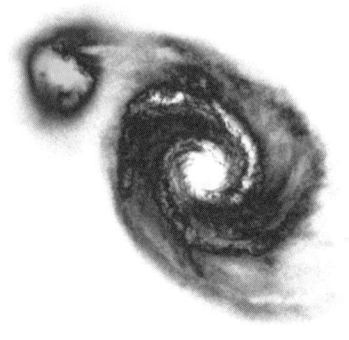

Die Gesetzlosigkeit der Weißen Epoche

Was war, bevor die Graue Epoche begann? Was war vor der Zeit, die in Sekunden ausgedrückt eine vor und 41 Nullen hinter dem Komma hat, und was war davor? Wir haben keine einheitliche Theorie, die alle Kräfte der Natur, einschließlich der Schwerkraft, erklärt, eine „theory of everything", eine „Theorie für alles". Die größten Physiker des letzten Jahrhunderts, unter ihnen Albert Einstein und Richard Feynman, haben sich daran versucht und sind gescheitert. Auch heute wollen viele Physiker eine „Theorie für alles" entwickeln. Im Augenblick scheint es, als ob die sogenannte *Stringtheorie* uns der Lösung des Problems etwas näherbringen könnte.

Nach wie vor gilt: Wir kennen die Gesetze der Weißen Epoche nicht. Wer sich an einer Theorie versucht, von der er hofft, daß sie einige Gesetzmäßigkeiten der Weißen Epoche richtig wiedergibt, kann sagen, was während dieser kurzen Zeit vor sich ging. Doch seine Aussagen stehen auf wackligen Füßen, solange es nicht eine geschlossene, allgemein akzeptierte Theorie gibt. Vorläufig kenne ich keine.

Aber ob Laie oder Physiker, wir sind immer wieder versucht, uns vorzustellen, wie es in der Weißen Epoche zugegangen sein könnte, die nur den

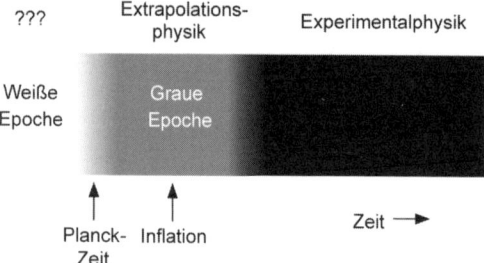

Weiße und Graue Epoche und danach die Zeit, in der die Physik durch Experimente gestützt wird.

winzigsten Bruchteil der ersten Sekunde währte, von der Zeit Null bis zur Planck-Zeit.

Halt, jetzt sind wir schon in die erste Falle getappt! Was ist die Planck-Zeit? Wir rechnen die gegenwärtig beobachtete Expansionsbewegung zurück bis zu Temperaturen, bei denen die gegenwärtige Physik nicht mehr gilt. Raum und Zeit, so wie sie die Relativitätstheorie beschreibt, gab es davor nicht. Wir wissen nicht, was während der Weißen Phase „Zeit" war. Deshalb wissen wir gar nicht, wie lange diese Phase währte. Nur wenn wir unsere gegenwärtige Physik in die Zeit zurück extrapolieren, in der sie längst nicht mehr gilt, kommen wir auf die Planck-Zeit. Da wir vom Begriff der Zeit während der Weißen Phase keine Ahnung haben, kann diese Phase kurz, lang oder vielleicht unendlich lang gewesen sein, was immer das bedeutet.

Deshalb ist auch die Frage „Was war vor dem Urknall?" unsinnig, denn der Begriff der Zeit und das, was wir mit „davor" meinen, ergibt nur in der uns bekannten Physik einen Sinn, also erst von der Grauen Epoche an. Daß wir diese Frage nicht beantworten können, tut unserem Denken allerdings weh, denn im täglichen Leben sind wir gewohnt, stets nach einem „Davor" fragen zu können.

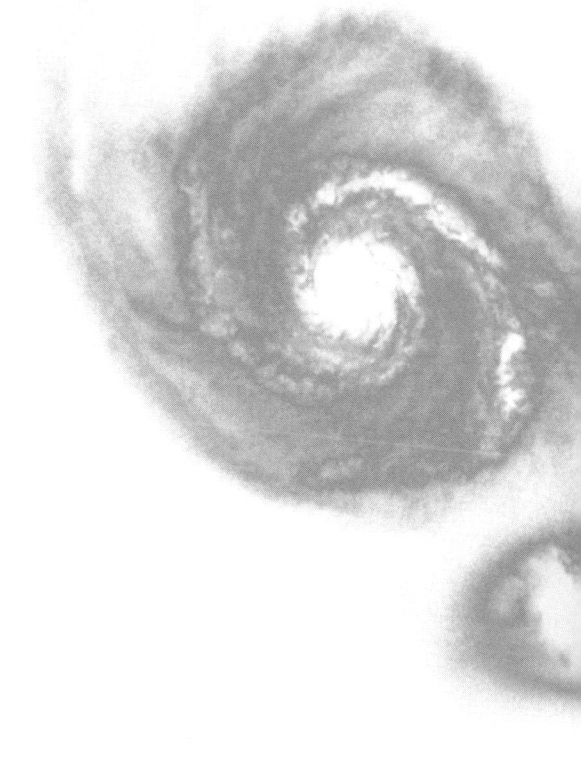

Warum ist die Welt nicht krumm?

Viele Kosmologen halten es für bemerkenswert, daß das Weltall nach allen unseren Messungen „eben" ist. Wenn man von lokalen, durch die Schwerkraft der Sterne, der Galaxien und der Galaxienhaufen hervorgerufenen Unebenheiten absieht,

Die Winkelsummen von Dreiecken im zweidimensionalen gekrümmten Raum der Kugeloberfläche sind größer als 180°. Im abgebildeten Dreieck ergeben bereits die beiden Winkel am Äquator diese Summe.

ist der Weltraum eben. Das heißt, daß dort die ebene Geometrie gilt, die wir in der Schule gelernt haben. So bilden die kürzesten Verbindungen dreier Punkte ein Dreieck, dessen Winkelsumme 180° ist. Das gilt aber nicht für andere Arten von Räumen, von Mathematikern „gekrümmte Räume" genannt. Sie verhalten sich zum ebenen Raum etwa so wie eine krumme Fläche zur Ebene. Auf der gekrümmten Oberfläche einer Kugel sind die Winkelsummen großer Dreiecke größer als 180°.

Warum ist das Weltall nicht gekrümmt? Warum ist das Weltall aus der Weißen Epoche eben und nicht krumm hervorgegangen? Ich sage, eine Warum-Frage, die sich auf die Weiße Epoche bezieht, brauche ich nicht zu beantworten, solange ich die dortigen Gesetze nicht kenne.

Die Inflationstheorie (vgl. S. 109) versucht auch, den ebenen Raum zu erklären. Anfangs war das Weltall gekrümmt, doch dann wurde es während der Grauen Epoche so aufgebläht, daß der uns zugängliche Teil des Weltalls eben erscheint, so wie ein Quadratzentimeter der Fläche eines Luftballons seine Krümmung verliert, je mehr ich den Ballon aufblase.

Da ich die Gesetze der Weißen Epoche nicht kenne, sehe ich keinen Grund, mich über die aus der Weißen Epoche hervorgegangenen ebenen Welt zu wundern. Doch das ist nicht das einzige, worüber sich manche Kosmologen meiner Meinung nach überflüssige Gedanken machen, denn es gibt noch weitere „Wunder".

Der Mensch im Fadenkreuz

Der Ablauf des Weltgeschehens vom Anfang der Grauen Epoche bis heute wird durch Naturgesetze bestimmt, die in Formeln ausgedrückt werden können. In ihnen treten Naturkonstanten auf, also Zahlenwerte wie die Lichtgeschwindigkeit und die Gravitationskonstante, welche die Kraft festlegt, mit der sich zwei Himmelskörper anziehen. Eine andere bestimmt die elektromagnetische Kraft, mit der sich zwei elektrisch entgegengesetzt geladene Körper anziehen. Auch die Massen von Elektron und Proton sind Naturkonstanten. Der Ablauf des Naturgeschehens hängt ganz wesentlich von den Zahlenwerten dieser Konstanten ab, denn sie bestimmen die Kräfte in der Natur.

Bei zehnmal stärkerer Schwerkraft wären die Sterne, die sich dann bilden würden, kurzlebiger. Sie würden die Zeit von ihrer Entstehung bis zum Leerbrennen des Kernbrennstoffes so schnell durchlaufen, daß sie ihre Planeten nur kurze Zeit wärmen könnten. Es blieben nicht die Jahrmilliarden Jahre Zeit, die das Leben auf der Erde für seine Evolution benötigte. So scheint es, als ob die Schwerkraft gerade *die* Stärke hätte, die für die Entwicklung höheren Lebens nötig ist. Diese Argumentation läßt sich weiterführen, denn auch wenn weitere Naturkonstanten etwas andere Werte hätten, wäre im Weltall kein Leben möglich. Entweder ginge die Expansion so rasch, daß sich keine Sterne und Galaxien bilden könnten, oder sie ginge zu langsam. Dann entstünden viele Sterne so nahe beieinander, daß sie sich gegenseitig ihre Planeten entreißen würden – also wieder kein höheres Leben. Ist die Natur aus der Weißen Epoche mit genau denjenigen Naturkonstanten hervorgegangen, die die Bildung höheren Lebens auf Planeten erlauben? Ist es ein Zufall, daß die Naturkonstanten so eingerichtet sind, daß es uns gibt? Hat das Weltall von Anfang an auf uns gezielt? Der Wissenschaftsjournalist Reinhard Breuer gab seinem Buch über dieses sogenannte *Anthropische Prinzip* den Untertitel: „Der Mensch im Fadenkreuz der Naturgesetze".

Mich reißt das Prinzip nicht vom Stuhl. Es besagt, die Welt ist so, daß Leben in ihr entstehen konnte. Das ist nicht gerade neu. Manche Vertreter des Prinzips sagen sogar: „Das Weltall *muß* die Eigenschaften haben, daß irgendwann Leben in ihm entsteht." Das ist eine Aussage, die sich weder beweisen noch widerlegen läßt, und damit ist sie nichts wert.

Ich sehe es so: Die Welt ist so entstanden, wie sie ist, und das Leben hat sich ihr angepaßt, um zu bestehen. Damit bleibt vom Anthropischen Prinzip nichts mehr übrig. Außerdem hat es noch nie eine naturwissenschaftliche Erkenntnis geliefert, die wir nicht sowieso schon wußten.

Fremde Universen

Die Anhänger des Anthropischen Prinzips betonen, daß das Weltall auf das genaueste darauf abgestimmt ist, daß wir in ihm leben können. Aber was bedeuten wir denn schon dem Weltall? Manche Kosmologen stellen sich vor, es seien mit unserem noch viele Universen mit den unterschiedlichsten Naturkonstanten entstanden. In nahezu keinem sei Leben möglich, nur in unserem. Die Naturkonstanten dieser Welten wurden am Anfang nicht gezielt gewählt, nur zufälligerweise war auch ein Universum entstanden, das Leben gestattet, das unsrige. Warum sich also über unsere Welt wundern?

Mehrfache Universen spielen auch bei den Versuchen eine Rolle, die unvermeidliche Frage „Was war vor dem Urknall?" zu beantworten. Dazu wurde zum Beispiel das *zyklische Weltall* erfunden. Seine Expansion wird durch die Schwerkraft der Galaxien gebremst, es kommt zum Stillstand, kehrt sich um und endet wieder in einer Weißen Epoche, so wie es begonnen hat. Darauf folgt wieder ein Urknall, und das Spiel beginnt von neuem. Auf die Frage „Was war vor dem Urknall?" können wir dann antworten: Da war schon einmal solch ein Weltall, das expandierte und wieder implodierte, und davor war noch eines und noch eines... Doch beantwortet das die Frage? Solange sich vom vorangegangenen Zyklus keinerlei Information durch die dazwischenliegende Weiße Epoche in meinen Zyklus herübergerettet hat, ist alles vor dem letzten Urknall für mich ohne Bedeutung. Wenn ich sage, vor ihm sah das Weltall aus wie Micky-Maus, so kann ich das zwar nicht beweisen, aber auch widerlegen kann mich niemand.

Ebenso ist es mit den anderen fiktiven Universen, seien sie nun irgendwo im mir nicht zugänglichen Raum oder bewegen sie sich mit Überlichtgeschwindigkeit von mir weg oder existieren sie in anderen Raumdimensionen. Solange ich keinen Zugang zu ihnen habe, solange keine Information von ihnen zu mir gelangt, sind sie für mich bedeutungslos und helfen mir auch nicht zu verstehen, warum das Weltall mir so vorkommt, als wäre es auf uns Menschen zugeschnitten.

Natürlich kann ich annehmen, ein Schöpfer habe bewußt die Welt für uns geschaffen. Es ist aber dann keine naturwissenschaftliche Erklärung mehr. Ich meine dies nicht abwertend, nur gehören theologische Argumente zu einer anderen Fakultät. Ich werde am Schluß des Buches noch einmal darauf zurückkommen.

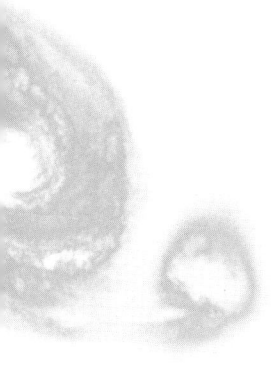

Warum ich an den Urknall glaube

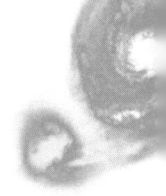

Ich muß genauer erklären, was ich damit meine: Wenn ich alle Beobachtungen, die mir heute vom Weltall zur Verfügung stehen, mit meinem heutigen Wissen über die Naturgesetze zu einem widerspruchsfreien Bild zu vereinigen versuche, komme ich zum Bild vom Urknall. Dann sage ich: „Es hat den Urknall gegeben." Ich argumentiere so wie der vor einer Leiche stehende Kriminalkommissar. Er versucht, die ihm zur Verfügung stehenden Beobachtungen, die ihm bekannten Naturgesetze und die Regeln menschlichen Verhaltens zu einem widerspruchsfreien Bild zu vereinen. Daraus schließt er, wie der Mord verübt worden ist. Wie es wirklich war, weiß er nicht, denn er war beim Mord nicht dabei – und ich nicht beim Urknall.

Ohne Zweifel kann das Bild vom Urknall nicht alle beobachtbaren Erscheinungen erklären, doch wie viel es erklären kann, wird einem erst bewußt, wenn man sich überlegt, welche Forderungen an eine alternative Theorie zu stellen sind. Sie muß:
1. mit den Gesetzen der Physik in Einklang stehen,
2. erklären, woher die Rotverschiebung kommt, wenn sie nicht von der Expansionsbewegung stammen soll,
3. erklären, woher die Hintergrundstrahlung kommt und warum sie in der Vergangenheit heißer war,

so wie es das Bild vom Urknall verlangt. (vgl. hierzu S. 80),
4. erklären, warum die ältesten Himmelskörper nicht älter sind als etwa 12 Milliarden Jahre,
5. erklären, warum das Mengenverhältnis von Wasserstoff : Deuterium : Helium das beobachtete ist (auf 30000 Wasserstoffatome 3000 Heliumatome und ein Deuteriumatom, vgl. auch S. 91).

Zwei weitere Pluspunkte will ich noch erwähnen, ohne sie genauer auszuführen:

Da die Schwerkraft das Licht geringfügig ablenkt, wirken große Materieansammlungen, zum Beispiel Galaxienhaufen, wie Linsen. Sie können von einem im Hintergrund stehenden Quasar mehrere Bilder an den Himmel projizieren. Man kennt zahlreiche solche von *Gravitationslinsen* erzeugte Mehrfachbilder ferner Quasare. Das Licht zweier Geisterbilder desselben Objekts kommt auf verschieden langen Wegen zu uns und gestattet auf völlig neue Weise, das Weltalter zu bestimmen. Die Ergebnisse stimmen mit dem aus dem Dopplereffekt berechneten Weltalter gut überein.

Wenn die Hintergrundstrahlung auf dem Wege zu uns Galaxienhaufen durchdringt, wird sie dort durch Gas zwischen den Galaxien verändert. Das zeigt, daß die Strahlung aus großer Entfernung, also aus früher Zeit kommt, wie es nach dem Urknall-Modell zu erwarten ist.

Wenn eine alternative Theorie das alles erklärt, ist sie erst so gut wie die vom Urknall. Wenn sie darüber noch mehr kann, erst dann ist sie besser, und ich will sie mir gerne zu eigen machen.

Ist das alles?

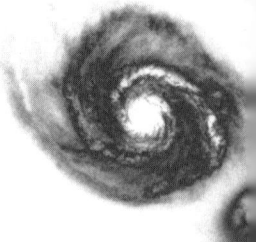

Irgendwo in unserem Inneren sträubt sich etwas gegen das Bild vom Urknall. Wo unsere Vernunft keine Antwort weiß, sucht sie der Mensch anderswo, zum Beispiel in der Religion. So geschieht es immer wieder, daß mich nach einem Vortrag die Zuhörer fragen, ob das nun alles sei, und wo in meinem Kosmos denn Platz sei für Gott.

Tatsächlich erfaßt die Naturwissenschaft nur einen kleinen Teil unseres Lebens. Ihre Methoden und Hilfsmittel sind stumpf, wenn es um Freude oder Schmerz geht, um Ehrlichkeit oder Betrug. Sie sagen uns zwar, wie man eine Bombe baut, aber nicht, ob man sie benutzen soll.

Es sind die Religionen, die Antworten geben. Das Wissen um Naturgesetze wird in ihnen ersetzt durch den Glauben an Dinge, die nicht bewiesen werden müssen. Diese Welt benötigt der Mensch vielleicht mehr als die der Naturwissenschaftler. Ich persönlich halte beides klar getrennt. Ich glaube nicht, daß die eine die andere stützen oder widerlegen kann. Der biblische Weltanfang, bei dem zuerst das Licht da war, hat nichts mit dem Lichtblitz des Urknalls zu tun. Umgekehrt wäre der Naturwissenschaftler töricht, der gegen die wundersame Brotvermehrung argumentiert, nur weil sie den Satz von der Erhaltung der Materie verletzt.

Die Regeln, nach denen der Naturwissenschaftler vorgeht, geben ihm wenig Freiheiten. Der Kosmologe hat es besonders schwer. Der Physiker versucht, die Gesetze zu verstehen, der die Bestandteile der Welt gehorchen, seien es Atome, Steine oder Sterne. Der Kosmologe will die Regeln ergründen, denen das Weltall als Ganzes unterworfen ist. Diese Regeln zu finden ist ungleich schwieriger. Wir können nicht mit dem Weltall herumexperimentieren wie mit Atomen. Zwar können wir keine Experimente mit Sternen machen, doch gibt es in der Natur viele Exemplare von ihnen, deren Vergleich uns Hinweise auf die Gesetze gibt, denen sie unterworfen sind.

Unser Weltall aber ist einmalig, und wir können es nicht mit anderen vergleichen. So kann der Kosmologe nur versuchen, die Regeln der uns bekannten Physik auf das gesamte Weltall anzuwenden, und prüfen, ob er damit beobachtbare Erscheinungen erklären kann. Deshalb ist die Kosmologie einer der schwierigsten Bereiche der Physik.

Neben den schwer beantwortbaren Fragen gibt es solche, auf die es *prinzipiell* keine Antwort gibt, etwa die nach der Ursache des Urknalls oder die nach dem Davor. Wir können nicht sagen: Das Weltall begann mit unendlicher Dichte. Wir wissen nur, daß es aus der Weißen Epoche so herauskam, als ob es mit unendlicher Dichte begonnen hätte. Wir dürfen die Theorie des Urknalls nicht überstrapazieren. Sie versucht zwar zu sagen, wie sich das Weltall entwickelt, nicht aber, wie es begonnen hat.

Register

Absorptionlinien 39, 42f, 65f, 80f
Anderson, C. 92
Andromedanebel 30f, 34, 36, 44f, 77
Antimaterie 92-95
Arp, H. 48f

BOOMERANG 88
Breuer, R. 119
Börner, G. 106

COBE 71, 87f, 96, 110
Casimir, H. 103

Delta-Cephei-Sterne 20f, 31, 57
Deuterium 91, 123
Doppler, Christian 41
Dopplereffekt 41-44, 48f, 64, 66, 87, 98, 123

Eddington, A. 46
Einheit, astronomische (AE) 15, 17
Einstein, A. 52f, 72, 85, 92, 100ff, 104, 106, 113
Emissionslinien 63, 66
Energie, dunkle 104

Epoche, Graue 105f, 108f, 113ff, 117f
–, Weiße 7, 106, 112ff, 117, 119ff, 125

Feynman, R. 113

Galaxien, elliptische 34
Spiral- 32ff
Galaxienhaufen 35, 51, 96, 98, 116, 123
Galaxis 13, 55
Galilei, G. 11
Gamow, G. 69-72, 91
Gasnebel 27f
Gluonen 94, 105
Goenner, H. 105
Gravitationslinsen 123

Helligkeit, scheinbare 19, 21
Helium 59, 61, 69, 90f, 99, 123
HIPPARCOS 17f, 22
Halo 23-26, 35, 56
Hintergrundstrahlung 71-74, 80, 86ff, 95ff, 110f, 122f
Hubble, E. P. 30, 36, 44, 52, 55, 57, 101